RENLI ZIYUAN
GUANLI SHIYAN

人力资源管理实验

主　编 ○ 张笑秋　朱　晓

苏州大学出版社
Soochow University Press

图书在版编目(CIP)数据

人力资源管理实验 / 张笑秋, 朱晓主编. -- 苏州：苏州大学出版社, 2023.12
 ISBN 978-7-5672-4643-0

Ⅰ.①人… Ⅱ.①张… ②朱… Ⅲ.①人力资源管理 Ⅳ.①F243

中国国家版本馆 CIP 数据核字(2024)第 006791 号

书　　名	人力资源管理实验
主　　编	张笑秋　朱　晓
责任编辑	刘　海
装帧设计	刘　俊
出版发行	苏州大学出版社(Soochow University Press)
社　　址	苏州市十梓街1号　邮编：215006
印　　刷	丹阳兴华印务有限公司
邮购热线	0512-67480030
销售热线	0512-67481020
开　　本	787 mm×1 092 mm　1/16　印张：15.25　字数：298 千
版　　次	2023 年 12 月第 1 版
印　　次	2023 年 12 月第 1 次印刷
书　　号	ISBN 978-7-5672-4643-0
定　　价	49.00 元

若有印装错误,本社负责调换
苏州大学出版社营销部　电话：0512-67481020
苏州大学出版社网址　http://www.sudapress.com
苏州大学出版社邮箱　sdcbs@suda.edu.cn

编写说明

自学考试是具有中国特色的高等教育基本制度之一，为构建服务全民终身学习的教育体系发挥了不可替代的特殊作用。江苏省实施自学考试制度已超过 40 年，始终坚持开放优质的教育理念，为社会大众提供了接受高等教育的机会，为社会培养了一大批实践性较强、具有社会责任感的人才，为国家经济发展和社会进步做出了突出贡献。江苏省自学考试以高质量发展为目标，重点打造"质量管理提优""信息化建设赋能""考试服务升级"三大工程，不断推动自学考试改革发展提档升级。

人力资源管理是江苏省自学考试的热门专业之一。为了促使人力资源管理专业学生更好地服务社会，江苏省自考办调整优化人力资源管理专业培养方案，加强专业课程建设和教材建设，组织相关高校专家编写了自学考试人力资源管理专业系列教材。

本教材根据人力资源管理实验自学考试大纲编写，由苏州大学张笑秋老师和朱晓老师担任主编。本教材第一章、第二章、第七章由朱晓负责编写，第三章、第四章、第五章、第六章由张笑秋负责编写。

书中难免有不足之处，恳请读者提出宝贵意见，以便我们在再版时加以完善。

本书编者
2023 年 11 月

第一章 工作分析 / 001
  第一节 工作分析的流程 / 001
  第二节 工作分析方案的撰写 / 005
  第三节 工作分析的方法 / 009
  第四节 工作说明书的编写 / 013

第二章 人力资源规划 / 020
  第一节 人力资源规划的流程 / 020
  第二节 人力资源供给预测 / 023
  第三节 人力资源需求预测 / 027
  第四节 人力资源规划的编制 / 032

第三章 招聘 / 036
  第一节 招聘流程 / 036
  第二节 招聘计划 / 039
  第三节 招募 / 046
  第四节 甄选 / 054
  第五节 录用 / 068
  第六节 招聘评估 / 074

第四章 员工培训 / 082
  第一节 员工培训概述 / 082
  第二节 员工培训需求分析与培训计划制订 / 085
  第三节 员工培训实施 / 093
  第四节 员工培训评估 / 100

第五章 绩效管理 / 106

第一节 绩效管理的流程 / 106

第二节 绩效计划 / 109

第三节 绩效实施 / 120

第四节 绩效评价 / 127

第五节 绩效评价结果的反馈与应用 / 140

第六章 薪酬管理 / 145

第一节 薪酬管理的一般流程 / 145

第二节 薪酬预算 / 147

第三节 薪酬满意度调查 / 153

第四节 市场薪酬调查 / 161

第五节 基本薪酬设计 / 167

第六节 可变薪酬设计 / 186

第七节 员工福利设计 / 195

第七章 员工关系管理 / 202

第一节 员工满意度调查 / 202

第二节 劳动合同管理 / 206

第三节 劳动纪律管理 / 219

第四节 集体合同管理 / 225

第五节 劳动争议处理 / 229

主要参考文献 / 237

第一章 工作分析

本章学习目标

1. 了解工作分析的基本流程,掌握工作分析的常用方法。
2. 学会撰写工作分析方案。
3. 学会编写岗位说明书。

在企业的人力资源管理中,经常会出现该做的事没人做、出了事故无人处理、有了问题相互推诿等现象。要避免此类现象的出现,就必须进行工作分析,明确岗位职责。工作分析是人力资源管理最基本的内容,是人力资源管理部门采用科学的方法,系统地收集和分析工作内容、工作环境、工作要求等相关信息,就工作岗位的职责、资格要求等做出规范的描述和说明的过程。它能为人力资源管理其他环节工作的开展提供依据。

第一节 工作分析的流程

一、实验目的

(1) 了解工作分析的概念与基本流程。
(2) 了解工作分析的内容,掌握工作分析的程序。

二、知识要点

1. 工作分析的概念

在企业的人力资源管理中,要对两项工作在权限上进行界定与衔接,就需要进行工作分析。工作分析是人力资源管理者采用特定的方法,就工作岗位的职责、资格要求等做出规范的描述和说明的过程。明确区分工作设计与工作分析是很有益处的:工作设计的目的是设计出能有效满足企业生产流程需要的工作;而工作分析的目的是使人们清晰地了解某项工作究竟是做什么的,承担这项工作的人必须具备何种资格、拥有哪些能力。

2. 工作分析的内容

工作分析是人力资源管理所有职能的基础与前提。一般来说,工作分析包括工作描述和工作要求两个方面的内容。

(1) 工作描述是对某项具体工作的名称、内容、条件和待遇等的详细说明,具体包括四个方面的内容。第一,工作名称描述,为了便于识别登记与分类,需要说明某项工作的名称、职务形式、以何种代码加以命名等。第二,工作内容描述,即说明所完成的任务与责任、所使用的原材料与设备、工作的顺序、与前后道工序的关系等。第三,工作条件描述,又称工作环境描述,即说明工作地点的温度和湿度、光线和噪音、安全性和地理位置等。第四,工作待遇描述,即说明工资报酬、工作时间、工作的季节性、晋升的机会、该工作在本组织中与其他工作的关系等。由于人们通常根据工作待遇来判断工作描述中的其他内容,因此工作待遇描述尤其重要。

(2) 工作要求是根据工作描述的结果,对从事该项工作的人员提出的要求。主要包括:一般要求,即从事该项工作的一般性要求,如年龄、学历、知识与技能、工作经验等;生理要求,包括健康状况、体力、运动的灵活性与感官的灵敏度等;心理要求,包括事业心、合作性、观察能力、领导能力与沟通能力等。

总体而言,工作分析的内容取决于工作分析的目的与用途。不同的人力资源管理者在开展工作分析时都有各自的特点和亟须解决的问题。有的是为了改善工作环境,强调工作的安全性;有的是为了提高员工的积极性,出台富有激励性的奖励制度。因此,每个组织在进行工作分析时都要根据实际需要,对工作的内容做有侧重的考量。

3. 工作分析的作用

工作分析是人力资源管理的起点,它能为人力资源管理活动提供信息。良好的工作分析可以为人员招聘、员工培训与发展、绩效考核与薪酬管理等工作提供科学的依据,对实现公平管理和提高员工积极性具有重要意义。全面而细致的工作分析可以使组织充分了解各项工作的具体内容及对员工身心的要求,为人事决策提供科学的依据。工作分析也能奠定组织结构和组织设计的基础,工作分析的信息可以帮助我们明确各项工作在技术和管理责任等各方面的要求,消除盲点,减少重复,提高效率。工作分析也能为制定薪酬政策提供依据,它通过了解各项工作的内容、所需要的技能和学历背景、工作的危险程度等,确定某项工作对于组织目标的价值,以此作为确定合理薪酬的依据。

4. 工作分析的流程

一般而言，工作分析发生在新组织建立，新工作出现，新技术、新方法和新工艺出现而使工作发生变化的场域，或者组织的变革与转型期等。工作分析的流程一般包括计划、设计、信息分析、结果表述和运用指导5个环节。其中，计划、设计是工作分析的基础，信息分析和结果表述是关键，运用指导是目的（图1-1）。

图1-1 工作分析的流程

在计划与设计阶段，首先，要清楚工作分析的目的与结果使用的范围，知道所分析资料的用途，要解决什么样的管理问题。具体而言，就是要清楚工作分析是服务于人员选拔还是服务于薪酬设计，是服务于员工培训还是据此进行内部职位的调整。工作分析所获取信息的用途直接决定需要收集何种信息及使用何种技术收集这些信息。其次，应组建工作分析小组，分配任务和明确权限，并对工作分析人员进行培训。再次，制订工作分析方案，选择分析样本。最后，编制调查问卷，编写调查提纲。

三、实验内容与实验要求

（一）实验内容

根据案例1-1，完成以下实验内容：

为案例企业的工作分析设计流程。

（二）实验要求

工作分析流程完整、可行且具体。

案例1-1　A文化创意产品公司的工作分析流程设计

A公司是临江市的一家文化创意产品开发与销售公司，公司处于发展初期，现有总经理1名、总经理助理1名、产品开发部文创产品开发人员5名、市场部产品营销人员2名。为了更好地实现公司目标并为人力资源管理其他职能活动奠定基础，A公司计划展开工作分析。

四、实验步骤

（一）准备阶段

老师讲解实验内容、实验要求与实验报告考核方法。

（二）实验阶段

学生阅读实验内容，结合相关知识点与问题，根据实验要求撰写实验报告初稿。

（三）归纳总结阶段

学生陈述实验报告，其他学生与老师点评，老师总结。

（四）修改完善阶段

学生根据归纳总结阶段的意见修改、完善实验报告。

五、实验课时

1~2课时，根据课程总体课时确定具体课时。

六、实验报告考核方法

实验报告成绩分为5个等级：优秀、良好、中等、及格与不及格。不同等级的评价标准如下。

（一）优秀的评价标准

第一，在规定时间内完成实验。第二，逻辑非常清晰，实验报告内容与案例1-1的内容和要求及工作分析流程知识点高度一致。第三，内容非常完整，实验报告包括了工作分析的所有流程。第四，语言表达非常准确、专业。第五，排版非常规范、简洁、美观。

（二）良好的评价标准

第一，在规定时间内完成实验。第二，逻辑清晰，实验报告内容与案例1-1的内容和要求及工作分析流程知识点高度匹配。第三，内容完整，实验报告包括了工作分析的所有流程。第四，语言表达准确、专业。第五，排版规范、简洁、美观。

（三）中等的评价标准

第一，在规定时间内完成实验。第二，逻辑比较清晰，实验报告内容与案例1-1的内容和要求及工作分析流程知识点较为匹配。第三，内容比较完整，实验报告包括了工作分析流程的主要内容。第四，语言表达比较准确、专业。第五，排版比较规范、简洁、美观。

（四）及格的评价标准

第一，基本能在规定时间内完成实验。第二，从整体来看，逻辑比较清晰，但局部存在瑕疵，实验报告内容与案例1-1的内容和要求及工作分析流程知识点的匹配度尚可。第三，内容基本完整，实验报告包括了工作分析的大部分流程。第四，部分语言表达不够准确和专业。第五，排版的规范度和美观度尚可。

（五）不及格的评价标准

第一，未能在规定时间内完成实验。第二，从整体来看，逻辑不清晰，报告内容与案例1-1的内容和要求及工作分析流程知识点不匹配。第三，从内容来看，实验报告未能包括本实验内容的主体。第四,从整体来看,语言表达不够准确和专业。第五,排版较为凌乱。

第二节 工作分析方案的撰写

一、实验目的

(1) 了解什么是工作分析方案。
(2) 掌握工作分析方案的构成要素。
(3) 明确工作分析采用的方法。

二、知识要点

1. 工作分析方案

工作分析方案即工作分析的计划书,它是指对整个工作分析进行安排,根据企业的背景资料与要达到的工作目标制订计划。

2. 工作分析方案的构成要素

工作分析方案一般由工作分析的目的、工作分析的职务、工作分析的方法选择、工作分析的时间进度安排、工作分析的工时需要、工作分析小组的人员构成和信息来源等要素构成(表1-1)。

表1-1 工作分析方案的构成要素[①]

职位	任职人数	估计需要工时	分析人员人数	费用/元	工作进程	信息来源	分析方法

---

① 萧鸣政. 人力资源管理实验 [M]. 北京:北京大学出版社,2012:31.

三、实验内容与实验要求

（一）实验内容

根据案例1-2，完成以下实验内容：

为案例企业的工作分析设计工作分析方案。

（二）实验要求

工作分析方案完整、可行且具体。

案例1-2　A文化创意产品公司的工作分析方案设计

A公司是临江市的一家文化创意产品开发与销售公司，公司处于发展初期，现有总经理1名、总经理助理1名、产品开发部文创产品开发人员5名、市场部产品营销人员2名。为了更好地实现公司目标并为人力资源管理其他职能活动奠定基础，A公司计划展开工作分析。

四、实验步骤

（一）准备阶段

老师讲解实验内容、实验要求与实验报告考核方法。

（二）实验阶段

学生阅读实验内容，结合相关知识点与问题，根据实验要求撰写实验报告初稿。

（三）归纳总结阶段

学生陈述实验报告，其他学生与老师点评，老师总结。

（四）修改完善阶段

学生根据归纳总结阶段的意见修改、完善实验报告。

五、实验课时

1~2课时，根据课程总体课时确定具体课时。

六、实验报告考核方法

实验报告成绩分为5个等级：优秀、良好、中等、及格与不及格。不同等级的评价标准如下。

（一）优秀的评价标准

第一，在规定时间内完成实验。第二，逻辑非常清晰，实验报告内容与案例1-2的内容和要求及工作分析方案撰写知识点高度一致。第三，内容非常完整，实验报告包括了工作分析方案的全部内容。第四，语言表达非常准确、专业。第五，排版非常规范、简洁、美观。

(二) 良好的评价标准

第一，在规定时间内完成实验。第二，逻辑清晰，实验报告内容与案例 1-2 的内容和要求及工作分析方案撰写知识点高度匹配。第三，内容完整，实验报告包括了工作分析方案的全部内容。第四，语言表达准确、专业。第五，排版规范、简洁、美观。

(三) 中等的评价标准

第一，在规定时间内完成实验。第二，逻辑比较清晰，实验报告内容与案例 1-2 的内容和要求及工作分析方案撰写知识点较为匹配。第三，内容比较完整，实验报告包括了工作分析方案的主要内容。第四，语言表达比较准确、专业。第五，排版比较规范、简洁、美观。

(四) 及格的评价标准

第一，基本能在规定时间内完成实验。第二，从整体来看，逻辑比较清晰，但局部存在瑕疵，实验报告内容与案例 1-2 的内容和要求及工作分析方案撰写知识点的匹配度尚可。第三，内容基本完整，实验报告包括了工作分析方案的大部分内容。第四，部分语言表达不够准确和专业。第五，排版规范度和美观度尚可。

(五) 不及格的评价标准

第一，未能在规定时间内完成实验。第二，从整体来看，逻辑不清晰，报告内容与案例 1-2 的内容和要求及工作分析方案撰写知识点不匹配。第三，从内容来看，实验报告未能包括本实验内容的主体。第四，从整体来看，语言表达不够准确和专业。第五，排版较为凌乱。

七、习题

归纳、总结工作分析方案的内容。

八、常用工具——工作分析方案撰写示例

某集团公司工作分析方案

(一) 目的

为保证工作分析的质量与效率，科学准确地对公司所属部门和所属岗位进行工作分析，特制订本方案。

(二) 主要任务

(1) 对公司所有部门进行科学的工作分析，编写各部门工作说明书。

（2）对各岗位进行科学的工作分析，编写各岗位的职务说明书。通过分析了解集团分公司各岗位的工作内容和职责、关系及在此岗位所必须具备的知识、技术、能力，掌握各岗位的相关数据。

（3）建立规范的工作分析标准和流程。

该计划主要由人力资源部经理负责，各部门相关人员协助。

（三）工作分析的用途说明

主要用于人力资源规划、人员招聘与甄选、人员作用与配置、薪资调查、薪资结构调整、人员培训及发展、职业规划、工作评价、职位分类、绩效评估、目标管理计划的制订、工作流程分析与组织结构研究。

（四）工作分析的内容说明

此次工作分析的主要内容包括确认各分公司内部部门设置，确认各部门岗位及其工作范围、工作任务、工作方法及步骤、工作性质、工作时间、工作环境、工作关系、人员种类、工作技能等，最终完成岗位说明书的编写。

（五）工作分析的方法、步骤及相关人员、时间安排

根据集团公司的人员配置情况，此次工作分析主要采取问卷调查法、访谈法和观察法。

1. 成立项目小组

成立由人力资源部经理任组长的项目小组，各分公司行政人事部给予配合和协助。

2. 工作分析的步骤与人员时间安排

工作分析培训，参与者为各分公司所属事业部总经理、分公司总经理、部门经理及员工若干人，进行为期1周的培训。

问卷填写培训（包括部门工作分析问卷与岗位分析问卷），参与者为各分公司所属事业部总经理、分公司总经理、部门经理及员工若干人，可采取视频培训方式。

工作分析问卷设计（包括部门工作分析问卷与岗位分析问卷），参与者为各分公司所属事业部总经理、分公司总经理、部门经理及员工若干人，为期2周。

员工填写问卷，参与者为各分公司部门经理及员工若干人，为期1周。

各分公司部门经理审核问卷，为期3天。

人力资源部收集问卷并整理，为期15天。

访谈提纲设计，参与者为各分公司所有部门经理及员工若干人，为期2周。

确定访谈员工为各分公司所有部门骨干（包括经理），访谈时实时选取重点岗位员工。

人力资源部组织访谈并整理访谈信息，参与者为各分公司所有部门骨干，为

期 2 周。

人力资源部整理工作分析问卷和访谈问题，撰写工作分析报告，为期 3 周。

根据工作分析报告编写岗位说明书和岗位规范书，参与者为人力资源部员工和各分公司行政事业部员工，为期 3 周。

各事业部总经理和各分公司总经理审核岗位说明书、岗位规范书，参与者为各分公司所有部门经理及员工、各事业部总经理，为期 2 周。

人力资源部选取部分员工试用岗位说明书和岗位规范书，参与者为各分公司人力资源部员工及其他部门员工，为期 1 个月。

人力资源部修订岗位说明书和岗位规范书并最终定稿，参与者为人力资源部员工和各分公司行政人事部员工，为期半个月。

3. 工作分析步骤的详细说明

准备阶段：分析公司的组织结构，收集现有部门职责说明，编制部门工作说明书模板；明确工作分析的目的、作用；研究工作分析的方法与技术，确定工作进度。

调查阶段：编制各种调查提纲与问卷，对具体部门进行调查，主要与公司领导和各部门经理进行半结构化访谈，采用面谈法和问卷调查法。

分析阶段：收集有关工作的特征及需要的各种数据，如规章制度、各部门人员对部门工作的认识等。仔细核对已经收集到的各种信息，归纳总结出工作分析的必需材料和要素，对各部门工作进行科学分析，制作标准的工作分析表格。

反馈运用阶段：对人力资源部制作的部门工作说明书进行讨论与定稿，运用部门工作说明书对各部门岗位进行工作分析指导。

资料来源：畅铁民. 人力资源管理实验教程 [M]. 北京：北京大学出版社，2013：59-61. 有改动。

第三节 工作分析的方法

一、实验目的

（1）了解工作分析的基本方法。
（2）掌握工作分析的问卷调查分析法和访谈分析法。
（3）能明确不同工作分析方法的优缺点。

二、知识要点

1. 访谈分析法

访谈分析法是指工作人员通过面对面的访谈，就一项具体内容，了解任职者及与任职者相关人员的意见和看法。由于很多工作分析者难以观察到工作者的实际工作情况，因此，必须对那些工作者进行访谈，了解他们的实际工作内容。访谈分析法的优点是可对照岗位的特征、任职者的态度、对岗位的评价等内容进行了解，有利于激发被访谈者的主动性，收集的信息比较准确，可避免重要信息的缺失。缺点是对访谈者的要求比较高，包括沟通能力与提问能力，访谈双方还需要有充足的时间进行沟通。

2. 观察分析法

观察分析法是指工作人员在工作现场借助感官或其他视听工具，对特定的工作活动进行观察，收集记录有关工作的内容、形式、方法和工作环境等信息，在此基础上分析和归纳出有关的工作要素，以达到分析目的的一种方法。观察分析法的优点是可深入了解工作人员，适用于以体力劳动为主的工作人员，如装配工、快递员和保洁人员等。缺点是不适用于高层管理者，也不适用于从事研究工作、从事耗时较长或技术复杂工作的人员。

3. 问卷调查分析法

问卷调查分析法是通过设计和发放调查问卷，由被调查的工作人员或主管填写，以获取与工作相关信息的方法。通过这种方法获取工作信息的质量取决于问卷本身的设计是否科学合理、被调查者文化水平的高低，以及填写时的诚意和态度。问卷调查分析法的优点是调查范围广、成本较低，获得的信息量大。缺点是设计调查问卷会耗费较多的人力与时间；如果被调查者不积极配合、不认真填写问卷，会影响问卷质量。

4. 工作日志法

工作日志法也称现场日志法，是观察分析法的一种，当观察者与被观察者角色重合时，就是任职者观察自身工作。它是任职者以工作日志的形式，按时间顺序详细记录自己在一定工作周期内的工作内容与工作过程，然后进行归纳分析，从而实现工作分析目的的一种方法。应用工作日志法的前提是职位承担者对自己所从事工作的情况与要求最为了解。这种方法比较适用于循环周期短、状态稳定、无大幅度变化的工作。工作日志法的优点是信息收集的可靠性强，能提供较具体、详细的工作情况，容易操作，成本也较低。缺点是无法对日志的填写过程进行有效的监控，如果任职者不认真记录，会影响工作内容的详细程度和信息的完整性。

5. 主管人员分析法

主管人员分析法是主管人员借助日常管理权力来记录与分析所管辖人员的工作任务、责任与要求等的方法。主管人员分析法的优点是收集的信息较准确，主管人员对所要分析的工作比较熟悉，信息收集速度较快。缺点是信息收集的标准化程度和职责的完整性较差。

三、实验内容与实验要求

（一）实验内容

根据案例1-3，完成以下实验内容：

编写与高校学生辅导员的访谈提纲。

（二）实验要求

访谈提纲与案例中的访谈内容匹配。

案例1-3 高校学生辅导员小林的工作烦恼

小林是S高校商学院的学生辅导员，2016年在S高校思想政治教育专业硕士毕业后，经招聘考核担任学生辅导员。学生辅导员的主要工作职责是对大学生开展思想政治工作，帮助大学生处理好在学习中遇到的各种问题，并进行学业生涯规划与就业指导等。

经过与小林的交流，发现目前在高校担任学生辅导员也很不容易。要做好学生辅导员，就必须经常性地与学生谈心谈话。而要与有不同问题、不同心理需求的学生开展有效交流，辅导员要做到以下几点。一是不仅要学习心理学的基本知识，了解学生的心理特征和心理发展规律，还要掌握其他学科的综合性知识，并把这些知识运用到辅导员工作中；同时，还要经常参加学校的心理健康教育培训，并利用慕课资源及微信公众号、抖音短视频等开展学习。二是要了解学生的个人情况，可通过查看学生的微信朋友圈、微博、QQ空间，以及翻阅学生档案等方式进一步了解学生，必须在前期对学生了解的基础上开展谈心谈话。三是要做好环境准备。此处所说的环境准备，主要是指谈话环境的选择，由于大部分辅导员的办公室为混合式办公室，加上在谈心谈话过程中可能会涉及学生比较敏感的话题，因此，谈话环境的选择非常重要。辅导员不要拘泥于在办公室、院系会议室谈心谈话，学生寝室、食堂、实验室、学校心理咨询室、体育场、校内花园等室内外场所都可以作为谈心谈话的地点。与异性学生谈心谈话尤其要注意场所的选择，以免产生误会。四是要把握谈心谈话的"火候"。在时机的选择上，可从时间节点和学生需求两个角度考虑。从时间节点的角度看，像开学初，期末考试前，奖助学金及优秀团员、优秀学生干部等荣誉称号评选时，毕业季，择业时等有相对明确的标志性事项的时间节点都是比较好的谈心谈话时机。特别要注意的是，如果学生受到奖励，辅导员一定要与其谈心谈话，不要给学生造成辅导员的工作只针对"问题学生"或"找"辅导员的学生就是犯了错误的印象。从学生需求的角度看，如果学生本人或者其家庭发生重大变故，辅导员一定要与其谈心谈话。学生之间有矛盾或者分歧时、学生情绪低落心情压抑时、学生学习成绩下滑时，辅导员都要及时与他们谈心谈话，帮助他们解决问题。另外，对部分重点学生要随时关注，及时谈心谈话。

四、实验步骤

（一）准备阶段
老师讲解实验内容、实验要求与实验报告考核方法。

（二）实验阶段
学生阅读实验内容，结合相关知识点与问题，根据实验要求撰写实验报告初稿。

（三）归纳总结阶段
学生陈述实验报告，其他学生与老师点评，老师总结。

（四）修改完善阶段
学生根据归纳总结阶段的意见修改和完善实验报告。

五、实验课时

1~2课时，根据课程总体课时确定具体课时。

六、实验报告考核方法

实验报告成绩分为5个等级：优秀、良好、中等、及格与不及格。不同等级的评价标准如下。

（一）优秀的评价标准
第一，在规定时间内完成实验。第二，逻辑非常清晰，实验报告内容与案例1-3的内容和要求及工作分析方法知识点高度一致。第三，内容非常完整，实验报告包括了访谈提纲的所有构成部分。第四，语言表达非常准确、专业。第五，排版非常规范、简洁、美观。

（二）良好的评价标准
第一，在规定时间内完成实验。第二，逻辑清晰，实验报告内容与案例1-3的内容和要求及工作分析方法知识点高度匹配。第三，内容完整，实验报告包括了访谈提纲的所有构成部分。第四，语言表达准确、专业。第五，排版规范、简洁、美观。

(三) 中等的评价标准

第一，在规定时间内完成实验。第二，逻辑比较清晰，实验报告内容与案例1-3的内容和要求及工作分析方法知识点较为匹配。第三，内容比较完整，实验报告包括了访谈提纲的主要内容。第四，语言表达比较准确、专业。第五，排版比较规范、简洁、美观。

(四) 及格的评价标准

第一，基本能在规定时间内完成实验。第二，从整体来看，逻辑比较清晰，但局部存在瑕疵，实验报告内容与案例1-3的内容和要求及工作分析方法知识点的匹配度尚可。第三，内容基本完整，实验报告包括了访谈提纲的大部分内容。第四，部分语言表达不够准确和专业。第五，排版的规范度和美观度尚可。

(五) 不及格的评价标准

第一，未能在规定时间内完成实验。第二，从整体来看，逻辑不清晰，报告内容与案例1-3的内容和要求及工作分析方法知识点不匹配。第三，从内容来看，实验报告未能包括本实验内容的主体。第四，从整体来看，语言表达不够准确和专业。第五，排版较为凌乱。

七、习题

归纳、总结常用工作分析方法的适用范围。

第四节 工作说明书的编写

一、实验目的

1. 了解什么是工作说明书。
2. 掌握工作说明书的编写要求和遵循的原则。
3. 掌握编写工作说明书的流程和步骤。

二、知识要点

1. 工作说明书的概念和内容

工作说明书是对工作性质、工作任务、工作环境、工作处理方法、工作人员的任职资格所做的书面记录，它包括工作描述和工作规范两个方面。其内容包括岗位名称、直接上级、职责概述、工作职责、工作权限、工作关系、考核内容、岗位任职资格和工作环境等。

2. 编写工作说明书的要求

（1）明确岗位名称和上下级关系。岗位名称要统一，确保岗位名称与岗位设置的名称相一致。每个岗位只有一个上级，但可以有多个下级，在编写下属人员一栏的内容时，还要注明上级是直接领导还是间接领导。

（2）职责概述。简要说明某一岗位的总体职责和性质，讲清该岗位的性质和概况。

（3）岗位目的。主要说明设置该岗位的目的，以及该岗位的工作对组织战略的目标和意义。

（4）岗位职责。岗位职责应根据所在部门或单位的职责分解来确定。部门经理通常要对本部门的全部职能负责，而下属职员可能只对本部门的某几项职能负责。每个岗位的职责按负责程度的大小可以分为全责、部分负责和支持三种。全责是指本岗位对该项任务负全部责任；部分负责是指本岗位对该项任务负一部分责任；支持是指本岗位对该项任务负支持或保障责任。

（5）工作关系。在公司内部，要明确本岗位与其他岗位即与上级或平级之间的沟通关系。在公司外部，要明确本岗位与社会上其他单位如相关政府部门、上下游或关联企业、客户企业、社会团体、学术单位等之间的沟通关系。

（6）建议考核内容。即明确对某一岗位的考核范围，并尽量选择可量化的指标。

（7）任职资格和条件。可以从受教育程度、知识水平、工作能力和专业技能、工作经验等方面来撰写。如在"受教育程度"一栏，应注明最低学历要求。

3. 编写工作说明书的流程和步骤

（1）做好前期的沟通动员工作。在编写工作说明书之前，人力资源部应与企业高层领导进行沟通。在编写过程中，各部门应积极配合人力资源部的工作，共同完成工作说明书的编写工作。

（2）明确工作说明书的内容。工作说明书由工作描述和工作规范两个部分组成。工作描述是对岗位职责、工作内容、工作条件、工作环境等岗位特征进行的书面描述，而工作规范则描述了工作对相关人员的知识、能力、品格、教育背景和工作经历等方面的要求。

（3）明确工作说明书的编写要求。第一，逻辑性。工作说明书包含多项内容，比如，编写"岗位职责"一栏时，一个岗位通常有多项职责，在编写过程中，梳理岗位职责时应层次分明、条理清晰，不可随意堆砌。通常应按照各项职责的重要程度或者所花费时间和精力的多少来安排顺序。第二，准确性。工作说明书应清楚地说明该岗位的情况，对岗位的描述应尽量准确，避免使用笼统、含糊不清的词语或句子。第三，实用性。工作说明书必须客观真实地反映岗位职责和任职条件，以作为人员招聘、考核的依据。另外，工作说明书应根据企业的发展做适时的修改与完善。

（4）收集岗位信息的相关资料。第一，可以浏览企业已有的管理制度，并与企业内部的工作人员进行沟通，获取所需要的信息，也可以有选择地参考同行业其他企业的工作说明书。第二，岗位分析的方法主要有问卷调查法、观察法、访谈法、关键事件法、工作日志法和工作实践法。其中，访谈法是广泛应用的一种岗位分析方法，有许多优点。它是一种比较简单、快捷的信息收集方法，其收集的信息包括从未以书面形式表达的信息，如工作中偶然发生的事件，员工由挫折感而产生的不满等。访谈法的缺点是收集来的信息有可能失真，需要岗位分析人员进行必要的核实。下面是访谈中常用的一些提问方式：

您所做的是什么样的工作？

您所在职位的主要职责是什么？准确地说，您在做什么事？

您平时参与一些什么样的活动？

衡量您工作成果或工作绩效的标准是什么？

您的工作环境和工作条件是什么样的？

做这项工作需要什么样的受教育程度/工作经验/技能证书/工作许可证？

该岗位对身体/情绪与智力的要求是什么样的？

这项工作对人身安全与健康的影响如何？

（5）岗位信息的处理。人力资源管理部门要对收集来的信息进行处理，筛选出工作说明书所需要的内容。如果遇到难以处理的问题，应与相应岗位的工作人员或上级领导沟通，以保证内容的准确性。

（6）撰写工作说明书。根据收集来的信息，从岗位职责、工作权限、工作关系、岗位任职资格等方面完成工作说明书的编写。

4. 编写工作说明书的注意事项

（1）避免将工作说明书写成岗位职责书。岗位职责书的内容是岗位任职人员应完成的职责，并不能全面反映岗位的信息，也没有其行为或工作活动的结果。而工作说明书则要全面反映岗位和岗位任职人员的信息。

（2）避免责任不清。为适应外部竞争环境的变化，许多企业以团队来设计工作任务，即一个工作任务需要几个部门或几个岗位共同完成。这样有利于发挥协同效应，取长补短，但也可能出现职责交叉。有的企业在编写工作说明书时对这些交叉的职责并没有明确职责权限及对工作结果应承担的责任，导致工作中岗位职责不清、多头领导，出现问题时各部门互相推诿，从而降低了工作效率。因此，出现职责交叉时，必须明确职责权限和对工作结果应承担的责任。

（3）避免职责重叠。在有些企业，工作任务相同、工作量大的工作，会出现一岗多人现象。有的企业在描述此类岗位时采取简单的一刀切的方法，虽然归纳出了此类岗位的共同特征，提出了此类岗位的共同要求，却忽视了此类岗位不同任职者之间工作任务的差别，以及由此导致的对任职人员资格要求的差异，这显然是一种不可取的做法。对这类岗位的描述，应采用一岗一份说明书的方式，每个任职者持有一份工作说明书。

（4）切忌闭门造车。目前，有的企业在编写工作说明书时，要求各个岗位的任职者自己编写，有的企业则由人力资源部门编写，导致工作说明书脱离岗位实际，尤其是对任职人资格的界定缺乏客观的标准，结果使工作说明书成为摆设，无法在工作中使用。

（5）避免岗位描述不完整。编写工作说明书的过程也是重新认识企业业务流程的过程。科学规范的工作说明书能为企业各项工作及人力资源管理的其他工作提供依据。但是，不少企业的岗位描述存在职责不完整、夸大或缩小职责范围、任职资格主观性强等问题。有的企业为了节约成本，只对关键岗位或部门进行描述，对后续的岗位评价、招聘等工作缺乏客观且统一的尺度，科学的人力资源管理工作也就无从谈起。

三、实验内容与实验要求

（一）实验内容

以下是运用访谈法获得的有关办公用品公司营销人员的工作信息，请根据所提供的材料，编写某办公用品公司营销人员的工作说明书。

（二）实验要求

工作说明书内容完整且简洁明了，采用表格形式（表1-2）。

案例1-4　办公用品销售人员王强的访谈实录

表1-2　访谈清单

A：张经理（工作分析人员）　　　　　　　　　　　B：王强（办公用品销售人员）

时间	2020年3月10日	被访谈人	B（王强）
被访谈人所在部门	市场部	被访谈人职位	办公用品销售人员
访谈人	A（张经理）	记录人	陆志峰

A：您好！感谢您参与本次访谈。

B：不客气。

A：能否介绍一下您平时需要做哪些工作？

B：我平时的主要工作有4个方面。（1）客户关系的维护与管理：建立客户档案，对客户信息进行收集与整理，并对重点客户进行跟踪服务。（2）开发办公用品市场并完成销售指标。（3）制作标书。（4）预约、联系、跟进、开发客户。

A：能否介绍一下您的主要工作职责？

B：好的，我的工作职责有6个方面。（1）制订销售计划：对办公用品的销售有建议权、反馈权。（2）资源调度：为了完成预定的销售目标，允许进行一定程度的资源调度。（3）工作任务：必须完成基本的销售目标。（4）沟通协调：进行部门之间的沟通协调。（5）信息反馈：充当产品开发与用户之间的信息桥梁。（6）成本控制：尽量控制本部门的开支，催促回收货款，加快资金周转。

A：您是如何完成这些工作的？

B：首先，要有计划和紧迫感，主动承担工作责任；其次，要发挥个人的特长，尽可能把每项工作做到最好；第三，要寻求总经理和各部门的配合与支持。

A：您的工作一般在哪些地点完成？

B：我的工作一般在办公室完成，偶尔也在用户所在地完成。

A：在工作中您觉得需要怎样的学历、经验和技能？

B：这份工作一般需要大专以上学历，有半年以上办公用品相关销售经验。

A：您这个职位的基本绩效指标有哪些？

B：我这个职位考核的重点是业绩指标和财务指标，如销售业绩、利润率；次要的指标有考勤、客户开发指标等。

A：您完成工作需要哪些环境与条件？

B：要熟悉计算机、扫描仪、复印机和投影仪等办公用品，还要熟悉新产品的性能等。

A：这一职位对从业人员的生理、情绪和感情有哪些要求？

B：这份工作要求语言表达流利，有一定的抗压能力，同时还要求有自我激励和情绪控制能力。

A：这份工作的环境安全性和卫生状况如何？

B：这份工作的环境安全性和卫生状况优良，主要接触文具、扫描仪和打印机等办公用品，不会对身体造成明显的伤害。

四、实验步骤

（一）准备阶段

老师讲解实验内容、实验要求与实验报告考核方法。

（二）实验阶段

学生阅读实验内容，结合相关知识点与问题，根据实验要求撰写实验报告初稿。

（三）归纳总结阶段

学生陈述实验报告，其他学生与老师点评，老师总结。

（四）修改完善阶段

学生根据归纳总结阶段的意见修改和完善实验报告。

五、实验课时

2~3课时，根据课程总体课时确定具体课时。

六、实验报告考核方法

实验报告成绩分为5个等级：优秀、良好、中等、及格与不及格。不同等级的评价标准如下。

（一）优秀的评价标准

第一，在规定时间内完成实验。第二，逻辑非常清晰，实验报告内容与案例1-4的内容和要求及工作说明书知识点高度一致。第三，内容非常完整，实验报告包括了工作说明书的所有内容。第四，语言表达非常准确、专业。第五，排版非常规范、简洁、美观。

（二）良好的评价标准

第一，在规定时间内完成实验。第二，逻辑清晰，实验报告内容与案例1-4的内容和要求及工作说明书知识点高度匹配。第三，内容完整，实验报告包括了工作说明书的所有内容。第四，语言表达准确、专业。第五，排版规范、简洁、美观。

（三）中等的评价标准

第一，在规定时间内完成实验。第二，逻辑比较清晰，实验报告内容与案例1-4的内容和要求及工作说明书知识点较为匹配。第三，内容比较完整，实验报告包括了工作说明书的主要内容。第四，语言表达比较准确、专业。第五，排版比较规范、简洁、美观。

（四）及格的评价标准

第一，基本能在规定时间内完成实验。第二，从整体来看，逻辑比较清晰，但局部存在瑕疵，实验报告内容与案例1-4的内容和要求及工作说明书知识点的匹配度尚可。第三，内容基本完整，实验报告包括了工作说明书的大部分内容。第四，部分语言表达不够准确和专业。第五，排版的规范度和美观度尚可。

（五）不及格的评价标准

第一，未能在规定时间内完成实验。第二，从整体来看，逻辑不清晰，报告内容与案例1-4的内容和要求及工作说明书知识点不匹配。第三，从内容来看，实验报告未能包括本实验内容的主体。第四，从整体来看，语言表达不够准确和专业。第五，排版较为凌乱。

七、习题

（1）编写工作说明书时，获取岗位信息的渠道有哪些？

（2）运用访谈法对你熟悉的某一岗位任职者进行访谈，做好记录，并据此编写该岗位的工作说明书。

第二章 人力资源规划

本章学习目标

1. 了解人力资源规划实验所需的基本原理,掌握人力资源规划实验的基本操作技能。
2. 掌握人力资源规划编制的基本流程与方法。

人力资源规划是指人力资源管理部门围绕组织发展战略目标,通过对企业未来人力资源需求与供给的预测,确定企业人力资源引进、保持与流出的数量,并制订人力资源计划。人力资源规划实验是依据人力资源规划的基本原理,从人力资源管理的实际需要出发,以人力资源供需为核心的实践教学活动。

第一节 人力资源规划的流程

一、实验目的

(1) 了解人力资源规划的内涵与遵循的原则。
(2) 掌握人力资源规划的基本步骤。

二、知识要点

1. 人力资源规划的概念

人力资源规划是指人力资源管理部门根据组织发展战略目标,对企业内部与外部人力资源供求状况进行评估,得出评估结果,并确定人力资源供求缺口,得出人力资源净需求量,再制订出与企业发展战略相匹配的人力资源规划。

2. 人力资源规划的宗旨与原则

将组织对员工数量和质量的需求与人力资源的有效供给协调起来。人力资源需求源于企业发展现状及对未来的预测，人力资源供给则涉及企业内部与外部的有效人力资源数量。

3. 人力资源规划的性质

人力资源规划必须具有长期的导向性。也就是说，组织必须考虑到它是把自己的员工长时期安置到某一个工作岗位，而不是短期的安置，如一个月或者一年，这种工作安置会影响企业在某些经营领域的缩减或扩张。

三、实验内容与实验要求

（一）实验内容

根据人力资源规划的内涵与基本要求，为案例 2-1 画出人力资源规划流程图。

（二）实验要求

人力资源规划流程图能反映企业人力资源规划的路径，并体现人力资源规划设计与实施各环节的关系。

案例 2-1 B 公司的人力资源规划

B 公司创建于 1985 年，起初从事服装生产，目前已经发展成为沿海地区较大规模的民营集团公司。该公司从事服装加工、房地产开发、医疗器械和电子产品生产，现有员工 889 人，其中，高层管理人员 4 人，中层管理人员 14 人，基层管理人员 48 人。B 公司的员工来源主要有两个方面：一是在当地劳动力市场招聘，主要补充下属公司的基层管理人员和生产一线的员工；二是采用猎头招聘的方式物色有企业管理经验的管理人员担任公司的中高层管理者。

虽然 B 公司的规模快速扩大，但该公司的人力资源管理未能与时俱进。首先，家族式的管理使员工缺乏凝聚力，员工的流动率一直较高，因而员工的招聘工作一直在不间断地进行。集团总经理吴总也十分重视员工招聘工作，只要有时间，一般都会参加员工招聘的最后选拔工作。B 集团的员工薪酬在当地处于较高水平，这与集团总经理的管理理念有关，集团总经理认为金钱是最有效的激励手段。其次，集团公司缺乏必要的人力资源规划，既没有构建起有效的激励机制，也缺乏对员工的培训机制，集团总是希望被录用的员工能马上上岗，发挥其作用。再次，集团公司缺乏作为大公司应有的企业文化，公司员工"只低头拉车，不抬头看路"，2022 年员工年流动率高达 23%。最后，集团公司部分中高层管理者也缺乏必要的责任心与忧患意识，知识水平已经跟不上国际、国内经济双循环的大环境与集团公司发展的需要。

对此，对 B 公司发展有着远大目标并期待 B 公司能开拓国际市场的总经理开始意识到问题的紧迫性，决定对 B 公司展开人力资源规划。

四、实验步骤

（一）准备阶段
老师讲解实验内容、实验要求与实验报告考核方法。

（二）实验阶段
学生阅读实验内容，结合相关知识点与问题，根据实验要求撰写实验报告初稿。

（三）归纳总结阶段
学生陈述实验报告，其他学生与老师点评，老师总结。

（四）修改完善阶段
学生根据归纳总结阶段的意见修改和完善实验报告。

五、实验课时

1~2课时，根据课程总体课时确定具体课时。

六、实验报告考核方法

实验报告成绩分为5个等级：优秀、良好、中等、及格与不及格。不同等级的评价标准如下。

（一）优秀的评价标准
第一，在规定时间内完成实验。第二，逻辑非常清晰，实验报告内容与案例2-1的内容和要求及人力资源规划流程知识点非常匹配。第三，流程图非常完整，充分体现了流程间的正确关系。第四，语言表达非常准确、专业。第五，排版非常规范、简洁、美观。

（二）良好的评价标准
第一，在规定时间内完成实验。第二，逻辑清晰，实验报告内容与案例2-1的内容和要求及人力资源规划流程知识点匹配。第三，流程图完整，体现了流程间的正确关系。第四，语言表达准确、专业。第五，排版规范、简洁、美观。

（三）中等的评价标准
第一，在规定时间内完成实验。第二，逻辑比较清晰，实验报告内容与案例2-1的内容、要求及人力资源规划流程知识点较为匹配。第三，流程图较为完整，体现了各流程的正确关系。第四，语言表达比较准确、专业。第五，排版比较规范、简洁、美观。

（四）及格的评价标准
第一，基本能在规定时间内完成实验。第二，从整体来看，逻辑比较清晰，但局部存在瑕疵,实验报告内容与案例 2-1 的内容和要求及人力资源规划流程知识点的匹配度尚可。第三,从内容来看,虽然流程图完整度不够,但包括了人力资源规划流程的主体,基本体现了各流程的正确关系。第四,部分语言表达不够准确和专业。第五,排版的规范度和美观度尚可。

(五) 不及格的评价标准

第一,未能在规定时间内完成实验。第二,从整体来看,逻辑不清晰,报告内容与案例 2-1 的内容和要求及人力资源规划流程知识点不匹配。第三,从内容来看,未能包括本实验内容的主体。第四,从整体来看,语言表达不够准确和专业。第五,排版较为凌乱。

第二节 人力资源供给预测

一、实验目的

(1) 了解人力资源供给预测的概念和影响因素。
(2) 掌握人力资源供给预测的方法、人力资源供给分析技能与具体操作步骤。

二、知识要点

1. 人力资源供给预测的内涵

预测是指利用过去与现在的信息估计未来的状况。人力资源供给预测是根据组织的战略,运用科学的方法,对未来一段时间组织内部所能供给的人员和组织外部所能提供的人员的状况进行预测的活动。人力资源供给预测的依据是组织的发展战略。人力资源供给按来源可以分为组织的内部供给与组织的外部供给两个方面。

2. 人力资源供给的影响因素

对组织内部人力资源供给的预测要考虑到员工因晋升、平调和辞职而发生的工作岗位的变化。同时,内部供给也会受到培训与开发计划、调动与晋升制度及退休政策等因素的影响。人事经理在对企业潜在可获得员工的外部供给进行预测时,应考虑劳动力市场的人数、行业发展趋势及竞争对手的行为。影响组织外部人力资源供给的因素有一个地区的人口净流入与净流出、流入与流出劳动力市场的人数、高校毕业生的数量、劳动力构成的变化、技术进步、竞争对手可能的行为、政府立法等。

3. 人力资源供给预测的方法

(1) 现状核查法。现状核查法是指组织对现有人力资源状况进行核查,具体包括对人力资源数量与质量、人员素质结构和人员岗位分布状况的排查，目的是对组织现有的人力资源总体情况有一个全面的把握，从而为人力资源供给预测打下基础。具体做法是先对组织的工作职位进行分类，区分不同职位的级别，然后确定每个职位每个级别的人数。这个方法的局限性是它只能提供静态的人力资源供给状况。

（2）技能清单法。技能清单就是能够体现员工工作能力特征的一览表，包括员工学习与工作的经历、接受培训的状况、已经获得的岗位技能证书的情况，以及主管对其能力的评价等。也就是说，技能清单是对员工具备的某一方面能力的主观性和客观性的描述，是比较全面的纸质证明。人事经理在进行人力资源供给预测时，可以根据技能清单清楚地把握哪些员工可以填补岗位空缺、哪些员工可以调任。技能清单对组织内员工的晋升和选拔、人员的接替与薪酬管理具有重要作用。

（3）接续计划法。接续计划法主要用于组织内部特定职位候选人的确定。其关键点是根据职务之间的信息明确不同职位对员工的具体要求。该方法首先要确定人力资源计划的范围，然后确定每个关键职位的接替人选，并将所有可能的接替人选都列入考虑的范围，包括现有的能力、潜在能力、经过培训可以任用的人员等。评价接续人员，主要判断其目前的工作状况是否达到提升的要求，可以根据评价结果将接续人员分成不同的等级，如可马上接任、尚需进一步培训、问题较多等。然后考虑组织内员工的实际流动情况，对组织内员工的流动方式和不同职位之间的接续方式进行控制，做好人力资源供给的预测。相比较而言，此方法适用于管理层接续人员的安排。

（4）市场调查预测法。市场调查预测法主要适用于对组织外部人力资源供给进行预测。它是指人力资源管理人员参与市场调查，并在掌握第一手市场信息资料的前提下，经过分析与推算，预测劳动力市场的发展规律与趋势。其优点是通过市场调查预测法获得的数据相对客观，人为的主观判断较少，可以在一定程度上减少主观性和片面性。市场调查预测法的具体程序是明确调查任务与目的、情况分析、正式调查、数据资料的整理加工和分析。

4. 人力资源供给预测的步骤

在了解人力资源供给预测方法的基础上，可以按以下步骤展开人力资源供给预测。

步骤1，核查，对组织内部现有人力资源存量进行盘点，掌握人力资源状况。

步骤2，了解组织内部人力资源调整情况，包括组织内员工职务现在和未来可能出现的调整及调整依据，统计员工的调整比例。

步骤3，汇总，得出组织内部人力资源供给量。

步骤4，分析组织外部人力资源供给的因素，得出结论，进行组织外部人力资源供给预测。

步骤5，汇总完成组织内部和外部人力资源供给预测。

三、实验内容与实验要求

（一）实验内容

根据案例2-2，完成以下内容：

（1）分析影响案例2-2人力资源供给预测的因素。
（2）为案例2-2选择人力资源供给预测方法，并给出一种方法的使用步骤。

（二）实验要求

（1）分析影响因素对该案例人力资源供给预测的具体影响。
（2）方法选择合理，方法使用步骤具体、完整。

案例2-2　B公司的人力资源供给预测

B公司创建于1985年，起初从事服装生产，目前已经发展成为沿海地区较大规模的民营集团公司。该公司从事服装加工、房地产开发、医疗器械和电子产品生产，现有员工889人，其中，高层管理人员4人，中层管理人员14人，基层管理人员48人。B公司的员工来源主要有两个方面：一是在当地劳动力市场招聘，主要补充下属公司的基层管理人员和生产一线的员工；二是采用猎头招聘的方式物色有企业管理经验的管理人员担任公司的中高层管理者。

虽然B公司的规模快速扩大，但该公司的人力资源管理未能与时俱进。首先，家族式的管理使员工缺乏凝聚力，员工的流动率一直较高，因而员工的招聘工作一直在不间断地进行。集团总经理吴总也十分重视员工招聘工作，只要有时间，一般都会参加员工招聘的最后选拔工作。B集团的员工薪酬在当地处于较高水平，这与集团总经理的管理理念有关，集团总经理认为金钱是最有效的激励手段。其次，集团公司缺乏必要的人力资源规划，既没有构建起有效的激励机制，也缺乏对员工的培训机制，集团总是希望被录用的员工能马上上岗，发挥其作用。再次，集团公司缺乏作为大公司应有的企业文化，公司员工"只低头拉车，不抬头看路"，2022年员工年流动率高达23%。最后，集团公司部分中高层管理者也缺乏必要的责任心与忧患意识，知识水平已经跟不上国际、国内经济双循环的大环境与集团公司发展的需要。

对此，对B公司发展有着远大目标并期待B公司能开拓国际市场的总经理开始意识到问题的紧迫性，决定对B公司展开人力资源规划。现进入人力资源规划供给预测阶段。

四、实验步骤

（一）准备阶段

老师讲解实验内容、实验要求与实验报告考核方法。

（二）实验阶段

学生阅读实验内容，结合相关知识点与问题，根据实验要求撰写实验报告初稿。

（三）归纳总结阶段

学生陈述实验报告，其他学生与老师点评，老师总结。

（四）修改完善阶段

学生根据归纳总结阶段的意见修改和完善实验报告。

五、实验课时

1~2课时，根据课程总体课时确定具体课时。

六、实验报告考核方法

实验报告成绩分为5个等级：优秀、良好、中等、及格与不及格。不同等级的评价标准如下。

（一）优秀的评价标准

第一，在规定时间内完成实验。第二，逻辑非常清晰，实验报告内容与案例2-2的内容和要求及人力资源供给预测知识点高度一致。第三，影响因素分析非常完整；方法选择非常合理且步骤非常清晰。第四，语言表达非常准确、专业。第五，排版非常规范、简洁、美观。

（二）良好的评价标准

第一，在规定时间内完成实验。第二，逻辑清晰，实验报告内容与案例2-2的内容和要求及人力资源供给预测知识点高度匹配。第三，影响因素分析完整；方法选择合理且步骤清晰。第四，语言表达准确、专业。第五，排版规范、简洁、美观。

（三）中等的评价标准

第一，在规定时间内完成实验。第二，逻辑比较清晰，实验报告内容与案例2-2的内容和要求及人力资源供给预测知识点较为匹配。第三，影响因素分析比较完整；方法选择比较合理且步骤比较清晰。第四，语言表达比较准确、专业。第五，排版比较规范、简洁、美观。

（四）及格的评价标准

第一，基本能在规定时间内完成实验。第二，从整体来看，逻辑比较清晰，但局部存在瑕疵，实验报告内容与案例2-2的内容和要求及人力资源供给预测知识点的匹配度尚可。第三，影响因素分析虽然不完整，但包括了主要因素；方法选择较为合理，步骤虽然不完整，但包括了主要步骤。第四，部分语言表达不够准确和专业。第五，排版的规范度和美观度尚可。

（五）不及格的评价标准

第一，未能在规定时间内完成实验。第二，从整体来看，逻辑不清晰，报告内容与案例2-2的内容和要求及人力资源供给预测知识点不匹配。第三，从内容来看，未能包括本实验内容的主体。第四，从整体来看，语言表达不够准确和专业。第五，排版较为凌乱。

七、习题

1. 简述人力资源供给预测的影响因素。
2. 简述人力资源供给预测的常用方法和步骤。

第三节　人力资源需求预测

一、实验目的

（1）了解人力资源需求预测的概念和影响因素。
（2）掌握人力资源需求预测的方法、人力资源需求分析技能与具体操作步骤。

二、知识要点

1. 人力资源需求预测的内涵

人力资源需求预测即估算组织未来需要的员工数量与能力组合，作为人力资源规划的核心与前提，其直接依据是组织发展战略规划与年度预算。

2. 人力资源需求的影响因素

（1）组织的外部环境因素，包括社会经济发展情况、技术创新情况、政府的政策与法律等。

（2）组织的内部因素。首先，组织的战略目标是影响人力资源需求的最重要因素，它决定了组织发展的速度与规模。其次，企业的产品销售预测和年度预算对人力资源需求有直接影响。最后，组织的人力资源现状对人力资源需求也有重要影响。如合同期满后终止合同的数量、退休和辞职的人员数量等也影响着人力资源的需求量。

3. 人力资源需求预测的方法

（1）德尔菲法。该方法由美国兰德公司于 20 世纪 50 年代提出，又称专家评估法，是一种定性预测技术。该方法一般采用问卷调查的方式，听取专家尤其是人力资源专家对组织未来人力资源需求量的分析与评估，经过多次的修改与调整，最后达成一致意见。使用这一方法时，专家之间不能见面，组织者只通过电话、传真或者邮件与各位专家进行交流，由各位专家以书面的形式提出各自对组织人力资源需求的预测结果。具体可以分成以下 4 个步骤。

第一步，预测筹划工作。包括确定预测目标和课题，确定预测要求，选择一定数量的熟悉本课题的专家组成专家组。

第二步，首轮预测。根据预测课题提出来的问题，以预测表格的形式随有关背景材料一起交给专家组，各位专家以匿名的方式独立做出预测。

第三步，反复预测。对各位专家的预测结果进行汇总整理和统计，然后形成第一次预测结果，并把结果再次分发给各位专家，由专家对新的表格进行第二轮预测，如此反复进行多次预测。

第四步，表述预测结果。经过多次预测以后，对最后一轮预测结果加以整理、分析和修改，以文字和图表的形式表述出来。

德尔菲法的优点是能够有效地使专家避免受到他人的干扰，而且不需要专家们面对面地坐在一起，就能使不同地方的专家参与到同一项决策中。不过，这一方法也有不足，那就是耗时较长，如果要快速做出人力资源需求决策，这个方法就不适用了。

（2）现状规划法。现状规划法是对规划期内组织现有岗位上人员的晋升、降职和进出情况进行测算统计，然后进行人员调动的方法。这一方法操作起来比较容易，但它假定组织的人力资源在规划期内是不变的，目前组织内各种人员的配备比例和人员总数完全能满足规划期内人力资源的需要。

（3）经验预测法。经验预测法是组织根据以往经验对人力资源需求进行预测的方法。这一方法的关键是对过去经验的收集与把握，受主观因素影响较多。因此，应尽量保留历史档案，收集过去的人员变动数据，并综合考虑多人的经验做出人力资源需求预测。在具体操作时，建议将经验预测法与现状规划法结合起来。

（4）情景描述法。情景描述法一般适用于处在环境变化中的组织，即组织的结构正在发生改变。在这种情况下，人力资源管理部门根据组织的战略目标和方向，对影响人力资源的相关因素进行分析，经过综合考量，制订出人力资源需求的几个备选方案。与其他方法不同的是，用这种方法制订的需求方案不止一个，目的是适应组织的变化。

（5）工作负荷预测法。这是一种定量预测法，它通过工作人员分析计算出劳动定额，然后再按未来的产品生产目标计算出总的工作量，在此基础上计算出所需要的人员数量。这一方法是根据具体的工作量来预测所需的人员数量，所以适合从事具体工作的一线人员。例如，某企业的某一个班组每年生产产品 10 000 件，如果工时定额为 1 件/时，则所需工时为 10 000 小时，如果每个工人一年的工作时间为 1 000 小时（考虑到节假日和缺勤等情况），则该班组需要安排 10 个工人。

4. 人力资源需求预测的步骤

通常，人力资源需求预测可以分为对现实人力资源需求的预测、得出现实的人力资源需求量、对未来人力资源需求的预测和对未来流失的人力资源需求的预测等 4 个步骤。

第一步，对现实人力资源需求的预测，依据对现状的调查，统计和掌握现有人力资源是否缺编和超编，并根据职务说明书核实其是否符合岗位的资格要求。

第二步，结合人力资源核查统计的情况，与各部门管理人员讨论协商，得出现实的人力资源需求量。将组织发展规划和目标的任务具体落实到各部门，确定各部门的工作量。

第三步，根据各部门具体工作任务的增长情况，得出未来人力资源的需求量。

第四步，根据历史数据和对未来可能发生的情况的预测，测算未来可能出现的退休与离职人员，得出未来流失的人力资源数量。

三、实验内容与实验要求

（一）实验内容

根据案例 2-3，完成以下内容：

(1) 分析影响案例 2-3 人力资源需求预测的因素。
(2) 为案例 2-3 选择人力资源需求预测方法，并给出一种方法的使用步骤。

（二）实验要求

(1) 分析影响因素对案例 2-3 人力资源需求预测的具体影响。
(2) 方法选择合理，方法使用步骤具体、完整。

案例 2-3　B 公司的人力资源需求预测

B 公司创建于 1985 年，起初从事服装生产，目前已经发展成为沿海地区较大规模的民营集团公司。该公司从事服装加工、房地产开发、医疗器械和电子产品生产，现有员工 889 人，其中，高层管理人员 4 人，中层管理人员 14 人，基层管理人员 48 人。B 公司的员工来源主要有两个方面：一是在当地劳动力市场招聘，主要补充下属公司的基层管理人员和生产一线的员工；二是采用猎头招聘的方式物色有企业管理经验的管理人员担任公司的中高层管理者。

虽然 B 公司的规模快速扩大，但该公司的人力资源管理未能与时俱进。首先，家族式的管理使员工缺乏凝聚力，员工的流动率一直较高，因而员工的招聘工作一直在不间断地进行。集团总经理吴总也十分重视员工招聘工作，只要有时间，一般都会参加员工招聘的最后选拔工作。B 集团的员工薪酬在当地处于较高水平，这与集团总经理的管理理念有关，集团总经理认为金钱是最有效的激励手段。其次，集团公司缺乏必要的人力资源规划，既没有构建起有效的激励机制，也缺乏对员工的培训机制，集团总是希望被录用的员工能马上上岗，发挥其作用。再次，集团公司缺乏作为大公司应有的企业文化，公司员工"只低头拉车，不抬头看路"，2022 年员工年流动率高达 23%。最后，集团公司部分中高层管理者也缺乏必要的责任心与忧患意识，知识水平已经跟不上国际、国内经济双循环的大环境与集团公司发展的需要。

对此，对 B 公司发展有着远大目标并期待 B 公司能开拓国际市场的总经理开始意识到问题的紧迫性，决定对 B 公司展开人力资源规划。现进入人力资源规划需求预测阶段。

四、实验步骤

（一）准备阶段

老师讲解实验内容、实验要求与实验报告考核方法。

（二）实验阶段

学生阅读实验内容，结合相关知识点与问题，根据实验要求撰写实验报告初稿。

（三）归纳总结阶段

学生陈述实验报告，其他学生与老师点评，老师总结。

（四）修改完善阶段

学生根据归纳总结阶段的意见修改和完善实验报告。

五、实验课时

1~2 课时，根据课程总体课时确定具体课时。

六、实验报告考核方法

实验报告成绩分为 5 个等级：优秀、良好、中等、及格与不及格。不同等级的评价标准如下。

（一）优秀的评价标准

第一，在规定时间内完成实验。第二，逻辑非常清晰，实验报告内容与案例 2-3 的内容和要求及人力资源需求预测知识点高度一致。第三，影响因素分析非常完整；方法选择非常合理且步骤非常清晰。第四，语言表达非常准确、专业。第五，排版非常规范、简洁、美观。

（二）良好的评价标准

第一，在规定时间内完成实验。第二，逻辑清晰，实验报告内容与案例 2-3 的内容和要求及人力资源需求预测知识点高度匹配。第三，影响因素分析完整；方法选择合理且步骤清晰。第四，语言表达准确、专业。第五，排版规范、简洁、美观。

（三）中等的评价标准

第一，在规定时间内完成实验。第二，逻辑比较清晰，实验报告内容与案例 2-3 的内容和要求及人力资源需求预测知识点较为匹配。第三，影响因素分析比较完整；方法选择比较合理且步骤比较清晰。第四，语言表达比较准确、专业。第五，排版比较规范、简洁、美观。

（四）及格的评价标准

第一，基本能在规定时间内完成实验。第二，从整体来看，逻辑比较清晰，但局部存在瑕疵，实验报告内容与案例 2-3 的内容和要求及人力资源需求预测知识点的匹配度尚可。第三，影响因素分析虽然不完整，但包括了主要因素；方法选择较为合理，步骤虽然不完整，但包括了主要步骤。第四，部分语言表达不够准确和专业。第五，排版的规范度和美观度尚可。

（五）不及格的评价标准

第一，未能在规定时间内完成实验。第二，从整体来看，逻辑不清晰，报告内容与案例 2-3 的内容和要求及人力资源需求预测知识点不匹配。第三，从内容来看，未能包括本实验内容的主体。第四，从整体来看，语言表达不够准确和专业。第五，排版较为凌乱。

七、习题

（1）简述人力资源需求预测的常用方法。

（2）简述人力资源需求预测的一般步骤。

第四节 人力资源规划的编制

一、实验目的

（1）掌握人力资源供给与需求量平衡的基本知识。
（2）了解人力资源供需失衡的种类。
（3）了解实现人力资源供需平衡的方法。
（4）掌握编制人力资源规划的步骤。

二、知识要点

1. 人力资源供需失衡的种类与应对措施

与外部劳动力市场一样，组织内部的人力资源供需均衡是少有的，多数情况下其人力资源供需处于失衡状态。供需失衡一般有三种类型：人力资源供需总量平衡但结构不平衡；人力资源供大于求；人力资源供不应求。对于这三种可能出现的情况，人力资源管理部门应采取不同的对策，具体如下。

当组织的人力资源供需总量平衡但结构不平衡时，只能通过内部人员调动来缓解结构的失衡，做到人岗匹配，前提是各部门对人力资源需求的分析相对精准。

当组织的人力资源供大于求时，可以通过适当裁员或者采取优惠措施，鼓励员工退休和内退，并加强培训，使员工掌握更多技能，增强其就业竞争力，为员工自谋职业提供条件。

当组织的人力资源供不应求时，既可以通过内部调动或外部招聘的办法缓解人员不足的问题，也可以通过培训提高员工的工作技能，还可以改进生产工艺流程，提升劳动生产率，从而减少对人员的需求。

2. 人力资源规划的编制步骤

人力资源规划的编制分为准备阶段、人力资源供给预测、人力资源需求预测、确定人力资源净需求和编制人力资源规划等 5 个阶段。其中，人力资源净需求＝计划人员数－现有人员数。编制规划时应严格按照流程进行操作，以确保人力资源规划符合实际情况，为人力资源管理的其他工作打下基础。（表2-1）

表 2-1 人力资源净需求表[①]

类别（管理层次划分）	现有人员	计划人员	余缺	调职	升迁	辞职	退休	辞退	其他	合计	人员净需求
高级管理层											
中级管理层											
初级管理层											
基层人员											
合计											

三、实验内容与实验要求

（一）实验内容

根据案例 2-4，回答以下实验内容：

（1）如果在人力资源规划中，案例 2-4 中企业的人力资源供给小于人力资源需求，该企业应该怎么做？

（2）如果在人力资源规划中，案例 2-4 中企业的人力资源供给大于人力资源需求，该企业应该怎么做？

（二）实验要求

供需失衡的解决对策具体、合理。

案例 2-4　B 公司的人力资源供需平衡

B 公司创建于 1985 年，起初从事服装生产，目前已经发展成为沿海地区较大规模的民营集团公司。该公司从事服装加工、房地产开发、医疗器械和电子产品生产，现有员工 889 人，其中，高层管理人员 4 人，中层管理人员 14 人，基层管理人员 48 人。B 公司的员工来源主要有两个方面：一是在当地劳动力市场招聘，主要补充下属公司的基层管理人员和生产一线的员工；二是采用猎头招聘的方式物色有企业管理经验的管理人员担任公司的中高层管理者。

虽然 B 公司的规模快速扩大，但该公司的人力资源管理未能与时俱进。首先，家族式的管理使员工缺乏凝聚力，员工的流动率一直较高，因而员工的招聘工作一直在不间断地进行。集团总经理吴总也十分重视员工招聘工作，只要有时间，一般都会参加员工招聘的最后选拔工作。B 集团的员工薪酬在当地处于较高水平，这与集团总经理的管理理念有关，集团总经理认为金钱是最有效的激励手段。其次，集团公司缺乏必要的人力资源规划，既没有构建起有效的激励机制，也缺乏

---

① 萧鸣政. 人力资源管理实验 [M]. 北京：北京大学出版社，2012：14.

对员工的培训机制，集团总是希望被录用的员工能马上上岗，发挥其作用。再次，集团公司缺乏作为大公司应有的企业文化，公司员工"只低头拉车，不抬头看路"，2022年员工年流动率高达23%。最后，集团公司部分中高层管理者也缺乏必要的责任心与忧患意识，知识水平已经跟不上国际、国内经济双循环的大环境与集团公司发展的需要。

对此，对B公司发展有着远大目标并期待B公司能开拓国际市场的总经理开始意识到问题的紧迫性，决定对B公司展开人力资源规划。B公司人力资源部在人力资源供给预测与人力资源需求预测后，现进入人力资源规划编制阶段。人力资源规划编制以人力资源供需平衡为基础。

四、实验步骤

（一）准备阶段
老师讲解实验内容、实验要求与实验报告考核方法。

（二）实验阶段
学生阅读实验内容，结合相关知识点与问题，根据实验要求撰写实验报告初稿。

（三）归纳总结阶段
学生陈述实验报告，其他学生与老师点评，老师总结。

（四）修改完善阶段
学生根据归纳总结阶段的意见修改和完善实验报告。

五、实验课时

1~2课时，根据课程总体课时确定具体课时。

六、实验报告考核方法

实验报告成绩分为5个等级：优秀、良好、中等、及格与不及格。不同等级的评价标准如下。

（一）优秀的评价标准

第一，在规定时间内完成实验。第二，逻辑非常清晰，实验报告内容与案例2-4的内容和要求及人力资源规划编制知识点高度一致。第三，内容非常完整，实验报告包括了当人力资源供给预测大于人力资源需求预测时的措施、当人力资源供给预测小于人力资源需求预测时的措施。第四，语言表达非常准确、专业。第五，排版非常规范、简洁、美观。

(二) 良好的评价标准

第一，在规定时间内完成实验。第二，逻辑清晰，实验报告内容与案例2-4的内容和要求及人力资源规划编制知识点高度匹配。第三，内容完整，实验报告包括了当人力资源供给预测大于人力资源需求预测时的主要措施、当人力资源供给预测小于人力资源需求预测时的主要措施。第四，语言表达准确、专业。第五，排版规范、简洁、美观。

(三) 中等的评价标准

第一，在规定时间内完成实验。第二，逻辑比较清晰，实验报告内容与案例2-4的内容和要求及人力资源规划编制知识点较为匹配。第三，内容比较完整，实验报告包括了当人力资源供给预测大于人力资源需求预测时的主要措施、当人力资源供给预测小于人力资源需求预测时的主要措施。第四，语言表达比较准确、专业。第五，排版比较规范、简洁、美观。

(四) 及格的评价标准

第一，基本能在规定时间内完成实验。第二，从整体来看，逻辑比较清晰，但局部存在瑕疵，实验报告内容与案例2-4的内容和要求及人力资源规划编制知识点的匹配度尚可。第三，内容基本完整，实验报告包括了当人力资源供给预测大于人力资源需求预测时的大部分措施、当人力资源供给预测小于人力资源需求预测时的大部分措施。第四，从整体来看，语言表达较为准确与专业，但部分语言表达不够准确和专业。第五，排版的规范度和美观度尚可。

(五) 不及格的评价标准

第一，未能在规定时间内完成实验。第二，从整体来看，逻辑不清晰，报告内容与案例2-4的内容和要求及人力资源规划编制知识点不匹配。第三，从内容来看，实验报告未能包括本实验内容的主体。第四，从整体来看，语言表达不够准确和专业。第五，排版较为凌乱。

七、习题

分析人力资源供需失衡的解决方法。

第三章 招聘

本章学习目标

1. 掌握招聘流程。
2. 明晰招聘计划的内容,学会撰写招聘计划。
3. 熟悉招募渠道的类别,掌握影响招募渠道选择的因素。
4. 熟悉甄选的方法,掌握影响甄选方法选择的因素。
5. 掌握录用面谈的要点。
6. 设计招聘评估指标体系并对招聘展开评估。

招聘是组织获取人力资源的主要途径,科学合理的招聘可为组织提供人岗匹配、人企匹配的员工,帮助组织获得人才竞争优势,提高组织的核心竞争力。

第一节 招聘流程

一、实验目的

(1) 理解招聘的含义。
(2) 掌握招聘的流程。

二、知识要点

1. 招聘的含义

招聘是组织依据工作分析和人力资源规划提出人员需求,通过招募渠道发布招聘信息,运用科学的测评方法甄选应聘者并据此做出录用决策的过程。

2. 招聘的流程

从招聘的定义来看,员工招聘的一般流程如图3-1所示。

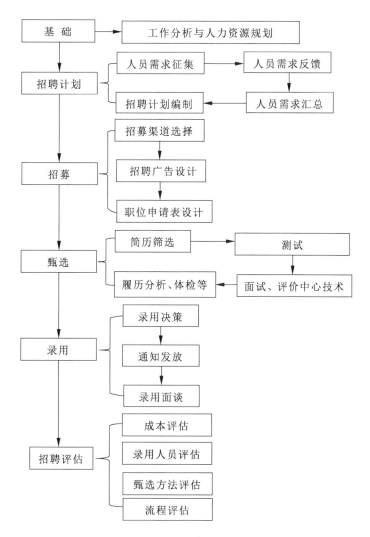

图 3-1 员工招聘的一般流程

三、实验内容与实验要求

（一）实验内容

为案例 3-1 设计招聘流程。

（二）实验要求

招聘流程完整。

案例 3-1 K 酒店招聘流程

K 酒店是 J 省省会 A 市的一家五星级酒店。该酒店设有客房部、餐饮部、市场营销部、康体部、工程部、财务部与人力资源部。为提高市场占有率，该酒店决定从明年开始加大招聘力度，进一步提高服务质量。

四、实验步骤

（一）准备阶段

老师讲解实验内容、实验要求与实验报告考核方法。

（二）实验阶段

学生阅读实验内容，结合相关知识点与问题，根据实验要求撰写实验报告初稿。

（三）归纳总结阶段

学生陈述实验报告，其他学生与老师点评，老师总结。

（四）修改完善阶段

学生根据归纳总结阶段的意见修改和完善实验报告。

五、实验课时

1~2课时，根据课程总体课时确定具体课时。

六、实验报告考核方法

实验报告成绩分为5个等级：优秀、良好、中等、及格与不及格。不同等级的评价标准如下。

（一）优秀的评价标准

第一，在规定时间内完成实验。第二，逻辑非常清晰，实验报告内容与案例3-1的内容和要求及员工招聘流程相关知识点高度一致。第三，内容非常完整，实验报告包括了招聘的所有流程。第四，语言表达非常准确、专业。第五，排版非常规范、简洁、美观。

（二）良好的评价标准

第一，在规定时间内完成实验。第二，逻辑清晰，实验报告内容与案例3-1的内容和要求及员工招聘流程相关知识点高度匹配。第三，内容完整，实验报告包括了招聘的所有流程。第四，语言表达准确、专业。第五，排版规范、简洁、美观。

（三）中等的评价标准

第一，在规定时间内完成实验。第二，逻辑比较清晰，实验报告内容与案例3-1的内容和要求及员工招聘相关知识点较为匹配。第三，内容比较完整，实验报告包括了招聘的主要流程。第四，语言表达比较准确、专业。第五，排版比较规范、简洁、美观。

（四）及格的评价标准

第一，基本能在规定时间内完成实验。第二，从匹配度来看，逻辑比较清晰，但局部存在瑕疵，实验报告内容与案例 3-1 的内容和要求及员工招聘流程相关知识点的匹配度尚可。第三，内容基本完整，实验报告包括了招聘的大部分流程。第四，部分语言表达不够准确和专业。第五，排版的规范度和美观度尚可。

（五）不及格的评价标准

第一，未能在规定时间内完成实验。第二，从匹配度来看，逻辑不清晰，报告内容与案例 3-1 的内容和要求及员工招聘流程相关知识点不匹配。第三，从内容来看，实验报告未能包括本实验内容的主体。第四，从整体来看，语言表达不够准确和专业。第五，排版较为凌乱。

七、习题

分析招聘与其他人力资源管理职能的关系。

第二节 招聘计划

一、实验目的

（1）了解招聘计划的编制程序。
（2）掌握招聘计划的主要内容与编制要求。

二、知识要点

（一）招聘计划的内涵与编制程序

1. 招聘计划的内涵

招聘计划是指组织人力资源部门根据用人部门的人员补充申请，结合组织的工作分析和人力资源规划，明确组织在一定时期内的人员需求，并制订实现人员需求的招聘活动执行方案。

2. 招聘计划的编制程序

根据招聘计划的内涵，招聘计划编制的一般程序如下。

（1）人员需求征集。招聘需求征集主要包括两种方式：一种是人力资源部门向组织的各个用人部门发放人员补充申请表；另一种是用人部门根据自身用工需求，主动提交人员补充申请表。人员补充申请表没有固定统一格式，不同部门设计得不一样。一般而言，人员补充申请表的主要内容包括申请部门、申请补充的岗位、申请岗位人员补充数量、申请补充岗位的工作职责与任职资格、相关部门意见。

（2）人员需求反馈。用人部门根据自身人力资源规划填写申请表，反馈到人力资源部门。

（3）人员需求汇总。人力资源部门将用人部门的人员需求反馈进行汇总。

（4）招聘计划编制。人力资源部门将实现人员需求的一系列活动编写为招聘计划。

（二）招聘计划的主要内容与编制要求

1. 招聘计划的主要内容

招聘计划一般包括以下内容：招聘岗位的名称及数量、招聘岗位的工作职责、招聘岗位的任职资格、招聘信息发布的范围、招募渠道、甄选方法、招聘小组的组成、招聘时间的安排、招聘预算、招聘评估等。其中，招聘岗位的名称及数量、招聘岗位的工作职责与任职资格来自用人部门的人员需求，其他内容主要来自招聘部门。

2. 招聘计划的编制要求

编制招聘计划时，应注意以下方面。

（1）内容完整。一份招聘计划应包括前述的主要内容。

（2）内容合理且前后逻辑一致。招聘计划中选择的招聘信息发布的范围、招募渠道、招聘时间等具体内容应与岗位特性、企业特性一致。例如，小型企业在招聘人力资源专员时，可在本市发布招聘信息；如果小型企业招聘高层管理者，则应在更大区域如本省发布招聘信息。如果是大型企业招聘人力资源专员，可在全省发布招聘信息；如果是大型企业招聘高层管理者，可在全国甚至全球发布招聘信息。

（3）招聘计划的编制应以招聘全流程为基础。从流程来看，虽然招聘计划是招聘流程的起点，但招聘计划包括了招聘流程的全部内容，因此，必须以招聘全流程为基础。对学生而言，编写招聘计划应在招聘学习完成后着手。

三、实验内容与实验要求

（一）实验内容

根据案例3-2，完成以下实验内容：

（1）为该酒店招聘部门设计人员补充申请表。

（2）为该酒店制订招聘计划。

（二）实验要求

（1）人员补充申请表的内容完整，且与案例匹配。

(2) 招聘计划的内容完整，满足招聘计划编制要求。

案例 3-2　K 酒店招聘计划

K 酒店是 J 省省会 A 市的一家五星级酒店。该酒店设有客房部、餐饮部、市场营销部、康体部、工程部、财务部与人力资源部。为提高市场占有率，该酒店决定从明年开始进一步提高服务质量。

为开展明年第一季度的招聘工作，招聘部门向各个部门发放了用人部门人员补充申请表。根据用人部门的申请，客房部需要招聘服务员 20 名、领班 1 名，餐饮部需要招聘服务员 10 名、领班 1 名，市场营销部需要招聘销售员 5 名、经理助理 1 名，工程部需要招聘水电工 2 名，财务部需要招聘会计 1 名，人力资源部需要招聘专员 1 名。

四、实验步骤

（一）准备阶段

老师讲解实验内容、实验要求与实验报告考核方法。

（二）实验阶段

学生阅读实验内容，结合相关知识点与问题，根据实验要求撰写实验报告初稿。

（三）归纳总结阶段

学生陈述实验报告，其他学生与老师点评，老师总结。

（四）修改完善阶段

学生根据归纳总结阶段的意见修改和完善实验报告。

五、实验课时

1~2 课时，根据课程总体课时确定具体课时。

六、实验报告考核方法

实验报告成绩分为 5 个等级：优秀、良好、中等、及格与不及格。不同等级的评价标准如下。

（一）优秀的评价标准

第一，在规定时间内完成实验。第二，逻辑非常清晰，实验报告内容与案例 3-2 的内容和要求及招聘计划知识点高度一致。第三，内容非常完整，实验报告包括了人员补充申请表和招聘计划的所有内容。第四，语言表达非常准确、专业。第五，排版非常规范、简洁、美观。

（二）良好的评价标准

第一，在规定时间内完成实验。第二，逻辑清晰，实验报告内容与案例 3-2 的内容和要求及招聘计划知识点高度匹配。第三，内容完整，实验报告包括了人员补充申请表和招聘计划的所有内容。第四，语言表达准确、专业。第五，排版规范、简洁、美观。

（三）中等的评价标准

第一，在规定时间内完成实验。第二，逻辑比较清晰，实验报告内容与案例 3-2 的内容和要求及招聘计划知识点较为匹配。第三，内容比较完整，实验报告包括了人员补充申请表和招聘计划的主要内容。第四，语言表达比较准确、专业。第五，排版比较规范、简洁、美观。

（四）及格的评价标准

第一，基本能在规定时间内完成实验。第二，从整体来看，逻辑比较清晰，但局部存在瑕疵，实验报告内容与案例 3-2 的内容和要求及招聘计划知识点的匹配度尚可。第三，内容基本完整，实验报告包括了人员补充申请表和招聘计划的大部分内容。第四，部分语言表达不够准确和专业。第五，排版的规范度和美观度尚可。

（五）不及格的评价标准

第一，未能在规定时间内完成实验。第二，从整体来看，逻辑不清晰，报告内容与案例 3-2 的内容和要求及招聘计划知识点不匹配。第三，从内容来看，实验报告未能包括本实验内容的主体。第四，从整体来看，语言表达不够准确和专业。第五，排版较为凌乱。

七、习题

归纳总结招聘计划的主要内容与编制要点。

八、常用工具

（一）人员补充申请表

人员补充申请表的格式各不相同，根据其主要内容，可参照表 3-1 进行设计。

表 3-1 人员补充申请表

申请部门		补充岗位			
补充数量		期望上岗时间	年	月	日
补充理由					
补充岗位职责					
补充岗位任职资格					
学历要求		专业要求		经验要求	
技能要求		性别要求		年龄要求	
申请部门负责人签字/日期					
人力资源部门意见					
分管总监意见					
总经理意见					
相关说明					

备注：此表由用人部门填写；每个岗位填写一张申请表。

（二）招聘计划

招聘计划既可以采用简洁的表格形式，也可以采用内容更加丰富的文字形式。

1. 表格式招聘计划

根据招聘计划内容，表格式招聘计划可参照表 3-2 进行设计。

表 3-2 某公司人力资源部表格式招聘计划

招聘岗位	招聘专员	培训专员（略）
招聘数量	1 人	
工作职责	1. 发布人员补充申请表并收集用人部门用人需求。 2. 编制招聘计划。 3. 根据招聘计划撰写招聘广告并发布招聘信息。 4. 收集并初步筛选应聘者简历。 5. 协助人员甄选与录用。 6. 评价招聘并提出招聘流程改进建议。	
任职资格	1. 大学本科学历。 2. 人力资源管理专业毕业。 3. 具有较强的数据收集分析能力，能熟练运用 Python。 4. 具有较强的文字表达能力。 5. 具有较强的沟通能力与学习能力。	
招聘范围	本市	
招募渠道	网络招聘（某市招聘网、应届生求职网）	
甄选方法	笔试、面试、工作样本法	

续表

招聘小组	人力资源管理主管与资深招聘专员	
招聘时间	20××年1—3月	
招聘预算	2 000元（渠道费、差旅费、甄选费等）	
招聘评估	成本效益评估、应聘比、招聘完成比、职位空缺时间、合格率、甄选工具的信度与效度	

2. 文字式招聘计划

文字式招聘计划示例如下。

A公司人力资源部20××年招聘计划

根据该公司人力资源部各个岗位的工作分析，包括人员流动、异动、外部劳动市场供给等人力资源规划，制订公司人力资源部次年的招聘计划。

一、招聘岗位与人数

因为公司正处于上升阶段，对人员的需求不断提升，通过对工作岗位和公司整体状况的分析，现确定明年公司人力资源部的招聘岗位与人数。明年，公司将招聘人力资源管理经理1名、招聘专员1名、薪酬福利专员1名。

二、招聘岗位的工作职责与任职资格

（一）人力资源管理经理的主要工作职责与任职资格

1. 人力资源管理经理的主要工作职责包括：（1）根据公司战略，拟定公司人力资源管理战略。（2）负责公司人力资源管理相关制度的制订、修改与完善。（3）组织与协调人力资源管理部门员工开展公司各项人力资源管理具体活动。（4）为公司战略制定、战略调整提供人力资源管理方面的数据支持与建议。

2. 人力资源管理经理的任职资格包括：（1）管理学相关专业硕士以上学历，持人力资源管理师证书。（2）具备5年以上人力资源管理经验。（3）熟练掌握战略管理、工作分析、人力资源规划、招聘、培训、绩效管理、薪酬管理与员工关系管理的技能，熟悉公司人力资源管理流程。（4）有大局观，并注重细节；抗压能力强。（5）具有很强的自我时间管理能力。（6）具备很强的团队合作精神。

（二）招聘专员的工作职责与任职资格（略）

（三）薪酬福利专员的工作职责与任职资格（略）

三、招聘范围

（一）人力资源管理经理的招聘范围

人力资源管理经理的招聘范围为本省与邻近省份。

（二）招聘专员、薪酬福利专员的招聘范围

招聘专员、薪酬福利专员的招聘范围为本市。

四、招聘渠道

（一）人力资源管理经理的招聘渠道

人力资源管理经理的招聘渠道包括网络招聘（猎聘网）与猎头公司招聘。

（二）招聘专员与薪酬福利专员的招聘渠道

招聘专员与薪酬福利专员的招聘渠道包括本市高校的校园招聘与网络招聘（本地人才招聘网）。

五、甄选方法

（一）人力资源管理经理的甄选方法

人力资源管理经理的甄选方法主要包括面试、工作履历分析与背景调查。

（二）招聘专员与薪酬福利专员的甄选方法

招聘专员与薪酬福利专员的甄选方法主要采用笔试、面试与工作样本法。

六、招聘小组

招聘小组由招聘岗位的上级岗位任职者与人力资源管理经理、招聘专员组成。

招聘岗位的上级岗位主要提供招聘岗位的工作职责与任职资格等信息，接受人力资源部提供的人员甄选方法使用培训，对应聘者进行甄选并做出录用决策。

人力资源管理经理主要负责协调用人部门与人力资源管理部门，审核招聘广告，决定招聘广告的发布渠道和发布范围，批准招聘预算，决定应聘者甄选方法与招聘评估指标，参与录用决策。

招聘专员负责撰写招聘广告，发布招聘信息，收集并筛选简历，安排应聘者甄选，拟定录用通知并通知录用者，办理录用者的入职手续。

七、招聘时间

人力资源管理经理的招聘时间为招聘计划制订后10个月内；招聘专员与薪酬福利专员的招聘时间为招聘计划制订后3个月内。

八、招聘预算

招聘预算是指招聘中的所有支出，主要包括渠道费、差旅费与甄选费等。人力资源管理经理的招聘预算为其年薪的30%；招聘专员与薪酬福利专员的招聘预算为每个岗位3 000元。

九、招聘评估

主要采用成本效益评估、应聘比、招聘完成比、职位空缺时间、合格率、甄选工具的信度与效度等指标评估该次招聘。

第三节 招募

一、实验目的

（1）知晓招募的含义。
（2）掌握招募渠道及其选择。
（3）掌握招聘广告的制作方法。
（4）掌握求职申请表的设计方法。
（5）理解招募甄选产出金字塔的作用。

二、知识要点

（一）招募的含义与作用

招募是组织为了吸引足够数量且具有所需的知识、技能、能力和其他特征的劳动者加入本组织而制定的所有决策以及采取的行动，它扮演的角色就是帮助组织发现和吸引适合当前或未来职位需要的潜在合格候选人，从而使组织在产生人力资源需要时，能够得到一个可从中雇用员工的人才池或候选人储备库。在招募中，主要决策和活动包括招募渠道选择、招聘广告设计与求职申请表设计。

（二）招募渠道及其选择

1. 招募渠道的类型

招募渠道既是招聘信息发布的途径，也是应聘者来源的途径。招募渠道一般包括内部招募渠道和外部招募渠道两种类型。

（1）内部招募渠道。内部招募渠道是在组织内部发布招聘信息，应聘者来自组织内部的一种招募渠道。内部招募渠道主要包括以下5种。

第一种，继任计划。继任计划是通过系统性确认、评价、组织领导力开发以提升组织绩效的持续性过程。继任计划一般包括3个步骤：明确关键需求、开发候选人、评估和选择能够填补关键职位的候选人。在明确关键需求时，主要考量组织战略规划，根据战略规划确定关键职位的工作说明书；接下来，通过内部培训、外部培训、职位轮换、跨职能工作经历、跨区域工作经历等方式开发候选人；最后，根据关键需求对候选人进行评估，并从中选择与关键需求匹配的候选人填补关键职位。继任计划可为组织提供高质量的内部人力资源，可以迅速有效地填补职位空缺，但也面临组织战略调整和人员流动的风险。继任计划主要用于高层职位的内部招募。

第二种，工作布告。在组织公告栏或主页中发布招聘信息，由符合条件的内部员工进行竞聘。除最低岗位外，其他岗位均可使用该招募渠道。

第三种，人才库。组织借助算法，将人才库与组织现有员工空缺职位的任职资格匹配，从组织内部为空缺职位寻找候选人。人才库是组织现有员工的信息集合，包括组织现有员工的教育背景、拥有技能的类别和层级、工作经历、工作绩效、职位异动、职业兴趣、沟通协调能力、劳动合同签订情况等。人才库适用范围广泛。

第四种，主管推荐。由主管根据其对下属的了解推荐相关职位的候选人。这种方法适用范围广泛，但极易受到主管个性特征和个人偏好的影响。

第五种，员工自荐。员工自荐是指员工向组织进行自我推荐。员工自荐往往与工作布告联系在一起，即员工根据组织发布的工作布告进行自荐。但员工自荐也可以包括员工在没有工作布告信息时的自我推荐。

（2）外部招募渠道。外部招募渠道是在组织外部发布招聘信息，应聘者来自组织外部的一种招募渠道。外部招募渠道主要包括以下5种。

第一种，广告招募。广告招募是通过广播、电视、报纸、杂志等媒体发布招聘信息的渠道。不同媒体广告招募的优缺点如表3-3所示。

表3-3 不同媒体广告招募的优缺点比较

媒体种类	优点	缺点
电视、广播	1."强入式"信息传播。 2. 发掘"跳槽"欲望。 3. 兼做企业广告。	1. 昂贵。 2. 短暂。 3. 传播具有盲目性。
报纸	1. 广告大小有选择余地。 2. 可限定招募区域。	1. 容易被人忽略。 2. 部分报纸无特定的读者群。
杂志	1. 保存期长，可不断重读。 2. 广告大小弹性可变。 3. 专业性杂志可将信息传递到特定的职业领域。	1. 难以在短时间内达到招募效果。 2. 受杂志发行区域的限制。

第二种，网络招募。网络招募是通过互联网发布招聘信息的招募渠道。该招募渠道也可包括在广告招募渠道中，鉴于网络与传统媒介差异明显，且网络招募运用得越来越广泛，因此，本书将网络招募作为单独的一种招募渠道。网络招募具有图文效果佳、传播速度快、传播范围广、招募成本低、可统计浏览人数等优点，但也存在信息过多容易被忽略、增加甄选成本、成功率低等缺点。网络招募的渠道主要有3种：公司网站、专业的招聘网站、社交网络。

第三种，就业服务机构。就业服务机构既包括由政府设立的公共就业服务机构和由私营企业设立的私营就业服务机构，也包括非营利机构设立的就业服务机构。就业服务机构通过提供招聘信息、举办人才招聘会等形式为招聘方和应聘方服务。如果能选择到较好的就业服务机构，可有效提高招聘效率，但可能存在应聘者与企业不匹配的情况，且招聘成本较高。

第四种，校园招募。即用人单位走进校园招募员工。该方法的针对性较强，所招员工素质相对较高，且能在目的高校留下较好印象，达到宣传效果，但可能存在不确定性。适用于招聘专业化水平要求较高的初级员工、储备人才。

第五种，员工推荐。由组织内部员工推荐外部人选的一种招募方法。该方法成本低、较为可靠、速度快，但可能导致对企业管理不利的非正式群体及任人唯亲的不良管理制度。

（3）内部招募渠道与外部招募渠道的优缺点比较。内部招募渠道与外部招募渠道各有优缺点，见表3-4。

表3-4 内部招募渠道与外部招募渠道的优缺点比较

招募渠道	优点	缺点
内部招募渠道	相互了解、鼓舞士气、招募成本低、效率高、磨合期短	"近亲繁殖"、内耗、需要以培训开发系统为支撑、影响内部团结
外部招募渠道	选择范围大、输入新知识技能与理念、培训成本低、相对公正、激励内部员工保持竞争力	招募成本高、风险大、易挫伤内部员工的积极性

2. 影响招募渠道的选择因素

招募渠道众多，影响招募渠道选择的因素主要有以下4个方面。

（1）空缺职位的特性。空缺职位的职级、职种、对任职资格的要求等均会影响招募渠道的选择。例如，对于高级职位，内部招募渠道更多地选择继任计划，外部招募渠道更多地选择就业服务机构中的猎头公司；对于生产一线的初级职位，则更多采用员工推荐的方式。

（2）招募渠道的特性。不同招募渠道因为采取的途径不同，具有不同的优缺点，由此决定了其有不同的适用情境。例如，校园招聘是由用人单位前往高校招募新员工，该招募渠道针对性强，应聘者知识基础好，但确定性弱，因此，校园招募适合用于招聘储备人才和知识要求高的初级员工。

（3）招募预算。不同招募渠道成本不同，可根据招募预算的多少选择具体的招募渠道及其组合。

（4）组织以往的招募实践。组织招聘专员应分析本组织多年的招募实践，评估不同招募渠道的有效性，据此选择招募渠道。

组织最终选择的招募渠道应与招聘岗位特性、招募预算、组织以往招募实践相匹配。

(三) 招聘广告的设计

在招募过程中，将通过选择的招募渠道发布招聘信息，即发布招聘广告。招聘广告能否吸引求职者的注意并促使求职者采取求职行动，是招聘是否成功的第一步，因此，招聘广告的设计十分重要。

1. 招聘广告设计的原则

招聘广告设计应满足 AIDA 原则，第一个"A"代表"attention"，即招聘广告应能够引起求职者的注意；"I"代表"interest"，即招聘广告应能够激起求职者的兴趣；"D"代表"desire"，即招聘广告应能够唤起求职者的愿望；最后一个"A"代表"action"，即招聘广告应能够促使求职者采取行动。要满足招聘广告设计的 AIDA 原则，设计者必须在文字表达、图文呈现等方面具有较强的创新能力。

2. 招聘广告的内容和要求

（1）招聘广告的内容。因为招聘广告需要通过创新满足 AIDA 原则，因此，招聘广告的内容虽然千差万别，但一般都包括公司名称、联系方式，其他可能包括的内容主要有岗位名称、工作职责、任职资格、工作地点、工作待遇、工作时间等。

（2）招聘广告的要求。招聘广告的要求有二：一是传递关键内容，如招聘公司名称、联系方式、岗位名称、任职资格等；二是具有合法性，在工作待遇、工作时间、工作条件等方面必须满足《最低工资规定》与《中华人民共和国劳动法》《中华人民共和国劳动合同法》等相关法律法规要求；在任职资格方面应遵守《中华人民共和国就业促进法》的要求，招聘广告中所提要求均与完成岗位绩效密切相关，避免形成就业歧视。

(四) 求职申请表设计

1. 求职申请表的含义与功能

求职申请表也称应聘登记表，是众多组织在发布招聘广告的同时发布的应聘者信息收集表，用以取代应聘者自己提供的简历。求职申请表由招聘公司提供，同一岗位求职申请表的内容模块相同，反映了招聘公司关注的信息，大大提高了后期对应聘者进行初选的效率。具体而言，求职申请表具有以下 4 个方面功能：第一，可以对应聘者是否具备该职位所要求的教育水平和工作经验等重要信息做出判断；第二，对应聘者的工作进步和成长情况加以总结，对聘用管理类职位的候选人十分重要；第三，根据应聘者的工作经历，判断应聘者的工作稳定性；第四，运用求职申请表提供的信息，可以预测应聘者将来的绩效。

2. 求职申请表的内容

求职申请表应反映招聘组织关注的信息，不同组织、不同岗位关注的信息不同，其求职申请表的内容也就有所不同，而同一岗位的求职申请表则内容相同。一般而言，求职申请表包括应聘部门与岗位、求职者的基本信息、工作经历、受教育经历、技能情况、自我评价、真实性承诺及其签名；部分岗位涉及外派，可增加"家庭成员"一项。

求职者的基本信息包括求职者姓名、性别、年龄、出生年月、婚姻状况、身份证号码、联系方式等。工作经历则包括求职者曾经工作单位的名称，在曾经工作单位工作的岗位、起止时间、证明人及其联系方式。受教育经历主要有两种设计方式：一种要求求职者提供最高学历和最高学位的毕业院校、专业信息；一种要求求职者提供受教育的过程信息，根据岗位任职资格，设定起点，要求求职者提供各个阶段的就读学校、就读时间、就读专业、毕业/肄业情况、所获学位等。技能情况一般包括技能类型与技能等级。家庭成员信息一般包括求职者的家庭成员姓名、年龄、与求职者的关系、工作单位。真实性承诺及其签名对后续可能存在的因欺诈导致劳动合同无效或部分无效的举证非常重要，可在求职申请表下方呈现以下内容："本人郑重承诺，本人在该表所填所有信息真实。"在真实性承诺后面紧跟承诺人签名和签名日期。

（五）招募甄选产出金字塔的含义及其作用

1. 招募甄选产出金字塔的含义

招募甄选产出金字塔是指组织招聘过程中招募人数与发出面试通知人数、实际参加面试人数、发出雇佣通知人数、实际接受雇用入职人数之间的历史关系。招募甄选产出金字塔如图3-2所示。

图3-2　招募甄选产出金字塔[①]

在图3-2中，招募人数多为通过招聘广告吸引到的简历份数。此外，招募甄选产出金字塔可以根据组织收集的数据进行细化。例如，可以在招募人数和发出面试通知人数之间增加参加测试人数。

2. 招募甄选产出金字塔的作用

招募甄选产出金字塔反映了组织招聘中各个阶段人数的历史比例关系，对招募中求职者提交简历或求职申请表时间决策、通知面试人数决策、发出录用通知人数决策等具有极其重要的参考价值。因此，招聘人员应在招聘的各个流程中记

---

① 刘昕. 人力资源管理［M］. 4版. 北京：中国人民大学出版社，2020：132.

录相应数据，为后续的招聘决策提供支持。

三、实验内容与实验要求

（一）实验内容

根据案例 3-3，任选两个岗位，完成以下实验内容：
(1) 为每个岗位选择两种招募渠道，并说明理由。
(2) 为每个岗位设计招聘广告和求职申请表。

（二）实验要求

(1) 招募渠道选择合理。
(2) 招聘广告满足 AIDA 原则，且具备必要内容。
(3) 求职申请表采用表格形式，内容完整且与岗位特性、案例背景匹配。

案例 3-3　K 酒店的招募

K 酒店是 J 省省会 A 市的一家五星级酒店。该酒店设有客房部、餐饮部、市场营销部、康体部、工程部、财务部与人力资源部。为提高市场占有率，该酒店决定从明年开始进一步提高服务质量。

为开展明年第一季度的招聘工作，招聘部门向各个部门发放了用人部门人员补充申请表。根据用人部门的申请，客房部需要招聘服务员 20 名、领班 1 名，餐饮部需要招聘服务员 10 名、领班 1 名，市场营销部需要招聘销售员 5 名、经理助理 1 名，工程部需要招聘水电工 2 名，财务部需要招聘会计 1 名，人力资源部需要招聘专员 1 名。

确定招聘计划后，K 酒店的招聘进入招募阶段。

四、实验步骤

（一）准备阶段
老师讲解实验内容、实验要求与实验报告考核方法。

（二）实验阶段
学生阅读实验内容，结合相关知识点与问题，根据实验要求撰写实验报告初稿。

（三）归纳总结阶段
学生陈述实验报告，其他学生与老师点评，老师总结。

（四）修改完善阶段
学生根据归纳总结阶段的意见修改和完善实验报告。

五、实验课时

1~2 课时，根据课程总体课时确定具体课时。

六、实验报告考核方法

实验报告成绩分为 5 个等级：优秀、良好、中等、及格与不及格。不同等级的评价标准如下。

（一）优秀的评价标准

第一，在规定时间内完成实验。第二，逻辑非常清晰，实验报告内容与案例 3-3 的内容和要求及招募相关知识点高度一致。第三，内容非常完整，实验报告包括了招募渠道选择及其理由说明、招聘广告和求职申请表的所有内容。第四，语言表达非常准确、专业。第五，排版非常规范、简洁、美观。

（二）良好的评价标准

第一，在规定时间内完成实验。第二，逻辑清晰，实验报告内容与案例 3-3 的内容和要求及招募相关知识点高度匹配。第三，内容完整，实验报告包括了招募渠道选择及其理由说明、招聘广告和求职申请表的所有内容。第四，语言表达准确、专业。第五，排版规范、简洁、美观。

（三）中等的评价标准

第一，在规定时间内完成实验。第二，逻辑比较清晰，实验报告内容与案例 3-3 的内容和要求及招募相关知识点较为匹配。第三，内容比较完整，实验报告包括了招募渠道选择及其理由说明、招聘广告和求职申请表的主要内容。第四，语言表达比较准确、专业。第五，排版比较规范、简洁、美观。

（四）及格的评价标准

第一，基本能在规定时间内完成实验。第二，从整体来看，逻辑比较清晰，但局部存在瑕疵，实验报告内容与案例 3-3 的内容和要求及招募相关知识点的匹配度尚可。第三，内容基本完整，实验报告包括了招募渠道选择及其理由说明、招聘广告和求职申请表的大部分内容。第四，部分语言表达不够准确和专业。第五，排版的规范度和美观度尚可。

（五）不及格的评价标准

第一，未能在规定时间内完成实验。第二，从整体来看，逻辑不清晰，报告内容与案例 3-3 的内容和要求及招募相关知识点不匹配。第三，从内容来看，实验报告未能包括本实验内容的主体。第四，从整体来看，语言表达不够准确和专业。第五，排版较为凌乱。

七、习题

归纳总结内部招募渠道与外部招募渠道的差异，并分析影响招募渠道选择的主要因素。

八、常用工具——求职申请表

在招募中，招募渠道选择、招聘广告设计与求职申请表设计均非常重要，但招募渠道选择、招聘广告设计极具个性。由于职位不同、组织不同，招聘时关注的重点信息不同，求职申请表的格式和主要内容也存在差异，因此，在常用工具中仅展现一般的求职申请表模板，具体见表3-5。

表3-5 某公司主管类职位求职申请表

填表日期： 年 月 日

姓名		性别			个人2寸免冠彩色证件照
应聘部门		应聘岗位			
出生年月		身份证号			
工作经历	单位名称	起止时间	所在岗位	证明人	联系电话
学习经历（从高到低，到大学本科结束）	起止时间	就读学校		就读专业	所得学位
技能情况	技能名称	技能等级		颁发机构	颁发时间

自我能力、个性评价（限300字）

真实性承诺

本人郑重承诺：本人上述所填信息均真实。

承诺人签名（手写电子版）： 签名日期： 年 月 日

注意：1. 所留空白均可增加，但整个求职申请表不超过两页。
2. 请最晚于××××年××月××日前（含当日）在线提交。

第四节 甄 选

一、实验目的

（1）理解甄选的含义。
（2）掌握甄选的常用方法。
（3）掌握甄选方法的稳定性与有效性。
（4）掌握甄选方法的选择。

二、知识要点

（一）甄选的含义与目的

甄选是招聘小组根据岗位需求和组织需求，运用一定的人员素质测评方法，筛选出与岗位需求、组织需求匹配的应聘者的过程。甄选的目的是实现应聘者与职位的匹配、应聘者与组织的匹配，而非寻找能力水平、知识水平、技能水平等最高的应聘者。因此，甄选是招聘过程中十分重要的环节。

（二）甄选方法的稳定性与有效性

为确保人员甄选的科学性，甄选方法应具有较高的稳定性与有效性，其中，甄选方法的稳定性是甄选方法的信度，甄选方法的有效性是甄选方法的效度。

1. 甄选方法的稳定性——甄选方法的信度

（1）信度的含义。信度是指采取同样的方法对同一对象重复进行测量时，其所得结果相一致的程度，反映了测量结果的稳定性。

（2）信度的类型。信度有4种类型。第一种，再测信度。再测信度是指对同一受试者在不同的时间点采用同一种测量工具反复施测，其所得结果的一致性程度用不同时间点测量结果的相关系数表示。第二种，复本信度。复本信度是指将同一套测量工具设计成两个（或两个以上）等价的复本，用这两个（或两个以上）复本同时对同一施测对象进行测量，其所得结果的一致性程度用不同复本测量结果的相关系数表示。第三种，同质性信度。同质性信度反映同一测试内容的不同题目在多大程度上考查的是同一内容，表现为同一测试内容所属题目得分的一致性程度，常用克朗巴哈阿尔法系数（Cronbach α）表示。第四种，评价者信度。评价者信度是不同评价者在使用同一测量工具对相同被试评价时所给出分数的一致性程度，用不同评价者得分的相关系数表示。

(3) 影响甄选方法信度的因素。影响甄选方法信度的因素有3个方面。第一，甄选方法使用过程的标准化程度。标准化程度越高，信度越高。第二，甄选方法使用时的物理环境状况与心理环境状况。良好的物理环境、轻松的心理环境可提高甄选方法的信度。第三，甄选工具的长度与难度。甄选工具的长度、难度适中，有利于提高甄选方法的信度。

2. 甄选方法的有效性——甄选方法的效度

(1) 效度的含义。效度是测量工具能够准确测出所要测量特质的程度。

(2) 效度的类型。效度有3种类型。第一种类型，内容效度。内容效度是测量指标与测量目标的逻辑相符性，即甄选方法是否在测量想要测量的特质及涵盖测量特质的范围的程度。内容效度的评估方法包括经验推断法与专家判断法等。第二种类型，效标效度。效标效度是某测量方式与另一测量方式测量结果的相关程度。效标效度可细分为同时效度与预测效度，同时效度是同期两个测量方式结果的相关性，预测效度是当前测量方式与未来测量方式结果的相关性。第三种类型，构念效度。构念效度是测量结果与量表设计所依据的理论的契合度，包括聚合效度与区分效度。聚合效度是测量结果与理论所属维度的相关度，区分效度是测量结果与理论非所属维度的相关度。

(3) 效度的影响因素。影响效度的因素主要有3个方面。第一，甄选工具本身，如甄选工具的质量、长度等，甄选工具的质量直接影响内容效度与构念效度，增加测量工具长度，将提高效度。第二，应聘者特征，如应聘者规模、应聘者类型、同一类型应聘者内部的异质性程度及单个应聘者的特质。一般而言，应聘者规模越大，效度越高；提供与应聘者类型一致的甄选工具将提高效度；同一类型应聘者的内部异质性越高，效度越高；单个应聘者的动机、人格特质、身体状况等都将影响效度。第三，甄选工具的实施环境，如客观环境是否存在噪声，施测者是否熟悉测试工具等。第四，效标与依据理论。影响效标效度的重要因素是效标本身的特征，如效标本身是否有效、是否稳定；影响构念效度的重要因素是所依据的理论，如所依据理论与测量特质的相关性和匹配性。

(三) 甄选的常用方法

组织通过招募收集到应聘者简历或求职申请表，一般会采用简历筛选、测试、面试、评价中心技术、履历分析、体检等甄选方法对应聘者进行筛选，其中，测试包括成就测试、心理测试，评价中心一般包括无领导小组讨论、公文筐测试与角色扮演。岗位不同，采用的甄选方法组合不同；岗位不同，采用的主要甄选方法也不同。

1. 简历筛选

组织一般会根据工作说明书或招聘广告中的任职资格对简历或求职申请表进

行筛选，排除不满足任职资格要求的应聘者。

2. 成就测试

（1）成就测试的含义。成就测试是特意为接受了某种教育或训练的人编制的，用以考查其经过教育与训练后所获得的知识、学识和技能的测试，即考查被试在接受教育或训练之后获得的学习成果。

（2）成就测试的类型。依据不同的分类标准，成就测试可分为不同的类型。在甄选过程中，根据成就测试的内容，可将成就测试分为两种类型：知识测试和工作样本测试，前者重点考查应聘者在接受教育后获得的学习成果，后者重点考查应聘者经过培训后获得的技能。

第一，知识测试。知识测试是指通过考试考查应聘者对某一领域相关知识的掌握程度，包括知识广度、知识深度、知识运用程度等。知识测试往往采用笔试形式进行，但笔试并不一定都是知识测试，只有当考查内容属于某一领域的知识时，该笔试才算是知识测试。常用的知识测试题型包括选择题、是非判断题、填空题、简答题、论述题等。编制流程一般如下：根据岗位工作职责、绩效考核标准等设计题目，将题目组合为知识测试卷、信度效度检验、答案与评分标准编制。知识测试适用于对知识水平要求较高的岗位，如财务管理类岗位。

知识测试的优点是可以较好地掌握求职者的知识存量，但当知识测试工具设计或选择不当时，存在内容效度和预测效度较低的情况。

第二，工作样本测试。工作样本测试是在工作分析的基础上，挑选招聘岗位的关键工作任务或全部工作任务，让应聘者实际动手完成这些任务，根据应聘者的任务完成过程与结果对应聘者做出评价的测试方法。工作样本测试在甄选中的应用较为广泛，尤其适用于对技能要求较高的岗位，如驾驶员、机械师、编程员等。

工作样本测试因测试内容与岗位职责一致，具有较高的预测效度。但不同岗位的职责不同，普遍实用性低，且开发成本高。

3. 心理测试

（1）心理测试的含义。心理测试是运用心理学工具与方法，测试应聘者心理特征并加以量化的方法。

（2）心理测试的分类。

第一，能力测试。一般而言，能力是个体顺利实现某种活动的心理条件。[1]能力分为一般能力与特殊能力两类。其中，一般能力即智力，是指在不同种类的活动中都会表现出来的能力，如观察力、记忆力、抽象概括力、计算能力等；特

---

[1] 彭聃龄. 普通心理学 [M]. 5版. 北京：北京师范大学出版社，2020：408.

殊能力是在某种专业活动中表现出来的能力。① 因此，能力测试分为一般能力测试与特殊能力测试，其中，一般能力测试即智力测试。智力测试同时测试个体的记忆、观察、概括归纳等能力，借助智力测试量表实施。常用的智力测试量表主要有3种：比奈系列量表、韦克斯勒智力量表、瑞文标准推理测验。

比奈系列量表包括比奈–西蒙智力量表（Binet-Simon Intelligence Scale）、斯坦福–比奈智力量表（Stanford-Binet Intelligence Scale）和中国比奈–西蒙智力量表。比奈系列量表主要用于儿童，1911年修订的比奈–西蒙智力量表与斯坦福–比奈智力量表可用于成人。

1911年修订的比奈–西蒙智力量表与斯坦福–比奈量表虽然可用于成人，但不够完善。为此，韦克斯勒开发了针对儿童和成人的不同量表，形成了韦克斯勒智力量表（Wechsler Intelligence Scale），该量表更具有针对性，主要测量言语智商和操作智商，并革新了智商的计算方法，将德国心理学家施特恩提出的比率智商改为离差智商。离差智商计算公式如下：

$$IQ = 100 + 15Z \qquad Z = \frac{X - \bar{X}}{S}$$

式中，"Z"代表标准分数，"X"代表个体的测验分数，"$\bar{X}$"代表团体的平均分数，"S"代表团体分数的标准差。因此，离差智商反映了被试在所属团体中的相对位置，不受年龄增长的影响。1982年，湖南医学院龚耀先主持修订并发表了中国版的韦氏成人智力量表。韦克斯勒智力量表经过多年的修订和广泛应用，信度和效度不断提高。但因测验过程烦琐、结果分析复杂、只能单个施测等特点，在应用上有较高要求。

瑞文标准推理测验是英国心理学家瑞文在1938年设计的非文字型智力测验。1998年推出的瑞文标准推理测验适用于大部分普通人，主要测验被试的观察能力和思维能力。1986年，我国学者张厚粲等人完成了中国版瑞文标准型测验的修订。瑞文标准推理测验用图形代替文字，可减少文化、语言等因素对测验结果的影响，且可团队施测。

在应聘者甄选中，因为智商在人群中呈正态分布，大部分个体的智商值较为接近，且智商结果仅反映一般能力，不能满足不同岗位对任职者的特殊需求，因此，智力测试仅仅适用于极少数对智力要求特别高的特殊岗位。

为弥补智力测试不能反映岗位对任职者特殊要求的不足，特殊能力测试应运而生。特殊能力测试是对应聘者某一具体认知能力的测试，该测试对应聘者甄选具有十分重要的意义，有利于实现人岗匹配。常用的特殊能力测试包括用于甄选文秘人

---

① 彭聃龄. 普通心理学 [M]. 5版. 北京：北京师范大学出版社，2020：411.

员的一般文秘测验、明尼苏达文书测验，用于甄选公务员的行政职业能力测试，用于甄选机械操作人员的明尼苏达空间关系测验、明尼苏达书面形状测验、贝内特机械理解测验，用于甄选企业管理人员的企业管理能力测试等。

第二，人格测试。人格是个体在先天生物遗传素质的基础上，通过与社会环境的相互作用而形成的相对稳定的、独特的心理行为模式。人格的特点之一是功能性，个体的人格决定了个体的行为方式，不同职位对个体行为方式的要求不同，因此，人格测试在应聘者甄选中具有重要意义。

人格测试的常用方法有3种：自陈量表法、评价量表法、投射法。自陈量表法是借助专业量表，要求被试自行填写量表，根据填写结果分析其人格的方法。评价量表法是借助专业量表，由他人观察被试完成量表，据此评价被试人格的方法。投射法是施测者向受测者提供意义比较含糊的刺激情景，让受测者自由发挥，施测者分析其反应，然后推断其人格特征的方法。该方法要求施测者接受过严格的专业训练，在人员甄选中使用较少。常见的人格测试包括卡特尔16种人格测试、艾森克人格测试、迈尔斯-布里格斯类型指标、大五人格测试与明尼苏达多相人格测验等。

在应聘者甄选中，常用的人格测试包括大五人格测试和迈尔斯-布里格斯类型指标。所谓大五人格，是将人格分为开放性、尽责性、外向性、宜人性与情绪稳定性等5个维度。对大五人格的测量，一般采用大五人格问卷（Big Five Inventory，BFI）。大五人格问卷自问世以来产生了多个版本，最初有BFI-44与BFI-54两个版本，在使用过程中，研究者先后开发出了BFI-25、BFI-S、BFI-K、BFI-10、BFI-20等5个简版的BFI测验，其中，BFI-44的使用最为广泛。在大五人格测试的本土化过程中，罗杰、戴晓阳编制了《中文形容词大五人格量表（简式版）》。该量表共有20个条目，测量了外向性、宜人性、尽责性、情绪稳定性和开放性等5个人格维度。在20个条目中，条目1、条目6、条目11、条目16测量外向性，即被测者神经系统的强弱和动力特征；条目2、条目7、条目12、条目17测量宜人性，主要反映被测者人际交往中的人道主义或仁慈方面；条目3、条目8、条目13、条目18测量尽责性，主要反映与被测者人格特征及意志有关的内容和特点；条目4、条目9、条目14、条目19测量情绪稳定性，即反映被测者情绪的状态，体验内心苦恼的倾向性；条目5、条目10、条目15、条目20测量开放性，即反映被测者对体验的开放性、智慧和创造性。计分采用6点计分法。大五人格测试具有较好的预测效度，尤其是尽责性，其与绩效的相关强度高于其他维度与绩效的相关强度。

迈尔斯-布里格斯类型指标的英文全称为"Myers-Briggs Type Indicator"，它是一种迫选型、自我报告式的人格测评工具。该测评工具根据个体注意力集中的方向——是内部世界（E）还是外部世界（I），获取信息的方式——是通过感觉还是直觉，处理信息和做出决策的方式——是依赖具有逻辑性的思考（T）还是考量价值的情感（F），行动方式——是判断的、计划的、有目的的（J）还是灵活的、好奇的、易冲动的（P），对人格进行类别化，将其分为16种类型，而这16种类型又分属4个大类——传统型、艺术型、理性型与理想型，并将人格类型与职业匹配起来。迈尔斯-布里格斯类型指标常用在职业选择中，对人员甄选中的人岗匹配具有较高参考价值。

第三，职业兴趣测试。职业兴趣反映了个体的职业偏好，对个体择业和职业生涯发展影响深远，对在人员甄选中实现人岗匹配具有重要的参考价值。职业兴趣测试包括霍兰德职业兴趣测试、施恩的职业锚测试、斯特朗-坎贝尔兴趣问卷、库德职业兴趣量表等。在人员甄选中，使用较多的是霍兰德职业兴趣测试。

霍兰德于1953年开发职业偏好量表（Vocational Preference Inventory），1969年编制了自我指导探索量表（Self-directed Search Scale），强调职业兴趣与工作环境的匹配。自我指导探索量表包括4大部分和1个附录，这4大部分分别是被试感兴趣的活动、被试擅长的活动、被试喜欢的职业、被试的自我能力评价，附录是"霍兰德自我指导探索量表"职业索引表。被试填写量表后，根据量表说明计分，确定自己的职业兴趣得分类型代码①，结合职业索引表，判断自己适合的工作。霍兰德将职业兴趣分为6大类型（图3-3）。一般而言，个体的职业兴趣会落入两种或更多种类型之内，在职业兴趣类型六边形中，如果应聘者的两种职业兴趣类型位置相邻，则两种职业兴趣相似，此时，人员甄选相对容易；反之，如果应聘者的两种职业兴趣类型位置相隔，甚至处在同一对角线上，则两种职业兴趣差异较大，此时，人员甄选相对困难。

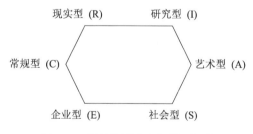

图3-3 霍兰德职业兴趣类型图②

（3）心理测试的实施步骤。在人员甄选中，心理测试的实施步骤一般如下。第一步，结合招聘岗位特性，明确心理测试的目的。不同岗位对任职者的主导

---

① 职业兴趣得分类型代码由得分排在前三位的职业兴趣所对应的代码构成。
② 刘昕. 人力资源管理［M］. 4版. 北京：中国人民大学出版社，2020：165.

性要求不同，应据此确定心理测试的目的。例如，部分岗位侧重技能要求，心理测试的目的应是甄别应聘者拥有的相关技能。第二步，根据心理测试的目的，选择心理测试工具。例如，为甄别应聘者拥有的相关技能，可采用工作样本测试或相关特殊能力测试。第三步，根据岗位特性，确定通过心理测试的标准。例如，采用特殊能力测试来测试应聘者的技能，在实施测试之前，确定通过该项测试的最低标准。第四步，准备心理测试的工具，安排心理测试的时间和空间，培训施测人员。第五步，实施测试。运用选择的心理测试工具，在计划的时间和空间内，按照测试要求对应聘者施测，由已经掌握心理测试工具的施测人员观察、记录。第六步，分析测试结果，对照标准，给出甄选结论。施测人员根据应聘者的表现或填写情况，结合施测时的观察记录与心理测试工具的要求，对每一位被试给出一个心理测试的结果，对照已经确定的标准，给出通过或不通过的甄选结论，或者给出排序结果。

4. 面试

（1）面试的内涵及其使用范围。面试是通过面对面的考核方式，测试、评价应聘者的综合素质的方式。因为面试可以测试应聘者的综合素质，因此，面试的应用范围广泛。

（2）面试的分类。第一，面试按照其结构化程度，可以分为非结构化面试、结构化面试与半结构化面试。非结构化面试是指面试过程较为随意，没有事先确定好的题目。这种面试对面试官的要求较高，或者用于初选。结构化面试是根据事先确定好的问题进行面试，其针对性、科学性较强。半结构化面试兼具结构化面试与非结构化面试的特点，在操作中有两种模式：一是并不严格遵守事先确定好的问题顺序提问；二是严格按照确定的顺序提问，但可以追问。

第二，面试根据其组织方式，分为一对一面试、系列式面试、小组面试与集体面试。系列式面试又称顺序面试，指一个应聘者轮流被不同的面试官面试。小组面试是指几个面试官组成面试小组，同时对同一个应聘者进行面试。集体面试是几个面试官同时面试多个应聘者的方式，对面试组织与考核有较高的要求。

第三，其他面试。除上述面试类型外，在人员甄选中，常用的面试类型还有压力面试和行为描述面试。压力面试是通过人为制造压力了解应聘者承受压力与化解压力能力的面试方法，用于工作压力较高岗位的人员甄选，如管理岗、销售岗。行为描述面试是在构建招聘岗位胜任特征模型的基础上，将体现胜任特征的关键行为设计为面试问题，根据应聘者的回答确定其在胜任特征中所处的等级，据此甄选应聘者的面试方法。在具体提问时，既可以结合过去的工作经验，也可以结合未来的工作内容，且应遵循 STAR 原则，即面试官应向应聘者提供情境（situation）、需要完成的主要任务（task），询问应聘者可能采取的行动（action）

及该行动产生了怎样的结果（result）。例如，在主管岗位的招聘中，激励员工的能力是其胜任特征之一，为判断应聘者激励员工能力的高低，面试官可这样提问："你必须鼓励某位员工去完成一项他不喜欢但不得不完成的任务，你会如何处理这种情况？这样的处理可能产生哪些后果？"

（3）面试的程序。面试通常分为6个阶段：第一，准备阶段。在该阶段，确定面试官，准备包括应聘者简历或求职申请表、面试前其他甄选的结果、面试提纲、面试评价表等在内的资料，布置面试场地。其中，面试提纲一定要结合组织价值观、岗位工作说明书或岗位胜任特征模型编写，面试评价表能体现岗位胜任特征，为记录留下提示和足够的空间。第二，系统培训面试官阶段。面试官培训主要包括以下内容：面试提纲和面试评价表的设计和编写原理，面试官的提问、倾听、记录、评价技巧，减弱首因效应、近因效应、刻板印象、晕轮效应、顺序效应、趋中倾向、趋紧倾向、趋松倾向等的技巧。第三，面试开始阶段。面试官营造良好的环境氛围，介绍面试的注意事项，面试结果的查询等。第四，正式面试阶段。面试官根据面试提纲展开面试，并在面试评价表上记录应聘者的表现。第五，面试结束阶段。正式面试结束后，一般应询问应聘者是否要提问。第六，面试评价阶段。面试官可以一边面试一边在面试评价表上评价应聘者，也可以在一个应聘者完成面试后立即评价，或者在所有应聘者完成面试后进行评价（用于排序式评价）。

（4）面试技巧。除营造良好的环境氛围外，面试还应注意提问、倾听、记录与评价等相关活动。提问应与应聘者应聘的工作相关，且提问内容应尊重应聘者，应符合《中华人民共和国就业促进法》等法律法规的要求，避免涉嫌就业歧视。倾听应聘者的回答时，不仅应关注应聘者的回答内容，还应关注应聘者的体态语言，积极回应但不强行打断应聘者的回答。记录时，最好即时记录，以免发生遗漏和偏差。评价时，要做到根据应聘者的表现做出客观评价。

5. 评价中心技术

评价中心技术也被称为管理评价中心技术，是通过创建逼真的模拟工作场景，采用多种测评技术和方法，同时测量多个应试者的多种管理技能和其他素质，并由多位评价者对应试者的表现做出评判的一套综合性、标准化的测评程序。评价中心技术可甄别应聘者的管理技能和团队合作能力，因此，评价中心技术常常用于管理类岗位与项目制工作成员的甄选。评价中心技术是多种技术的集合，常见技术包括以下3种。

（1）无领导小组讨论。将应聘者（通常5~7人）组成一个团队，不指定领导人，让其就给定问题进行自由讨论，以考查应聘者的团队合作能力、问题解决能力、语言表达能力、影响他人能力及个人风格如灵活性、情绪稳定性等。无领导小组讨论中的问题一般可分为 5 种形式。第一，开放式问题，如：你认为如何才能成为一名好领导？第二，两难性问题，如：你认为工作导向型的领导好还是员工导向型的领导好？第三，多项选择问题，从多个备选项中选择限定数量的选项，或对备选项排序，或选择限定数量的选项并对选项排序。第四，操作性问题，应聘者利用给定材料工具设计、制作指定物体，据此考查应聘者的创新能力、操作能力、合作能力、主动性等，主要用于技术性工作和操作性岗位的人员甄选。第五，资源争夺性问题，为应聘者指定角色，要求其就有限的资源进行分配。

（2）公文处理测验。公文处理测验又称公文筐测验，该测验要求应聘者以管理者的身份处理、提供与组织经营相关的各类公文，通过应聘者的处理时间安排、处理方式、处理过程、处理结果与公文处理报告，考查应聘者分析资料、处理信息与决策的能力等。公文处理测验具有较高的内容效度和效标效度，操作简单，易被应聘者理解和接受。但由于编制要求高，评分困难，无法考查应聘者的人际交往能力和团队工作能力，一般不单独使用。

（3）角色扮演。该甄选方法是为应聘者指定一个角色，让应聘者根据自身对角色的认知或过往相关角色经验，通过语言与行为，模拟解决与该角色相关的工作问题。角色扮演可考查应聘者的职业能力和对职业的认知。

6. 其他甄选方法

在人员甄选中，除上述甄选方法外，其他较为常用的甄选方法还有履历分析、体检与背景调查。履历分析又称资历分析、传记式资料测评，该方法认为个体的行为具有一致性，因此，可以通过收集应聘者的学习经历、工作经历、生活经历、个人基本背景、生活习惯等与工作相关的履历性信息，判断应聘者与应聘岗位的匹配度，预测应聘者未来的工作绩效与工作流动性等。在履历分析中，履历信息必须真实、全面且与工作相关，常用工具是传记式问卷。

体检是进行身体检查，了解应聘者生理素质的人员甄选方法。此处体检是录用前体检。与其他人员甄选方法不同，该方法主要针对拟录用人员，而非全部应聘者。体检项目必须基于岗位特性与工作环境设置，避免形成就业歧视；对 4 类特殊岗位①拟录用人员进行预防性健康检查；对接触职业病危害岗位的应聘者进行职业健康检查。

背景调查是对拟录用人员进行的与工作密切相关的信息的核查。与体检一样，背景调查的对象是拟录用人员。背景调查的内容应与工作密切相关，如通过应聘者提供的求职申请表或简历与其前任雇主联系，以核查其工作经历的真实性。

---

① 4 类特殊岗位是指食品生产经营岗位，直接从事饮用水供、管水岗位，化妆品生产岗位，公共场所直接为顾客提供服务的岗位。

(四) 影响甄选方法选择的因素

甄选方法众多，不同甄方法的优缺点不尽相同，适用情境也千差万别。一般而言，应将多种甄选方法结合使用。在选择具体的甄选方法时，主要考虑以下4个方面的因素。

1. 相关法律法规

选择甄选方法时一定要考虑相关法律法规如《中华人民共和国就业促进法》等对甄选的影响，避免组织陷入就业歧视等纠纷。

2. 外部劳动力市场

如外部劳动力市场的规模与供需对比情况等。当外部劳动力市场的劳动力供给十分充足或者已经供过于求时，可能要增加甄选方法种类，加大甄选工具难度。

3. 组织特性

如组织的文化、主营业务、规模、结构等。如果组织文化重视人力资源的作用，则选择甄选方法时应注重有效性、科学性及适当的多样性，甄选方法的便利性不会作为重要考量因素。

4. 岗位特性

不同岗位对任职者提出的素质要求不同，而不同的素质需要用不同的甄选方法来识别。例如，对于操作类岗位，工作样本测试非常有效；对于管理类岗位，评价中心技术更有效。

三、实验内容与实验要求

(一) 实验内容

根据案例3-4，任选两个岗位，完成以下实验内容：

(1) 为所选择岗位选择3种甄选方法，并说明选择的理由。

(2) 设计所选择岗位3种甄选方法的实施步骤。

(二) 实验要求

(1) 甄选方法的选择要与背景匹配。

(2) 甄选方法的实施步骤清晰、简洁、明了。

案例3-4　K酒店的甄选

K酒店是J省省会A市的一家五星级酒店。该酒店设有客房部、餐饮部、市场营销部、康体部、工程部、财务部与人力资源部。为提高市场占有率，该酒店决定从明年开始进一步提高服务质量。

为开展明年第一季度的招聘工作，招聘部门向各个部门发放了用人部门人员补充申请表。根据用人部门的申请，客房部需要招聘服务员20名、领班1名，餐饮部需要招聘服务员 10 名、领班 1 名，市场营销部需要招聘销售员 5 名、经理助理 1 名，工程部需要招聘水电工 2 名，财务部需要招聘会计 1 名，人力资源部需要招聘专员 1 名。

选择招聘渠道发布招聘信息后，K 酒店收到多份申请表，招聘进入甄选阶段。

四、实验步骤

（一）准备阶段
老师讲解实验内容、实验要求与实验报告考核方法。

（二）实验阶段
学生阅读实验内容，结合相关知识点与问题，根据实验要求撰写实验报告初稿。

（三）归纳总结阶段
学生陈述实验报告，其他学生与老师点评，老师总结。

（四）修改完善阶段
学生根据归纳总结阶段的意见修改和完善实验报告。

五、实验课时

2~3 课时，根据课程总体课时确定具体课时。

六、实验报告考核方法

实验报告成绩分为 5 个等级：优秀、良好、中等、及格与不及格。不同等级的评价标准如下。

（一）优秀的评价标准
第一，在规定时间内完成实验。第二，逻辑非常清晰，实验报告内容与案例 3-4 的内容和要求及甄选相关知识点高度一致。第三，内容非常完整，实验报告包括了甄选方法选择及其理由说明、详尽的甄选方法实施步骤。第四，语言表达非常准确、专业。第五，排版非常规范、简洁、美观。

（二）良好的评价标准
第一，在规定时间内完成实验。第二，逻辑清晰，实验报告内容与案例 3-4 的内容和要求及甄选相关知识点高度匹配。第三，内容完整，实验报告包括了甄选方法选择及其理由说明、甄选方法实施步骤。第四，语言表达准确、专业。第五，排版规范、简洁、美观。

（三）中等的评价标准
第一，在规定时间内完成实验。第二，逻辑比较清晰，实验报告内容与案例

3-4的内容和要求及甄选相关知识点较为匹配。第三，内容比较完整，实验报告包括了甄选方法选择及其理由说明、甄选方法实施的主要内容。第四，语言表达比较准确、专业。第五，排版比较规范、简洁、美观。

（四）及格的评价标准

第一，基本能在规定时间内完成实验。第二，从整体来看，逻辑比较清晰，但局部存在瑕疵，实验报告内容与案例3-4的内容和要求及甄选相关知识点的匹配度尚可。第三，内容基本完整，实验报告包括了甄选方法选择及其理由说明、甄选方法实施的大部分内容。第四，部分语言表达不够准确和专业。第五，排版的规范度和美观度尚可。

（五）不及格的评价标准

第一，未能在规定时间内完成实验。第二，从整体来看，逻辑不清晰，报告内容与案例3-4的内容和要求及甄选相关知识点不匹配。第三，从内容来看，实验报告未能包括本实验内容的主体。第四，从整体来看，语言表达不够准确和专业。第五，排版较为凌乱。

七、习题

归纳总结甄选方法的类型，以及不同甄选方法的优缺点与适用范围，并用表格的形式呈现。

八、常用工具

在人员甄选中，常用工具主要分为两大类。第一类是甄选方法使用的甄选工具，主要表现为各种量表，不同甄选方法使用的量表各不相同。一般不仅包括量表本身，还包括量表的填写说明、评分说明、评分结果运用等。此处仅以霍兰德自我指导探索量表为例。其他量表可从人才测评类专著如任康磊的《人才测评：识别高潜人才，提升用人效能》、人力资源管理量表类专著如苗青等的《人力资源管理研究与实践：前沿量表手册》或相关专业网站获取。第二类是在面试、评价中心技术等甄选方法中评价者使用的评分表，使用方法不同、招聘岗位不同，评分表的设计也千差万别，一般包括应聘者的基本信息、评价要素、要素权重、要素说明、评分说明、评价者签字等。此处仅以评价中心技术中的无领导小组讨论评分表为例。

（一）霍兰德自我指导探索量表

1. 量表结构

量表由4个部分组成。

第一部分：你所感兴趣的活动。对分归于6类的66种活动，选择用"是"

"否"的方式回答"你喜欢从事下列活动吗？"的问题。

第二部分：你所擅长或胜任的活动。对分归于6类的66种活动，选出你能做或大概能做的事，如果能在"是"栏里打√，否则在"否"栏里打√。

第三部分：你所喜欢的职业。从分归于6类的84种职业中选出自己感兴趣的职业。

第四部分：你的能力类型简评。评定被试12个方面职业能力的大致水平。

2. 量表内容

量表内容较长，具体内容请打开网址：http：//hs.nufe.edu.cn/xsc/2017/0704/c150a1551/page.htm。

3. 量表使用说明

本量表旨在测量被试个体的兴趣爱好，据此可为被试个体的职业选择提供建议。请根据自己的真实体验、实际情况及第一印象做出选择。选择无对错，请不要有任何顾虑。

注意：测验中的每个问题都要回答，不要遗漏，以免影响测验结果的准确性；不同部分的填写说明略有不同，请关注每一部分的填写说明。

4. 量表计分说明

第1~216题，选"是"记1分，选"否"记0分。第217~228题，选"A"记1分；选"B"记3分；选"C"记5分；选"D"记7分。

第1~11、67~77、133~146、217、223题得分总和，为"现实型"（F1）的原始总分。

第12~22、78~88、147~160、218、224题得分总和，为"研究型"（F2）的原始总分。

第23~33、89~99、161~174、219、225题得分总和，为"艺术型"（F3）的原始总分。

第34~44、100~110、175~188、220、226题得分总和，为"社会型"（F4）的原始总分。

第45~55、111~121、189~202、221、227题得分总和，为"事业型"（F5）的原始总分。

第56~66、122~132、203~216、222、228题得分总和，为"事务型"（F6）的原始总分。

将各分量表的原始分乘以2，可得出分量表的量表分。

5. 量表结果运用

计分完成后，根据6个分量表的最高分确定其职业兴趣类型，然后根据排名前三的分量表对照职业索引表，判断被试适合的职业类别、具体工作。职业索引表列出了 6 种职业兴趣对应的个性特点,以及 76 种得分组合适合的职业工作举例。但是,有些得分组合适合的职业工作在职业索引表中没有被列出。

例如,某被试各量表的分数分别为"现实型"60 分、"研究型"38 分、"艺术型"24 分、"社会型"38 分、"事业型"56 分、"事务型"58 分,可以看出他的"现实型"分量表(F1)得分最高,得分排在前三位的还包括"事务型"(F6)、"事业型"(F5),得分类型代码为 F165。据此就可以做出判断:这名被试的人格类型和职业倾向主要是"现实型"。查阅职业索引表中的 F1 行与 F165 行,得到如下结果:F1"现实型"的特点为"稳重、有毅力、诚实、羞怯、服从",F165 适合的工作包括打井工、吊车驾驶员、农场工人、邮件分类员、拖拉机司机。

(二)无领导小组讨论评分表

无领导小组讨论评分表示例见表 3-6。

表 3-6 无领导小组讨论评分表

组别				时间				
评分说明		1. 独立评分;2. 根据应聘者的行为表现评分。						
评分要素	问题解决能力	语言表达能力	团队协作能力	操控与影响能力	主动性与包容性	归纳总结能力	情绪稳定性	合计
权重(%)	20	20	15	15	10	10	10	100
观察要点	1. 准确识别问题本质。 2. 分析问题思路清晰。 3. 解决问题的方法具体可行。	1. 表达准确,恰当,简洁。 2. 表达流畅,条理性强。 3. 善用非语言表达。	1. 有合作意识。 2. 善沟通协调。 3. 能活跃气氛,缓解紧张关系。	1. 善于支配控制他人。 2. 对群体其他成员有影响力。	1. 态度主动积极。 2. 既能发表不同意见,又能支持或肯定他人不同的意见。	善于概括并准确总结他人意见。	讨论全程情绪稳定。	
评分标准 优	16~20	16~20	13~15	13~15	9~10	9~10	9~10	
良	11~15	11~15	9~12	9~12	6~8	6~8	6~8	
中	6~10	6~10	5~8	5~8	3~5	3~5	3~5	
差	0~5	0~5	0~4	0~4	0~2	0~2	0~2	
组员 1								
组员 2								
……								
评价者签名: 年 月 日								

第五节 录 用

一、实验目的

（1）明晰录用的内涵与流程。
（2）掌握录用决策的步骤，重点关注录用条件的设定。
（3）掌握录用通知书与辞谢通知书的撰写。
（4）知晓录用面谈的要点。

二、知识要点

人员甄选结束后，将进入录用环节。

（一）录用的内涵及其流程

录用是确定最终雇用人员并通知和面谈的过程。录用主要包括录用决策、通知发放与录用面谈等3个步骤，其中，录用决策是核心。

（二）录用决策的步骤

录用决策是根据甄选结果与录用条件确定最合适人员的过程，包括以下5个步骤。

1. 确定录用条件

（1）录用条件的内涵与性质。录用条件是组织正式录用应聘者的标准。要注意与招聘条件加以区分：招聘条件是列入招聘广告进行简历筛选的条件，招聘条件针对所有应聘者；而录用条件仅针对拟录用人员，且录用条件对公司以不符合录用条件为由解除与新入职员工的劳动合同具有重要作用，也是新入职员工在试用期内进行绩效考核的指标与标准。

（2）录用条件的设定。录用条件作为新员工试用期绩效考核的指标与标准，可从品质、行为、态度、结果、身体等方面设定，具体指标和标准应结合公司员工管理手册中的相关规定、相同或相近岗位绩效考核的指标与标准设定。录用条件的设定应强调人企匹配和人岗匹配。录用条件设定的时间可以是录用阶段的起始时，也可以是甄选阶段的起始时。

（3）录用条件的要求。第一，具体明确，如对"重大损失"进行量化等。第二，与岗位直接相关，如针对会计岗位，可将出错率作为一个指标，但不能将针对销售岗的销售业绩作为录用条件。

2. 总结应聘者信息

根据甄选结果，对应聘者的素质和意愿进行总结，其中，素质总结涉及应聘者能做什么，意愿总结涉及应聘者愿意做什么。

3. 明确录用主要考量的因素

录用主要考量 3 大类因素：注重组织的现实需要还是未来需要，注重应聘者的现有素质还是发展潜能，注重应聘者与组织当前的匹配还是与组织未来的匹配。

4. 选择录用决策方法

录用决策方法主要包括诊断法与统计法。诊断法是将组织录用条件与人员甄选结果进行比较从而做出主观判断的方法；统计法是将应聘者在各种甄选方法中的得分与各种甄选方法得分权重进行加权加总的方法。

5. 做出录用决策

根据录用条件、应聘者信息、录用考量因素与录用决策方法做出录用决策。此外，录用名单中的人员数量一般大于招聘广告中的拟招聘人数，可根据招募甄选产出金字塔确定拟录用人员数量。

（三）通知发放

通知发放包括录用通知发放和辞谢通知发放。

1. 发放录用通知

（1）录用通知发放的对象。录用通知发放的对象为拟录用人员，一般按照录用决策中的排序发放，若排在前面的拟录用人员放弃，则按照排序，向其他拟录用人员发放录用通知。

（2）录用通知的内容。一般而言，录用通知的内容包括录用岗位、用工形式、拟录用者回复的时间与途径、录用面谈的时间与地点、录用条件、录用面谈时所带材料清单等。其中，录用条件并非必选项，因为录用条件可以通过列入劳动合同、单独的录用条件确认函等方式告知；录用面谈时所带材料清单，不同组织与同一组织不同职级岗位的要求不尽相同，除身份证外，学历证书与学位证书、技能等级证书、应聘者前雇主出具的离职证明、体检报告等材料，部分组织要求报到时出具，部分组织要求录用面谈时出具。从降低后续劳动合同无效风险的角度来看，在录用面谈时要求拟录用人员出具相关材料并加以审核更合理。如果在录用面谈时签订劳动合同，则要求拟录用人员在录用面谈时必须出具相关材料。

2. 发放辞谢通知

（1）辞谢通知的发放对象。辞谢通知的发放对象是进入甄选最后阶段又没有被录用的应聘者，一般选择在最终录用人员确定之后发放。

（2）辞谢通知的内容与要求。辞谢通知要求语言简洁、坦率、礼貌而又具有激励性。

（四）录用面谈

1. 录用面谈的内容

按照录用通知中约定的时间和地点，录用人员与组织相关人员就组织文化、组织目标、岗位名称、用工形式、岗位工作内容、工作待遇、工作时间与工作条件、职业生涯规划、劳动纪律等多个方面展开交谈。

2. 录用面谈的人员安排

录用人员的岗位层级不同，安排的录用面谈人员也不同。一般而言，安排招聘岗位的上级职位任职者与录用者面谈；对于普通员工，可安排人力资源主管或资深的招聘专员与其面谈。

3. 录用面谈的技巧

（1）实事求是。录用面谈是员工与组织心理契约构建的起点，组织应实事求是地告知录用人员相关事项，避免后续心理契约破裂。

（2）少说、多倾听、多回答。组织应让录用人员发表对未来工作的期望，就未来工作的相关疑惑提问，组织实事求是地回答。

（3）出具录用条件确认函或再次重申录用条件。如果在录用面谈中重申录用条件，一定要对方签字确认。

（4）态度热情，环境正式且和谐。

三、实验内容与实验要求

（一）实验内容

根据案例3-5，任选两个岗位，完成以下实验内容：

（1）为所选择岗位确定录用条件，并说明确定录用条件的理由。

（2）为所选择岗位撰写录用通知书与辞谢通知书。

（二）实验要求

（1）录用条件确定与背景匹配。

（2）录用通知书内容完整。

（3）辞谢通知书意思明确而又不失礼貌，且具有激励性。

案例3-5 K酒店的录用

K酒店是J省省会A市的一家五星级酒店。该酒店设有客房部、餐饮部、市场营销部、康体部、工程部、财务部与人力资源部。为提高市场占有率，该酒店决定从明年开始进一步提高服务质量。

为开展明年第一季度的招聘工作，招聘部门向各个部门发放了用人部门人员补充申请表。根据用人部门的申请，客房部需要招聘服务员 20 名、领班 1 名，餐饮部需要招聘服务员 10 名、领班 1 名，市场营销部需要招聘销售员 5 名、经理助理 1 名，工程部需要招聘水电工 2 名，财务部需要招聘会计 1 名，人力资源部需要招聘专员 1 名。

经过人员甄选，现进入录用阶段。

四、实验步骤

（一）准备阶段
老师讲解实验内容、实验要求与实验报告考核方法。

（二）实验阶段
学生阅读实验内容，结合相关知识点与问题，根据实验要求撰写实验报告初稿。

（三）归纳总结阶段
学生陈述实验报告，其他学生与老师点评，老师总结。

（四）修改完善阶段
学生根据归纳总结阶段的意见修改和完善实验报告。

五、实验课时

1~2 课时，根据课程总体课时确定具体课时。

六、实验报告考核方法

实验报告成绩分为 5 个等级：优秀、良好、中等、及格与不及格。不同等级的评价标准如下。

（一）优秀的评价标准
第一，在规定时间内完成实验。第二，逻辑非常清晰，实验报告内容与案例 3-5 的内容和要求及录用相关知识点高度一致。第三，内容非常完整，实验报告包括了所选择岗位录用条件设定及其充分的理由说明、详尽的录用通知书与合乎要求的辞谢通知书。第四，语言表达非常准确、专业。第五，排版非常规范、简洁、美观。

（二）良好的评价标准
第一，在规定时间内完成实验。第二，逻辑清晰，实验报告内容与案例 3-5 的内容和要求及录用相关知识点的高度匹配。第三，内容完整，实验报告包括了录用条件设定、充分的理由说明、录用通知书与辞谢通知书。第四，语言表达准确、专业。第五，排版规范、简洁、美观。

(三) 中等的评价标准

第一，在规定时间内完成实验。第二，逻辑比较清晰，实验报告内容与案例3-5的内容和要求及录用相关知识点较为匹配。第三，内容比较完整，实验报告包括了录用条件设定及其理由说明、录用通知书和辞谢通知书的主要内容。第四，语言表达比较准确、专业。第五，排版比较规范、简洁、美观。

(四) 及格的评价标准

第一，基本能在规定时间内完成实验。第二，从整体来看，逻辑比较清晰，但局部存有瑕疵，实验报告内容与案例3-5的内容和要求及录用相关知识点的匹配度尚可。第三，内容基本完整，实验报告包括了录用条件设定及其理由说明、录用通知书与辞谢通知书的大部分内容。第四，部分语言表达不够准确和专业。第五，排版的规范度和美观度尚可。

(五) 不及格的评价标准

第一，未能在规定时间内完成实验。第二，从整体来看，逻辑不清晰，报告内容与案例3-5的内容和要求及录用相关知识点不匹配。第三，从内容来看，实验报告未能包括本实验内容的主体。第四，从整体来看，语言表达不够准确和专业。第五，排版较为凌乱。

七、习题

分析设定录用条件时应考虑的因素。

八、常用工具

本节涉及的常用工具包括录用通知书与辞谢通知书。不同组织、同一组织的不同岗位的录用通知书和辞谢通知书存在差异，这里提供两个示例，仅供参考。

(一) 录用通知书示例

某公司录用通知书

温馨提示：本录用通知书非常重要，请您耐心阅读全文。

_____先生/女士：

您好！

感谢您来到_____公司（以下简称"公司"）应聘，经过甄选，决定录用您到公司工作。

一、录用岗位与用工形式

1. 录用岗位名称：_____。

2. 用工形式：您与公司首次劳动合同期限为_____年，其中包括试用期_____个月，试用期满并考核合格后，您将成为公司的正式员工。

二、回复时间与途径

请您于_____年____月____日（含当日）前通过该邮件回复是否接受该岗位。逾期不回复视为放弃本工作机会，该录用通知书失效。

三、录用面谈时间与地点

录用面谈时间是_____年____月____日____时，地点在_____市/县_____路/街____号_____公司____楼____房间。届时将就公司与您的工作进行充分交流，请您按时前往。（也可为网络面谈，同样需要告知面谈时间、面谈入口）

四、录用面谈时所带材料清单

为做好后期劳动合同签订、入职等工作，请您面谈时携带以下材料原件：

1. 身份证。
2. 最高学历证书（即毕业证）与最高学位证书。
3. 所获得的技能等级证书。
4. 您上一家任职公司的离职证明（应届毕业生不需要提供）。
5. 近一个星期内由三甲医院出具的体检报告。
6. 录用通知书（电子版或纸质版）。

五、录用条件

为帮助您更好地适应新的工作，特在本录用通知书中向您展示您即将任职岗位的录用条件，该条件也是试用期考核的指标与标准。试用期结束时，如不能满足以下条件中的任何一条，公司将依照《中华人民共和国劳动合同法》第三十九条与您解除劳动合同。

1. 品质要求：_____。
2. 身体要求：_____。
3. 态度条件：_____。
4. 行为要求：_____。
5. 工作结果要求：_____。

如有疑问，请在录用通知书失效前与公司人力资源部联系。

联系人：_____　　联系电话：_____。

××公司人力资源部（加盖公司公章）

_____年____月____日

（二）辞谢通知书示例

某公司辞谢通知书

_____先生/女士：

您好！

非常感谢您参加敝公司的招聘！您在应聘期间的良好表现给我们留下了深刻印象，但我们这次招聘人数有限，未能录用您，请您理解。您应聘的岗位后续如有空缺，我们将优先考虑您。

祝您早日找到心仪的工作！

××公司人力资源部（加盖公司公章）

_____年____月____日

第六节　招聘评估

一、实验目的

（1）知晓招聘评估的含义与作用。

（2）掌握招聘评估的常用指标及其含义。

（3）掌握招聘评估报告的撰写。

二、知识要点

（一）招聘评估的含义与作用

1. 招聘评估的含义

招聘评估是指运用一定的指标对招聘过程与结果进行评价。

2. 招聘评估的作用

招聘评估是招聘流程中的最后一个阶段，也是必不可少的环节。其作用主要表现在以下4个方面。

（1）提高组织未来招聘成本的有效性。

（2）检验组织人员甄选方法的信度与效度，提高后续招聘人员甄选方法的稳定性与有效性。

（3）完善组织后续招聘流程。

（4）提高后续招聘员工与组织的匹配度。

（二）招聘评估的常用指标及其含义

招聘评估是对招聘过程与结果的评价，因此，招聘评估的常用指标主要包括招聘成本及其效用、效益评估，录用人员评估，甄选方法评估，招聘流程评估。

1. 招聘成本及其效用、效益评估

招聘成本既包括显性成本，也包括隐性成本；既包括可控成本，也包括不可控成本。本书主要关注显性的可控成本。

（1）招聘成本数量评估。招聘成本是招聘过程中因招聘而投入的成本，主要包括招募成本、甄选成本、录用成本与招聘单位成本。

招聘单位成本＝招聘总成本/录用人数

一般而言，成本越低，表明成本投入的有效性越高。

（2）招聘成本效用评估。招聘成本效用评估是评估单位成本招聘到的人数与招聘成本的比值，根据招聘流程，分为招聘总成本效用、招募成本效用、甄选成本效用、录用成本效用。

招聘总成本效用＝录用人数/招聘总成本

招募成本效用＝提交求职申请表或简历人数/招募成本

甄选成本效用＝参加甄选人数/甄选成本

录用成本效用＝录用人数/录用成本

一般而言，招聘成本效用指标越高，表明成本投入的有效性越高。

（3）招聘收益成本比。即录用员工创造的总价值与招聘总成本的比值。一般而言，该比值越高，说明招聘成本投入的有效性越高。

2. 录用人员评估

（1）录用人员数量评估。录用人员数量评估主要包括录用比、应聘比与招聘完成比。

录用比＝录用人数/应聘人数×100%

应聘比＝应聘人数/计划招聘人数×100%

招聘完成比＝录用人数/计划招聘人数×100%

应聘人数一般为招聘信息发布后吸引到的人数。一般而言，录用比越低，表明录用者的素质越高；应聘比越高，表明信息发布的效果越好；招聘完成比越高，说明招聘计划的完成度越高。

（2）录用人员质量评估。录用者在试用期的工作绩效、流动率等间接说明了录用人员的质量。常用指标是录用人员合格率、用人单位满意度。

录用人员合格率＝录用人员试用期合格人数/录用人数×100%

用人单位满意度是用人单位对新入职员工在品质、态度、行为、工作结果、身体素质等方面的满意程度。

录用人员合格率越高、用人单位的满意度越高，表明录用人员质量越高。

3. 甄选方法评估

甄选方法评估主要包括信度评估与效度评估，具体指标见本章第四节"甄选"中的"甄选方法的稳定性与有效性"。一般而言，信度越高，甄选方法的稳定性越强；效度越高，甄选方法的有效性越高。

4. 招聘流程评估

招聘流程评估主要包括招聘时间评估、应聘者的招聘满意度与试用期员工流失率。

（1）招聘时间评估。招聘时间评估使用的指标是职位空缺时间与平均职位空缺时间。职位空缺时间是从提出用人需求到新员工上岗的时间间隔，平均职位空缺时间计算公式如下：

平均职位空缺时间＝职位空缺总时间/招聘职位数

职位空缺时间与平均职位空缺时间越短，表明招聘流程越短，招聘效率越高。

（2）应聘者的招聘满意度。根据招聘流程进展及所面对的对象，将该对象已经经历过的招聘环节设计成满意度问卷，由应聘者填写。一般而言，满意度越高，说明招聘流程的组织实施越好。

（3）试用期员工流失率。试用期员工流失率即处于试用期的员工的流失比率，既包括被组织解雇的试用期员工，也包括主动离职的试用期员工，计算公式如下：

试用期员工流失率＝处于试用期员工的离职数/试用期员工总数×100%

试用期员工流失率越低，表明招聘流程的整体质量越高。

（三）招聘评估报告的构成与撰写要点

1. 招聘评估报告的构成

一般而言，招聘评估报告主要包括以下4个部分。

（1）招聘评估的目的。简要说明招聘评估的价值。

（2）招聘活动的概述。简要说明招聘岗位及数量、招聘流程、招聘结果与招聘费用。

（3）招聘评估指标结果。根据招聘结果、招聘费用和招聘评估指标，给出招聘评估指标的结果。

（4）招聘总结。根据招聘评估指标结果，分析出招聘的成功之处、不足之处，并结合组织实际，给出解决问题的建议。该部分也是招聘评估报告的重点和难点。

2. 招聘评估报告撰写的要点

（1）详略得当。招聘评估报告的重点是招聘总结，其他部分应该简写。

（2）指出问题与给出解决问题的建议并重。招聘评估的主要目的是改进后续招聘工作，因此，招聘评估报告不仅应指出招聘问题，还应给出解决问题的建议。

（3）招聘总结与招聘数据分析有机结合。招聘总结必须建立在数据分析的基础之上。

（4）招聘数据分析应简洁明了。招聘过程中数据众多，建议选择图表形式简洁明了地展现数据。

三、实验内容与实验要求

（一）实验内容

根据案例3-6，完成以下实验内容：

（1）请评估每一条招募渠道的招聘成本、录用人员数量、录用人员质量与招聘流程，每个方面至少选择2个或2个以上的指标。

（2）根据计算结果，为该公司招募渠道的选择提出建议。

（二）实验要求

（1）给出选择指标的计算公式。

（2）解释每个指标计算结果的含义。

（3）基于招聘评估指标结果及其比较提出招募渠道选择的建议。

案例3-6 某公司招聘数据

某公司在招聘过程中形成的部分招聘数据如表3-7所示。

表3-7 某公司不同招募渠道的招聘数据

	校园招聘	员工推荐	报刊广告	猎头公司
吸引求职申请表数量/份	600	50	500	20
接受面试人数/人	275	45	400	20
实际录用人数/人	100	35	25	15
计划录用人数/人	120	30	20	10
成本/元	80 000	15 000	20 000	90 000
试用期合格人数/人	90	33	20	12
用人部门满意度（最高5）	4	4.3	3.5	3
职位空缺时间/月	4	1	3	8
试用期离职人数/人	20	3	8	5

四、实验步骤

（一）准备阶段

老师讲解实验内容、实验要求与实验报告考核方法。

（二）实验阶段

学生阅读实验内容，结合相关知识点与问题，根据实验要求撰写实验报告初稿。

（三）归纳总结阶段

学生陈述实验报告，其他学生与老师点评，老师总结。

（四）修改完善阶段

学生根据归纳总结阶段的意见修改和完善实验报告。

五、实验课时

1~2课时，根据课程总体课时确定具体课时。

六、实验报告考核方法

实验报告成绩分为5个等级：优秀、良好、中等、及格与不及格。不同等级的评价标准如下。

（一）优秀的评价标准

第一，在规定时间内完成实验。第二，逻辑非常清晰，实验报告内容与案例3-6的内容和要求及招聘评估相关知识点高度一致。第三，内容非常完整，每个维度均选择了两个指标，对每个指标结果均解释了含义，根据指标结果对该案例招募渠道的选择给出了非常合理的建议。第四，语言表达非常准确、专业。第五，排版非常规范、简洁、美观。

（二）良好的评价标准

第一，在规定时间内完成实验。第二，逻辑清晰，实验报告内容与案例3-6的内容和要求及招聘评估相关知识点高度匹配。第三，内容完整，每个维度均选择了两个指标，对每个指标结果均解释了含义，根据指标结果为该案例招募渠道的选择给出了合理的建议。第四，语言表达准确、专业。第五，排版规范、简洁、美观。

（三）中等的评价标准

第一，在规定时间内完成实验。第二，逻辑比较清晰，实验报告内容与案例3-6的内容和要求及招聘评估相关知识点较为匹配。第三，内容比较完整，大部分维度都选择了两个指标，对大部分指标结果解释了含义，根据指标结果为该案例招募渠道的选择给出了较为合理的建议。第四，语言表达比较准确、专业。第五，排版比较规范、简洁、美观。

（四）及格的评价标准

第一，基本能在规定时间内完成实验。第二，从整体来看，逻辑比较清晰，但局部存在瑕疵，实验报告内容与案例3-6的内容和要求及招聘评估相关知识点的匹配度尚可。第三，内容基本完整，实验报告包括了大部分维度，对大部分指标结果进行了解释，给出的招募渠道选择建议部分合理。第四，部分语言表达不够准确和专业。第五，排版的规范度和美观度尚可。

(五) 不及格的评价标准

第一，未能在规定时间内完成实验。第二，从整体来看，逻辑不清晰，报告内容与案例3-6的内容和要求及招聘评估相关知识点不匹配。第三，从内容来看，实验报告未能包括本实验内容的主体。第四，从整体来看，语言表达不够准确和专业。第五，排版较为凌乱。

七、习题

归纳总结招聘评估指标及其含义。

八、常用工具

在招聘评估中，最终将形成招聘评估报告，本书给出招聘评估报告示例如下。

SK公司招聘评估报告

为改善本公司后续招聘流程与招聘质量，特对本公司上半年的招聘进行评估，根据上半年的招聘实施与招聘数据，分析本公司招聘中的成功之处、不足之处，结合公司特性对不足之处给出建议。

一、招聘概述

(一) 招聘计划

1月31日，汇总人员需求计划，公司需要销售主管、生产主管与人力资源主管各1名。

(二) 招聘进程

2月1日—2月15日，拟定招聘计划与招聘广告，选择招募渠道并发布招聘广告。招募渠道包括网络、专业报刊与地区（省级）人才招聘会。

2月16日—3月10日，收集求职申请表，根据招聘广告拟定的要求，从工作经验、专业、学历等方面进行简历的初步筛选，排除不合格的应聘者。

3月13日—4月10日，委托BS人员素质测评公司对应聘者进行甄选，包括笔试、MBTI测试、评价中心技术、结构化面试与体检。

4月12日—4月20日，做出录用决策。

4月21日—4月30日，发出录用通知书与辞谢通知书，进行录用面谈。

(三) 招聘结果

1. 销售主管岗位收到申请表50份，25人参加甄选，录用0人。

2. 生产主管岗位收到申请表40份，30人参加甄选，录用1人。

3. 人力资源主管岗位收到申请表60份，40人参加甄选，录用1人。

（四）招聘费用

招聘预算5万元，实际支出4.9万元，其中，招募成本2万元，甄选成本2.5万元，录用成本0.4万元。

二、招聘评估指标结果

根据上半年的招聘结果与招聘费用，从人员录用数量、招聘成本效用方面评估此次招聘活动，相关评估指标结果如表3-8所示。

表3-8 SK公司上半年招聘评估指标结果

	销售主管	生产主管	人力资源主管
录用比/%	0	2.5	1.7
应聘比/%	5000	4000	6000
招聘完成比/%	0	100	100
总成本效用/（人/万元）	0.4		
招募成本效用/（人/万元）	75		
甄选成本效用/（人/万元）	38		
录用成本效用/（人/万元）	5		

三、招聘总结

（一）成功之处

1. 招聘流程紧凑，不同流程之间衔接顺畅。上半年的招聘活动按照招聘计划的时间安排有序展开，招聘计划、招募、甄选、录用与评估衔接顺畅。

2. 生产主管、人力资源主管的招聘完成比达到100%，顺利完成招聘计划。

3. 甄选方法多样化。委托专业的人员素质测评公司，使用了多样化、专业化的人员甄选方法，有利于提高录用人员与组织的匹配度。

（二）不足之处

1. 销售主管岗位未完成招聘计划。销售主管的应聘比虽然比生产主管高，但参加甄选的人数较少，主要与销售主管的招聘广告设计有关，在招聘广告中，对应聘者的要求过于模糊和宽松，没有吸引到足够多的优秀应聘者进入甄选环节。

2. 招聘总成本效用低于预期。招聘成本效用指标越高，表明成本投入有效性越高。因为本次招聘销售主管未完成招聘计划，虽然招聘总成本低于预期，但招聘总成本效用（0.4）也低于预期（0.6），降低了招聘成本投入的有效性。

3. 个别招募渠道有效性低。本次招聘选择了网络招聘渠道，虽然吸引了较多的求职者，但通过该渠道的应聘者参加甄选比例较低。

4. 甄选过于依赖单一外包商。本公司规模较小，用人理念强调人企匹配、人岗匹配，故一直与 BS 人员素质测评公司合作，采用外包形式进行应聘者甄选。所有甄选方法均依靠同一外包商，一定程度上抬高了甄选成本。

5. 未进行录用人员质量评估与招聘流程评估。因为新入职人员刚进入试用期，未进行新入职员工合格率、用人单位满意度等录用人员质量评估，也未进行应聘者招聘满意度、新入职员工流失率等招聘流程评估。

（三）改进建议

1. 完善招聘广告设计。建议完善包括销售主管在内的招聘广告设计，尤其对应聘者的要求应具体。

2. 对招聘成本进行动态控制。根据招聘流程进展，适时控制招聘成本。在与外包商的合作中，建议采用分段计费制，根据甄选人数分段计费。

3. 优化招募渠道选择。因网络招聘吸引的申请表多而参加甄选的比例低，可限定网络招聘中的信息发布区域，以提高招募成本的有效性。

4. 寻找更高性价比的人员素质测评合作商。了解本地人员素质测评公司的特点与收费标准，适时选择更高性价比的合作商，以提高甄选成本的有效性。

5. 结合新员工的入职情况，进行人员录用质量评估、招聘方法评估。记录新员工的试用期绩效考核结果，调查用人单位对新员工的满意度，评估录用人员质量和人员素质测评合作商的甄选效果及甄选方法效度。

6. 增加应聘者对招聘活动满意度的调查。在招聘各个流程，针对参与该流程的应聘者设计满意度调查问卷，以评估应聘者对本公司招募、录用及合作商甄选过程的满意度情况，为改善招聘提供切实可行的建议。

第四章 员工培训

本章学习目标

1. 掌握员工培训流程。
2. 明晰培训需求分析的内容。
3. 掌握培训计划的内容与制订。
4. 掌握培训组织实施与管理的要点。
5. 熟悉员工培训方法，了解影响培训方法选择的因素。
6. 设计员工培训评估指标体系并对员工培训展开评估。

培训作为组织人力资源管理体系中的加速器，对员工与组织均具有重要价值。对员工而言，培训可提升员工的综合素质，增加收入与职业发展机会，激发员工的积极性、主动性与创造性。对组织而言，培训可为组织提供更高质量的人力资源，提高员工的忠诚度与归属感，营造并传递组织文化，提升组织绩效。

第一节 员工培训概述

一、实验目的

（1）理解员工培训的含义与类型。
（2）掌握员工培训的流程。

二、知识要点

（一）员工培训的含义与类型

1. 员工培训的含义

培训是组织为向员工提供工作所必需的知识、技能、能力而采取的有计划的培养和训练活动。

2. 员工培训的类型

根据不同分类标准，培训有不同的类型。从培训与工作的关系来看，分为在职培训和脱产培训；从培训与上岗时间的关系来看，分为岗前培训和岗中培训；从培训的目的来看，分为知识培训、技能培训和能力培训；从培训的层次来看，分为初级培训、中级培训和高级培训。初级培训、中级培训和高级培训既可以是同一时期对不同层级员工的培训，也可以是同一员工在不同时期的培训层次。

(二) 员工培训的流程

员工培训流程一般如图 4-1 所示。

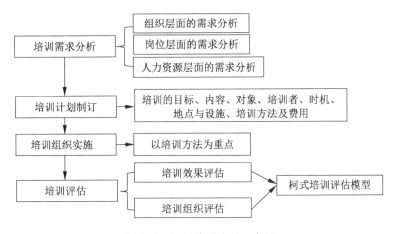

图 4-1 员工培训流程示意图

三、实验内容与实验要求

(一) 实验内容

结合员工培训概述的相关知识点，为案例 4-1 设计培训流程。

(二) 实验要求

培训流程的内容完整。

案例 4-1　T 公司人力资源专员的培训流程分析

T 公司是一家集研发、生产与销售于一体的大型生产企业，该企业力争用 5 年左右的时间成长为行业头部企业。该企业财力雄厚，已经建立了企业大学，但主要竞争对手的研发与生产实力不容小觑，自身产品面临的消费者需求不断变化。在此背景下，该企业决定首先从人力资源部门和人力资源专员培训入手，通过完善人力资源部门设置、提高人员资源专员的能力，提高企业所有员工的能力。

四、实验步骤

（一）准备阶段

老师讲解实验内容、实验要求与实验报告考核方法。

（二）实验阶段

学生阅读实验内容，结合相关知识点与问题，根据实验要求撰写实验报告初稿。

（三）归纳总结阶段

学生陈述实验报告，其他学生与老师点评，老师总结。

（四）修改完善阶段

学生根据归纳总结阶段的意见修改和完善实验报告。

五、实验课时

1~2课时，根据课程总体课时确定具体课时。

六、实验报告考核方法

实验报告成绩分为5个等级：优秀、良好、中等、及格与不及格。不同等级的评价标准如下。

（一）优秀的评价标准

第一，在规定时间内完成实验。第二，逻辑非常清晰，实验报告内容与案例4-1的内容和要求及员工培训概述相关知识点高度一致。第三，内容非常完整，实验报告包括了培训的所有流程。第四，语言表达非常准确、专业。第五，排版非常规范、简洁、美观。

（二）良好的评价标准

第一，在规定时间内完成实验。第二，逻辑清晰，实验报告内容与案例4-1的内容和要求及员工培训概述相关知识点高度匹配。第三，内容完整，实验报告包括了培训的全部流程。第四，语言表达准确、专业。第五，排版规范、简洁、美观。

（三）中等的评价标准

第一，在规定时间内完成实验。第二，逻辑比较清晰，实验报告内容与案例4-1的内容和要求及员工培训概述相关知识点较为匹配。第三，内容比较完整，实验报告包括了培训的主要流程。第四，语言表达比较准确、专业。第五，排版比较规范、简洁、美观。

（四）及格的评价标准

第一，基本能在规定时间内完成实验。第二，从整体来看，逻辑比较清晰，但局部存在瑕疵，实验报告内容与案例 4-1 的内容和要求及员工培训概述相关知识点的匹配度尚可。第三，内容基本完整，实验报告包括了培训的大部分流程。第四，部分语言表达不够准确和专业。第五，排版的规范度和美观度尚可。

（五）不及格的评价标准

第一，未能在规定时间内完成实验。第二，从整体来看，逻辑不清晰，报告内容与案例 4-1 的内容和要求及员工培训概述相关知识点不匹配。第三，从内容来看，实验报告未能包括本实验内容的主体。第四，从整体来看，语言表达不够准确和专业。第五，排版较为凌乱。

第二节 员工培训需求分析与培训计划制订

一、实验目的

（1）理解员工培训需求分析的整体思路。
（2）掌握员工培训需求分析的内容。
（3）理解培训需求分析的方法。
（4）掌握培训需求分析与培训计划制订的关系。
（5）掌握培训计划的内容。
（6）理解培训计划编制的要点。

二、知识要点

（一）培训需求分析

1. 培训需求分析的总体思路——缺口分析

根据组织战略、组织资源、组织特质、组织环境分析，岗位的任职资格与胜任素质模型分析，以及人力资源的绩效现状与素质现状分析，知悉组织人力资源现有素质与组织要求、岗位要求的差异，从而确定是否需要培训，以及培训目标、培训内容、培训对象、培训方法等。培训需求的缺口分析思路见图 4-2。

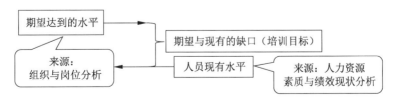

图 4-2 培训需求的缺口分析思路

2. 培训需求分析的内容

根据培训需求的缺口分析，培训需求分析的内容包括以下 3 个方面。

（1）组织层面的需求分析。组织层面的需求分析就是确定组织是否需要培训及培训的目的。组织层面的需求分析包括以下 4 个方面。第一，组织目标（战略）分析。组织目标（战略）分析应在明确组织目标的基础上，明晰组织目标对任职者的要求，并将之作为培训目标。第二，组织资源分析。从组织层面分析组织拥有的财力、时间与人力。财力约束了培训预算；时间约束了培训形式；组织层面的人力分析是对组织员工结构的分析，为培训计划中具体培训对象、培训数量等的确定奠定基础。第三，组织特质分析。组织特质包括组织的文化、规模、行业、结构、以往员工培训做法等情况，组织特质对是否需要培训、培训什么、培训谁等均将产生影响。第四，组织环境分析。组织环境分析主要是指组织面临的外部环境对任职者的素质要求。

（2）工作（岗位）层面的需求分析。工作（岗位）层面的需求分析主要分析岗位的工作任务、任职资格与特定岗位的胜任素质模型，为培训内容、培训方法、培训效果评估标准、培训目标等奠定基础。工作任务分析主要是将岗位职责细分为工作任务，再分析不同工作任务对任职者的要求，从而确定培训内容、培训方法、培训效果评估标准与培训目标。而任职资格与胜任素质模型则可直接将任职资格与胜任素质模型的内容作为培训内容、培训效果评估标准与培训目标。例如，某企业通过对人力资源专员岗的分析认为，该岗位如果要达到优秀的绩效标准，任职者必须掌握 Python 的操作技能。因此，该企业对人力资源专员的培训内容是 Python 的操作，培训目标是任职者熟练掌握 Python 的操作，培训效果评估的标准之一是任职者是否熟练掌握 Python 的操作。

（3）人力资源层面的分析。与组织层面的人力分析不同，人力资源层面的分析是具体分析拟培训岗位或关键岗位任职者的现有绩效与素质，具体包括 3 个方面。第一，员工绩效（态度、过程或行为、结果）考核记录。如果关键岗位任职者已经达到比较满意的绩效水平，可以免除培训或进入更高一级的培训。第二，员工的自我评价与期望。自我评价用以了解员工素质的现状，期望既包括员工对培训的期望，也包括员工的职业生涯规划，用以了解培训目的、培训内容等。第三，知识技能测验。自我评价可能出现过高或过低的情形，知识技能测验可以提供更为客观的员工素质现状，为确定培训内容与培训应该达到的水平奠定基础。

3. 培训需求分析的方法

培训需求分析的方法主要包括访谈调查法、问卷调查法、观察法、文献法、关键事件法、绩效分析法、经验预计法与基于胜任力的培训需求分析方法。其中，文献法主要通过分析组织战略、人员结构、组织结构、岗位说明书、员工考核记录等相关材料进行培训需求分析；关键事件法主要通过对组织具有重大影响（包括积极影响与消极影响）的事件的细致分析，确定培训需求；绩效分析法的操作步骤是：确定绩效标准与期望达到的水平，考查员工的绩效，查找未达到期望水平的原因，确定是否可以通过培训使员工达到期望水平；基于胜任力的培训需求分析法的操作步骤是：确定岗位的胜任力或胜任素质，分析岗位任职者的素质现状，根据缺口确定培训目标与内容，该方法的前提是胜任素质的确定较为准确。

(二) 培训计划的制订

1. 培训计划的内涵及其与培训需求分析的关系

培训计划是在培训需求分析的基础上确定培训有关事项并指导后续培训实施的方案，因此，培训计划也被称为培训方案，是连接培训需求分析和培训实施的纽带。

培训需求分析是培训计划的基础，培训计划是培训需求分析结果的体现。

2. 培训计划的内容

一般而言，培训计划的内容可用"6W1H"表示：培训目标——why，培训内容——what，培训对象——whom，培训者——who，培训时机——when，培训地点及设施——where，培训方法及费用——how。为不断优化员工培训的组织和提高培训效果，培训计划也可加入培训评估的内容。

培训目标是培训应该达到的效果；培训内容是培训中向受训者传递的内容，包括价值观、知识、技能、能力等；培训对象即受训者，需要注意的是，当对受训者开展由组织付费的专项培训时，应与受训者签订培训协议，以提高组织培训投入的有效性；培训者是实施培训的人，可以是组织内部员工，也可以是组织外部专家；培训时机包括培训时间起点、持续时长与培训结束时间点；培训地点及设施可以在组织内部，也可以在组织外部；培训方法是培训中向受训者传递培训内容的方式；培训费用是在确定培训中各项支出的基础上计算出的总支出。

在上述关于培训计划的内容中，培训方法和培训评估与本章第三节、第四节密切相关。因此，编制培训计划时请参见本章第三节与第四节的内容。

3. 培训计划编制的要点

（1）以培训需求分析为基础，与培训需求分析相匹配。在进行培训需求分析时，不同层面的培训需求分析均为培训计划的制订提供支撑。在制订培训计划时，需要将3个层面的培训需求分析有机融合在一起，以形成相对完善的培训计划。

(2) 培训计划应具体、明确。培训计划作为后续培训实施的指导方案，要求应具体明确，以提高培训计划的实现度。

(3) 培训计划应具有可行性。培训计划最终会转变为培训实施，因此，培训计划中的培训者、培训时机、培训地点及设施、培训方法等一定要可行。

三、实验内容与实验要求

（一）实验内容

请运用培训需求的缺口分析思路分析案例 4-2，并回答以下问题：

(1) 该企业是否需要对人力资源专员开展培训？为什么？

(2) 如果需要培训，按照人力资源管理部门新的组织结构，请问不同从业人员的培训目标、培训内容与培训对象分别是什么？请阐明确定的理由。

(3) 如果需要培训，请根据上一问题的分析结果与培训计划的相关知识点，为该企业制订培训计划。

（二）实验要求

(1) 培训需求分析思路清晰合理。

(2) 培训需求分析的内容全面。

(3) 培训计划内容完整、合理且与案例背景相匹配。

案例 4-2　T 公司人力资源专员的培训需求分析

T 公司是一家集研发、生产与销售于一体的大型生产企业，该企业力争用 5 年左右的时间成长为行业头部企业。该企业财力雄厚，已经建立了企业大学，但主要竞争对手的研发与生产实力不容小觑，自身产品面临的消费者需求不断变化。在此背景下，该企业决定首先从人力资源部门和人力资源专员培训入手，通过完善人力资源部门设置、提高人员资源专员的能力，提高企业所有员工的能力。

在人力资源部门设置中，该企业将人力资源部门的设置从按照职能模块设置转变为人力资源三支柱模型，这 3 个支柱分别是事务中心、专家中心与人力资源业务伙伴中心。事务中心的人力资源专员需要借助计算机技术提高人力资源管理相关事务的处理速度，专家中心的从业人员需要提高专业度，人力资源业务伙伴中心的从业者需要拓宽知识面和丰富工作经历。

该企业人力资源部门的人力资源专员共有 7 名。其中，A 为大学本科学历，专业是行政管理，主要负责公司现有人力资源信息系统的维护，希望继续从事与信息系统维护相关的工作；B 是大学本科毕业生，专业是计算机，辅修人力资源管理专业，主要负责人力资源规划，希望继续从事人力资源规划类工作；C 为人力资源管理专业本科毕业生，负责招聘，希望继续从事招聘工作；D 为心理学硕士生毕业，本科专业是人力资源管理，负责绩效管理，希望继续从事员工激励管理类工作；E 为人力资源管理专业本科毕业生，辅修市场营销，负责培训工作，希望从事与销售有关的工作；F 为人力资源管理硕士生，本科专业是统计学，负责薪酬管理，希望从事与数据收集及分析相关的工作；G 为法律硕士生，本科专业是物流管理，负责企业的劳动关系管理，希望在从事劳动关系管理的同时，能从事与库存管理相关的工作。

四、实验步骤

（一）准备阶段
老师讲解实验内容、实验要求与实验报告考核方法。

（二）实验阶段
学生阅读实验内容，结合相关知识点与问题，根据实验要求撰写实验报告初稿。

（三）归纳总结阶段
学生陈述实验报告，其他学生与老师点评，老师总结。

（四）修改完善阶段
学生根据归纳总结阶段的意见修改和完善实验报告。

五、实验课时

1~2 课时，根据课程总体课时确定具体课时。

六、实验报告考核方法

实验报告成绩分为 5 个等级：优秀、良好、中等、及格与不及格。不同等级的评价标准如下。

（一）优秀的评价标准
第一，在规定时间内完成实验。第二，逻辑非常清晰，实验报告内容与案例 4-2 的内容和要求及培训需求分析、培训计划制订相关知识点高度一致。第三，内容非常完整，理由说明很充分，培训计划非常具体明确且可行。第四，语言表达非常准确、专业。第五，排版非常规范、简洁、美观。

（二）良好的评价标准
第一，在规定时间内完成实验。第二，逻辑清晰，实验报告内容与案例 4-2 的内容和要求及培训需求分析、培训计划制订相关知识点高度匹配。第三，内容完整，理由说明充分，培训计划具体明确且可行。第四，语言表达准确、专业。

第五，排版规范、简洁、美观。

（三）中等的评价标准

第一，在规定时间内完成实验。第二，逻辑比较清晰，实验报告内容与案例4-2的内容和要求及培训需求分析、培训计划制订相关知识点较为匹配。第三，内容比较完整，理由说明较为充分，培训计划较为具体明确且可行。第四，语言表达比较准确、专业。第五，排版比较规范、简洁、美观。

（四）及格的评价标准

第一，基本能在规定时间内完成实验。第二，从整体来看，逻辑比较清晰，但局部存在瑕疵，实验报告内容与案例4-2的内容和要求及培训需求分析、培训计划制订相关知识点的匹配度尚可。第三，内容基本完整，大部分理由说明充分，大部分培训计划较为具体明确且可行。第四，部分语言表达不够准确和专业。第五，排版的规范度和美观度尚可。

（五）不及格的评价标准

第一，未能在规定时间内完成实验。第二，从整体来看，逻辑不清晰，报告内容与案例4-2的内容和要求及培训需求分析、培训计划制订相关知识点不匹配。第三，从内容来看，实验报告未能包括本实验内容的主体。第四，从整体来看，语言表达不够准确和专业。第五，排版较为凌乱。

七、习题

归纳总结不同层面的培训需求分析内容与培训计划内容之间的关联性。

八、常用工具

本节涉及的常用工具包括两个方面：培训需求分析工具和培训计划文本。

（一）培训需求分析的相关工具示例

培训需求分析包括组织层面的分析、岗位层面的分析、人力资源层面的分析。其中，岗位层面的分析与人力资源层面的分析将借助多种多样的表格收集信息。因此，本节提供的常用工具是培训需求分析中常使用的各种表格。

1. 岗位层面的培训需求分析相关工具示例

（1）工作任务调查与分析问卷示例。

尊敬的任职者与工作任务分析专家：

你们好！

为使岗位任职者能更好地完成工作任务，特进行此次调查。其中，表4-1的A列、B列、C列由任职者填写，D列、E列由工作任务分析专家填写。

你们提供的信息非常重要，感谢你们对公司工作的大力支持！

填写说明：A 工作任务重要性分为 5 个等级，分别是：1＝不包括该任务，2＝不重要，3＝比较重要，4＝重要，5＝非常重要。

B 工作任务频率分为 5 个等级，分别是：1＝不包括该任务，2＝1 年执行 1 次，3＝每月执行 1 次，4＝每周执行 1 次，5＝每天执行 1 次。

C 工作任务难度分为 5 个等级，分别是：1＝不包括该任务，2＝不需要特定工作经验或培训，3＝需要 1~6 个月的短期培训或工作经验，4＝需要 6~12 个月的短期培训或工作经验，5＝需要 12~18 个月（可更长）的培训或工作经验。

D 直接填写。

E 分为 3 个等级：1＝低，2＝中，3＝高。

表 4-1　工作任务调查与分析问卷

岗位名称：_____

任务	A 重要性	B 频率	C 难度	D 所需素质	E 素质等级
任务 1（略）					
任务 2（略）					
……					

任职者签名：_____　　工作分析专家签名：_____

（2）胜任素质模型分析表示例（表 4-2）。根据特定岗位的胜任素质模型与员工知识技能分析设计胜任素质模型分析表，以确定培训需求。

表 4-2　胜任素质模型分析表

岗位名称：_____

胜任素质	应达等级	任职者实际等级
素质 1（略）		
素质 2（略）		
……		

2. 人力资源层面的培训需求分析相关工具示例

（1）人员绩效分析表示例（表 4-3）。人员绩效分析表包括岗位任职者的绩效考核结果与绩效标准的对比及原因分析。

表 4-3 人员绩效分析表

任职者姓名：_____ 岗位名称：_____

差距原因由任职者与其上司共同完成，其他由上司填写。

任务清单	当前绩效(1)	绩效标准(2)	绩效差距（1~2）			差距原因（低于者填写）			
						不能做		不愿做	
			高于	相等	低于	组织原因	个人原因	组织原因	个人原因
1									
2									
……									

（2）人员培训期望表示例。在人力资源层面的培训需求分析中，员工的个人基本信息与期望信息非常重要，但个人基本信息如专业、工作经历、培训经历、技能等级等一般已经进入组织人力资源信息系统，故在培训需求分析中重点关注人员的培训期望。人员培训期望表可以设计为封闭式，提供备选项，如表4-4所示。

表 4-4 人员培训期望表

说明：对即将开展的培训，请您根据自身需要，对下列问题做出选择。

备选课程	培训需要程度		
	高	中	低
1. 时间管理			
2. 沟通技巧			
……			

人员培训期望表也可以设计为开放式，不提供备选项，如下所示。

说明：对即将展开的培训，请您根据自身需要填写下列问题。

1. 您希望开设的课程（限3门）：_____、_____、_____。
2. 您希望的授课方法（限3种）：_____、_____、_____。
3. 您希望的培训时间（限2个时间段）：_____、_____。

…………

（二）培训计划文本示例

培训计划既可以是综合性的，也可以是针对某一职种或职级的专项培训计划。综合性的培训计划可以按照职种、职级或岗位分别展示培训计划中的内容。

某公司 20××年培训计划

为实现本公司的组织目标并提高公司人力资源质量，实现公司与员工的双赢，特制订本公司 20××年培训计划。

一、培训目标（略）

二、培训对象（略）

三、培训内容（略）

四、培训者（略）

五、培训时间（略）

六、培训地点（略）

七、培训方法（略）

八、培训费用预算（略）

九、培训评估指标（略）

第三节　员工培训实施

一、实验目的

（1）理解培训的常用方法及其选择。

（2）掌握培训实施的要点。

二、知识要点

根据培训计划，在实施员工培训的过程中，主要关注培训目标、培训内容、培训对象、培训者、培训时机、培训地点与设施、培训方法与培训费用。根据培训需求分析结果，可直接确定培训目标、培训内容、培训对象、培训时机与培训预算。培训者可根据确定的培训内容、培训目标、培训对象、培训时机，从企业内部选择，或者从企业外部如专业培训机构、高校等选择。培训地点可根据培训方法、培训者进行选择。因此，在培训实施中，培训方法的选择是重点和难点。

（一）培训方法的种类

员工培训方法有多种分类，根据培训对象是否脱离岗位，分为在职培训方法与脱产培训方法；而根据培训对象，又可分为个体培训方法与团队培训方法。这里按照培训对象进行区分。

1. 个体培训方法

个体培训方法是指受训者之间无关联的培训方法,并不是一次只能培训一个对象。主要包括以下13种形式。

(1) 师徒制。师徒制是一种老带新的培训方法,通常是由一名经验丰富的老员工或上级在一定时间段内指导新员工的工作。主要用于在技能性工作岗位任职的受训者。

(2) 工作轮换。工作轮换是受训者按照计划间隔,从一个岗位转换到另一个岗位的培训方法。通常用于在管理职位任职的受训者,或者是在初级的有关联的技术岗位任职的受训者。

(3) 特殊任务安排。该培训方法是通过为受训者安排一定的特殊任务来进行培训,目的是使其获得解决该类问题的一手经验。主要用于在中层或基层管理岗位任职的受训者。

(4) 同事培训。同事培训是由专家型员工或者专家型员工组成的团队,通过电话、网络或现场指导的方式,为受训者提供技术、问题解决方法等培训内容的培训方法。从适用岗位类型来看,同事培训既可以用于技术类岗位,也可以用于管理类岗位。

(5) 非正式学习。非正式学习是使受训者通过与同事互动这一非正式途径获取相关知识的培训方法。从严格意义上讲,这并不是一种正式的培训方法,但也可以实现培训的目的。

(6) 行为塑造。行为塑造是通过向受训者展示某项任务的正确或样板行为,让受训者按照正确或样板行为方式练习,并对受训者表现提供反馈的培训方法。该培训方法主要用于服务类行业。

(7) 仿真培训。仿真培训是让受训者借助工作岗位需要的真实设备或模拟设备,在工作岗位之外的地方进行培训。该培训方法主要用于在岗培训成本非常高昂或者在非常危险的岗位任职的受训者,如飞行员。

(8) 网络培训。网络培训是借助网络、计算机或手机、大数据技术,向受训者提供培训内容的培训方法。该培训方法有多种具体形式,如网上授课、网上讨论、网上自学等。其中,网上自学可包括学习视频或音频、学习考核、学习反馈、根据学习反馈推荐学习内容等完整的学习环节,甚至可将员工的绩效考核结果植入该系统,以提高学习指导的针对性。该培训方法既可以用于长期的知识学习,如受训者自学某一门课程,也可以用于较短时间内的技能学习。在相关技术日益成熟的背景下,该培训方法的应用越来越广泛。

(9) 课堂讲授。课堂讲授是培训者借助讲授方式,向多个受训者同时传递知识的培训方法。该培训方法主要用于传递企业文化、组织发展历史、生产流程等适合众多岗位任职者的知识。

（10）案例研究。案例研究是为受训者提供关于某个组织中存在问题的书面描述，让受训者分析案例、诊断问题、提出问题解决方案的培训方法。该培训方法主要用于提高受训者的问题分析能力与问题解决能力。

（11）角色扮演。角色扮演是创造一个真实的情境，让受训者扮演某种角色，在角色扮演过程中提升受训者能力的一种培训方法。案例研究培训方法与角色扮演培训方法的区别在于：在案例研究培训方法中，参与者以分析者的身份出现；在角色扮演培训方法中，参与者以案例或情景中的特定角色出现。该培训方法主要用于提高受训者的领导能力、授权能力及对他人感受的敏感性。

（12）管理游戏。管理游戏是借助游戏方式，让受训者通过参与游戏提高个体能力的培训方法。该方法主要帮助受训者开发解决问题的能力、制订规划的能力、领导能力与团队合作能力。

（13）高管教练。高管教练是由一位外部咨询师对高层管理人员的上级、同级与下级，甚至家人提出的各种问题，识别受训者的优势和劣势并提出建议，使受训者充分发挥优势、克服劣势的培训方法。该培训方法适用于高层管理人员。

需要注意的是，上述个体培训方法并不代表全部，组织在培训实施中可根据培训目的、培训对象等自主开发有针对性的培训方法，以增强培训效果，实现培训目的。此外，部分个体培训方法如管理游戏、角色扮演等通过改变组织形式，可转变为团队培训方法。

2. 团队培训方法

团队培训方法的培训对象为团队，团队是拥有共同目标的群体。团队培训方法主要有以下 4 种。

（1）拓展训练法。拓展训练法是通过结构化的户外活动开发受训者团队合作能力与领导能力的培训方法。使用该培训方法时，应根据培训目标和培训内容开发结构化的户外活动，让受训者参与该项活动；户外活动结束后，由理解该户外活动的培训者组织受训者讨论、归纳、总结，并引导受训者将活动目的、活动感悟等与工作联系起来。

（2）团队培训。团队培训是关注团队技术、人际关系与团队管理的培训方法。针对团队技术问题，可采用交叉培训，即让团队成员从事不同的任务或工作；针对团队人际关系问题，可采用协调培训，即提供倾听、解决争端、谈判等沟通技能的培训；针对团队管理能力，可通过团队领导培训、户外拓展培训等实现。因此，团队培训是一种综合性的培训方法。

（3）行动学习。行动学习是由跨职能领域的受训者组成团队，培训者为该团队提供组织中实际存在的一个问题，要求该团队为解决该问题提供行动计划并负责实施的培训方法。该培训方法最大的特点是将行动计划付诸实施。该培训方法不仅能提高组织中各级、各类管理者的管理能力，还能解决组织中存在的实际问题。

（4）初级董事会。初级董事会是将受训者临时组建成一个董事会，让受训者对组织的战略、制度与措施进行讨论，从中发现问题并提出解决问题的建议的培训方法。该培训方法主要用于提高受训者的决策能力、问题分析能力，主要适用于在中层管理岗位任职的受训者。

（二）选择培训方法应考虑的因素

面临诸多培训方法，在选择培训方法时主要应考虑以下因素。

1. 组织目标和受训者期望

不同培训方法针对的培训内容不同，而不同的组织目标和受训者期望又要与特定的培训内容对应起来，因此，在选择培训方法时，应首先考虑组织目标和受训者期望。

2. 培训内容

由于知识、技能、能力、态度等不同培训内容适合的培训方法不同，因此，在选择培训方法时应明确培训内容。

3. 受训者任职岗位的特点

不同岗位对受训者提出的要求不同，其所需要的培训内容也就不同。

4. 受训者的素质现状

部分培训方法对受训者的已有素质有一定的要求，因此，应选择与受训者素质现状匹配的培训方法。

5. 组织能够提供的经费、时间、空间与人力

不同培训方法对成本、时间、空间及培训者、培训组织者的要求不同，因此，在选择培训方法时，应充分考虑组织拥有的财力、物力和人力状况及受训者的工作时间安排。

6. 培训方法自身的特点

在选择培训方法时，应充分考虑培训方法自身的特点。由于不同培训方法的适用情境和适用对象不同，因此，应选择与培训对象、培训内容、培训目标等匹配的培训方法。

（三）培训实施的要点

1. 应对非专业培训者进行培训

在岗培训的培训者多为某一领域的专家或资深从业者，对培训的技巧并不熟悉。因此，在聘请相关人员担任培训员时，应就相关培训方法的使用步骤、使用中的常见问题及其解决方案、鼓励受训者等方面对培训者进行培训。

2. 增强受训者的受训动机

受训者的参与意愿、参与深度、参与持续时长、培训效果等均与受训者的受训动机相关联。因此,组织可通过将培训结果与受训者职业生涯发展、薪酬等关联的做法,增强受训者的受训动机。

3. 多种培训方法结合

多种培训方法结合既可以让受训者维持对学习的兴趣,也可以强化培训内容,增强培训效果,还可以检验培训方法本身的有效性。

4. 提供对受训者有价值的培训内容

组织在培训实施中选择培训内容时,不仅要关注组织需求,还要关注受训者需求,只有当受训者认为培训内容有价值时,才会深度参与培训,增强培训效果。

5. 确保受训者在培训中有练习和强化的机会

知识、技能、能力等的习得与态度的形成,均需要多次练习和强化,因此,在培训中,培训者应为受训者提供练习和强化的机会,以增强培训效果。

6. 为受训者提供反馈

受训者并不能非常清晰、深刻地认识到自身在培训中的表现的含义,以及该表现产生的原因与改进策略,为受训者提供反馈可以让受训者清晰地认识到自身在培训中的表现,明确改进目标和改进路径。

7. 为培训实施与培训成果转化创造条件

为各种培训提供时间支持、空间支持与财力支持,建立完善的培训效果评估体系,建立与培训匹配的绩效管理制度与薪酬管理制度,在工作分析、人力资源规划与招聘中考量员工培训的实施,让培训融入组织人力资源管理体系,与其他人力资源管理活动组成有机整体。

三、实验内容与实验要求

(一) 实验内容

请运用员工培训实施的相关知识点分析案例4-3,完成以下实验内容:

(1) 结合培训需求分析与培训计划制订,任选两个培训对象,为培训对象选择培训方法。

(2) 说明培训方法选择的理由。

(二) 实验要求

(1) 每个培训对象至少选择两种培训方法。

(2) 培训方法选择要合理。

(3) 培训方法的选择理由要阐述充分。

案例 4-3　T 公司人力资源专员的培训实施分析

T 公司是一家集研发、生产与销售于一体的大型生产企业，该企业力争用 5 年左右的时间成长为行业头部企业。该企业财力雄厚，已经建立了企业大学，但主要竞争对手的研发与生产实力不容小觑，自身产品面临的消费者需求不断变化。在此背景下，该企业决定首先从人力资源部门和人力资源专员培训入手，通过完善人力资源部门设置、提高人力资源专员的能力，提高企业所有员工的能力。

在人力资源部门设置中，该企业将人力资源部门的设置从按照职能模块设置转变为人力资源三支柱模型，这 3 个支柱分别为事务中心、专家中心与人力资源业务伙伴中心。事务中心的人力资源专员需要借助计算机技术提高人力资源管理相关事务的处理速度，专家中心的从业人员需要提高专业度，人力资源业务伙伴中心的从业者需要拓宽知识面和丰富工作经历。

该企业人力资源部门的人力资源专员共有 7 名。其中，A 为大学本科学历，专业是行政管理，主要负责公司现有人力资源信息系统的维护，希望继续从事与信息系统维护相关的工作；B 是大学本科毕业生，专业是计算机，辅修人力资源管理专业，主要负责人力资源规划，希望继续从事人力资源规划类工作；C 为人力资源管理专业本科毕业生，负责招聘，希望继续从事招聘工作；D 为心理学硕士生，本科专业是人力资源管理，负责绩效管理，希望继续从事员工激励管理类工作；E 为人力资源管理专业本科毕业生，辅修市场营销，负责培训工作，希望从事与销售有关的工作；F 为人力资源管理硕士生，本科专业是统计学，负责薪酬管理，希望从事和数据收集与分析相关的工作；G 为法律硕士，本科专业是物流管理，负责企业的劳动关系管理，希望能在从事劳动关系管理的同时从事与库存管理相关的工作。

T 公司根据人力资源部从业人员需求分析、相关岗位需求分析与组织需求分析结果，对上述 7 名员工展开培训。

四、实验步骤

（一）准备阶段

老师讲解实验内容、实验要求与实验报告考核方法。

（二）实验阶段

学生阅读实验内容，结合相关知识点与问题，根据实验要求撰写实验报告初稿。

（三）归纳总结阶段

学生陈述实验报告，其他学生与老师点评，老师总结。

（四）修改完善阶段

学生根据归纳总结阶段的意见修改和完善实验报告。

五、实验课时

1~2 课时，根据课程总体课时确定具体课时。

六、实验报告考核方法

实验报告成绩分为 5 个等级：优秀、良好、中等、及格与不及格。不同等级的评价标准如下。

（一）优秀的评价标准

第一，在规定时间内完成实验。第二，逻辑非常清晰，实验报告内容与案例 4-3 的内容和要求及培训实施相关知识点高度一致。第三，内容非常完整，实验报告包括了两种非常合理的培训方法与非常充分的选择理由说明。第四，语言表达非常准确、专业。第五，排版非常规范、简洁、美观。

（二）良好的评价标准

第一，在规定时间内完成实验。第二，逻辑清晰，实验报告内容与案例 4-3 的内容和要求及培训实施相关知识点高度匹配。第三，内容完整，实验报告包括了两种合理的培训方法与充分的选择理由说明。第四，语言表达准确、专业。第五，排版规范、简洁、美观。

（三）中等的评价标准

第一，在规定时间内完成实验。第二，逻辑比较清晰，实验报告内容与案例 4-3 的内容和要求及培训实施相关知识点较为匹配。第三，内容比较完整，实验报告包括了两种较为合理的培训方法与较为充分的选择理由说明。第四，语言表达比较准确、专业。第五，排版比较规范、简洁、美观。

（四）及格的评价标准

第一，基本能在规定时间内完成实验。第二，从整体来看，逻辑比较清晰，但局部存在瑕疵，实验报告内容与案例 4-3 的内容和要求及培训实施相关知识点的匹配度尚可。第三，内容基本完整，实验报告包括了两种培训方法及其选择理由说明。第四，部分语言表达不够准确和专业。第五，排版的规范度和美观度尚可。

（五）不及格的评价标准

第一，未能在规定时间内完成实验。第二，从整体来看，逻辑不清晰，实验报告内容与案例 4-3 的内容和要求及培训实施相关知识点不匹配。第三，从内容来看，实验报告未能包括本实验内容的主体。第四，从整体来看，语言表达不够准确和专业。第五，排版较为凌乱。

七、习题

（1）请根据培训方法的自身特点与技术类岗位的特点，为技术类岗位任职者培训选择合适的培训方法。

（2）请根据培训方法的自身特点与管理类岗位的特点，为管理类岗位任职者培训选择合适的培训方法。

八、常用工具

在培训实施中，部分培训方法重点关注相关制度的设定，如师徒制；部分培训方法关注培训内容，如课堂讲授；部分培训方法关注培训组织，如管理游戏、拓展训练法。而相关培训制度、培训内容、培训方法等又因组织的不同而千差万别，但均服务于组织目标的实现与员工成长的需要，且具体可行。本书仅展示一个管理游戏的组织安排。

模拟绩效反馈面谈游戏的组织安排示例

一、游戏目的
提高受训者的绩效反馈沟通技巧。
二、游戏步骤
1. 受训者自由组合分组。要求：2人一组。
2. 组内模拟面谈。2人中，1人扮演上级主管，1人扮演绩效考核不合格的员工，上级就员工的绩效考核结果进行反馈。10分钟后，互换角色。
3. 培训者反馈与受训者练习。培训者根据受训者表现对受训者进行综合评价，重点指出绩效反馈沟通中的不足，以及解决不足的建议，并指导受训者按照新的建议进行练习。

第四节　员工培训评估

一、实验目的

（1）理解员工培训评估的内容。
（2）掌握员工培训的柯氏培训评估模型。
（3）知晓员工培训评估的步骤。

二、知识要点

(一) 培训评估的内容

培训评估是对培训组织与培训效果的评价,故包括培训组织评估与培训效果评估。其中,培训组织评估包括对培训师资、培训内容、培训方法、培训时间安排、培训地点安排等的评价,培训效果评估是评价受训者对培训内容的掌握程度。一般以培训效果评估为重点,但培训组织评估可增强培训效果。

(二) 常用的培训评估模型——柯氏培训评估模型

在培训评估中,常用柯式培训评估模型进行评估。该模型由威斯康星大学教授唐纳德·L. 柯克帕特里克在1959年提出,是目前广泛应用的培训评估工具。该模型的具体内容见表4-5。

表4-5 柯氏培训评估模型

层次	名称	评估重点	方法/指标	评估主体	评估时间
第一层次	反应层面	受训者对培训活动的整体性主观感受	问卷调查、访谈法、观察法	培训主管机构	培训进行中、刚刚结束时
第二层次	知识层面	受训者真正理解和吸收的基本原理、事实与技能	测试、问卷调查、现场模拟、座谈会	培训主管机构	培训结束后
第三层次	行为层面	受训者接受培训后行为习惯是否有所改变,改变与培训活动的相关性	绩效考核、观察法、访谈法	培训主管机构、受训者上级主管、同事、下属、直接客户	培训结束后3个月或下一个绩效考核期
第四层次	结果层面	组织的绩效改进情况,分析绩效变化与企业培训活动之间的相关性	投资回报率、员工绩效、员工流动率等	培训主管机构、受训者上级主管、财务部门等	下一个绩效考核期或一年后

(三) 员工培训评估的步骤

员工培训评估包括以下5个步骤。

1. 明确培训目标

培训目标在培训需求分析之后已确定,在培训评估中应再次明确培训目标,该培训目标是部分培训评估指标的标准。

2. 确定培训评估指标体系、评估方法、评估主体与评估时间

员工培训评估虽然是员工培训的最后一个阶段,但员工培训评估的指标体系、评估主体、评估时间需要事先确定,最好在培训计划中明确。培训评估指标体系包括评估指标和评估标准两个方面,评估指标见表4-5,评估标准可根据培训目标、人力资源素质现状分析确定。不同评估指标的评估方法不同,具体见表4-5。评估主体与评估时间见表4-5。

3. 收集培训实施中与培训实施后的相关数据

根据评估指标涉及的内容，在培训实施中及培训实施后的一定时间内收集相关数据。

4. 明晰评估结果

根据评估指标体系与收集的数据，计算相关指标，与评估标准对比，给出评估结果。

5. 形成评估报告

根据评估结果形成评估报告，为完善员工培训提供建议。培训评估报告一般包括培训实施简介、培训评估设计、培训评估指标结果、培训评估指标结果分析等内容。其中，培训实施简介可从培训计划的"6W1H"展开；培训评估设计包括选择的指标、指标含义或公式、标准、指标数据来源、评估主体、评估时间等；培训评估指标结果是根据培训实施结果与培训评估设计，计算各个培训指标结果；培训评估指标结果分析是归纳总结培训的优劣势并提出改进建议。

三、实验内容与实验要求

（一）实验内容

请结合案例4-4，为该公司人力资源部人力资源专业培训设计培训评估指标体系，并指出各个指标的评估主体与评估时间。

（二）实验要求

（1）按照柯氏培训评估模型设计培训评估指标，并给出该指标的计算公式（如有）或具体含义，使该指标具有可行性。

（2）培训评估指标标准根据培训需求分析结果确定。

案例4-4　T公司人力资源专员的培训评估分析

T公司是一家集研发、生产与销售为一体的大型生产企业，该企业力争用5年左右的时间成长为行业头部企业。该企业财力雄厚，已经建立了企业大学，但主要竞争对手的研发与生产实力不容小觑，自身产品面临的消费者需求不断变化。在此背景下，该企业决定首先从人力资源部门和人力资源专员培训入手，通过完善人力资源部门设置、提高人员资源专员的能力，提高企业所有员工的能力。

在人力资源部门设置中，该企业将人力资源部门的设置从按照职能模块设置转变为人力资源三支柱模型，这3个支柱分别是事务中心、专家中心与人力资源业务伙伴中心。事务中心的人力资源专员需要借助计算机技术提高人力资源管理相关事务的处理速度，专家中心的从业人员需要提高专业度，人力资源业务伙伴中心的从业者需要拓宽知识面和丰富工作经历。

该企业人力资源部门的人力资源专员共有 7 名。其中，A 为大学本科学历，专业是行政管理，主要负责公司现有人力资源信息系统的维护，希望继续从事与信息系统维护相关的工作；B 是大学本科毕业生，专业是计算机，辅修人力资源管理专业，主要负责人力资源规划，希望继续从事人力资源规划类工作；C 为人力资源管理专业本科毕业生，负责招聘，希望继续从事招聘工作；D 为心理学硕士生，本科专业是人力资源管理，负责绩效管理，希望继续从事员工激励管理类工作；E 为人力资源管理专业本科毕业生，辅修市场营销，负责培训工作，希望从事与销售有关的工作；F 为人力资源管理硕士生，本科专业是统计学，负责薪酬管理，希望从事与数据收集及分析相关的工作；G 为法律硕士，本科专业是物流管理，负责企业的劳动关系管理，希望在从事劳动关系管理的同时，能从事与库存管理相关的工作。

T 公司根据人力资源部从业人员需求分析、相关岗位需求分析与组织需求分析结果，对上述 7 名员工实施培训。培训已经结束 1 年，人力资源部的上述 7 名员工即将迎来培训后的第一次绩效考核。

四、实验步骤

（一）准备阶段

老师讲解实验内容、实验要求与实验报告考核方法。

（二）实验阶段

学生阅读实验内容，结合相关知识点与问题，根据实验要求撰写实验报告初稿。

（三）归纳总结阶段

学生陈述实验报告，其他学生与老师点评，老师总结。

（四）修改完善阶段

学生根据归纳总结阶段的意见修改和完善实验报告。

五、实验课时

1~2 课时，根据课程总体课时确定具体课时。

六、实验报告考核方法

实验报告成绩分为 5 个等级：优秀、良好、中等、及格与不及格。不同等级的评价标准如下：

（一）优秀的评价标准

第一，在规定时间内完成实验。第二，逻辑非常清晰，实验报告内容与案例

4-4 的内容和要求及培训评估相关知识点高度一致。第三，内容非常完整，设计的指标非常清晰，标准十分合理。第四，语言表达非常准确、专业。第五，排版非常规范、简洁、美观。

（二）良好的评价标准

第一，在规定时间内完成实验。第二，逻辑清晰，实验报告内容与案例 4-4 的内容和要求及培训评估相关知识点高度匹配。第三，内容完整，设计的指标清晰，标准合理。第四，语言表达准确、专业。第五，排版规范、简洁、美观。

（三）中等的评价标准

第一，在规定时间内完成实验。第二，逻辑比较清晰，实验报告内容与案例 4-4 的内容和要求及培训评估相关知识点较为匹配。第三，内容比较完整，设计的指标比较清晰，标准比较合理。第四，语言表达比较准确、专业。第五，排版比较规范、简洁、美观。

（四）及格的评价标准

第一，基本能在规定时间内完成实验。第二，从整体来看，逻辑比较清晰，但局部存在瑕疵，实验报告内容与案例 4-4 的内容和要求及培训评估相关知识点的匹配度尚可。第三，内容基本完整，大部分指标较为清晰，大部分标准较为合理。第四，部分语言表达不够准确和专业。第五，排版的规范度和美观度尚可。

（五）不及格的评价标准

第一，未能在规定时间内完成实验。第二，从整体来看，逻辑不清晰，报告内容与案例 4-4 的内容和要求及培训评估相关知识点不匹配。第三，从内容来看，实验报告未能包括本实验内容的主体。第四，从整体来看，语言表达不够准确和专业。第五，排版较为凌乱。

七、习题

培训评估模型除常用的柯氏培训评估模型外，还有其他分层或分段模型。请自行查阅资料，介绍除柯氏培训评估模型外的两种培训评估模型，包括模型名称、提出者、评估指标或评估内容。

八、常用工具

培训评估将形成培训评估报告。这里根据常用培训评估报告的结构，提供如下示例。

某公司培训评估报告示例

为提升公司培训项目效果、改善公司培训组织结构，特对公司上一年度的培训展开评估,形成本培训评估报告。

一、上一年度培训实施简介

从培训计划的"6W1H"展开,简明扼要。具体内容略。

二、培训评估设计

说明培训评估如何实施,可采用表4-6的示例。

表4-6 某公司培训评估设计

指标名称	含义或公式	标准(如有)	数据来源	评估主体	评估时间
A					
B					
……					

三、培训评估指标结果

根据培训评估设计与培训实施汇总收集的数据,计算各个指标的数值。具体内容略。

四、培训评估指标结果分析

培训评估指标结果分析包括3个部分:培训的成功之处、不足之处及针对不足的改进建议。将各个指标的数值与培训目标对比,给出评估结论,并将评估结论分类:结果高于或等于标准的指标,归入培训的成功之处;结果低于标准的指标,归入培训的不足之处;最后,为弥补不足之处提供建议。具体内容略。

第五章 绩效管理

本章学习目标

1. 掌握绩效管理的流程。
2. 理解制订绩效管理计划的思路。
3. 掌握绩效评估指标体系的设计。
4. 理解绩效辅导的意义,熟悉绩效辅导的具体做法。
5. 掌握绩效评价方法的种类及其实施。
6. 掌握绩效面谈的常用模式。
7. 知晓绩效结果的运用领域。

绩效管理不仅可以体现组织战略,还可以通过员工激励、员工能力发展与人员配置等途径实现组织战略,是人力资源管理的核心。

第一节 绩效管理的流程

一、实验目的

(1) 理解绩效管理的含义。
(2) 掌握绩效管理的流程。

二、知识要点

(一) 绩效管理的含义

绩效管理的含义与绩效的内涵密切相关,从对象来看,绩效包括组织绩效、部门绩效与员工绩效。本书主要关注员工绩效,在绩效管理中,亦关注员工绩效管理。

员工绩效是员工在工作过程中表现出来的、与组织目标相关并且能够被评价的工作结果与工作行为。绩效管理则是指制定绩效目标并收集与绩效有关的信息，定期对员工的绩效目标完成情况做出评价和反馈，以改善员工工作绩效并最终提高组织整体绩效的制度化过程。因此，绩效管理在本质上是目标管理，是一个确保员工工作结果、工作行为与组织目标一致的过程。

(二) 绩效管理的流程

根据绩效管理的定义，绩效管理的流程可采用质量管理领域的 PDCA 循环。"P""D""C""A" 4 个字母分别代表计划（plan）、实施（do）、检查（check）、行动（act），在绩效管理中，"P""D""C""A" 4 个字母分别指绩效计划、绩效实施、绩效评价、绩效反馈与结果运用，四者形成一个封闭的循环，具体如图 5-1 所示。

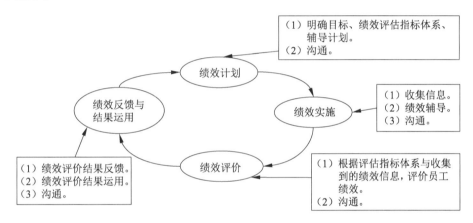

图 5-1　绩效管理流程示意图

关于绩效管理的流程，需要特别注意以下两点。一是绩效管理的流程是一个封闭的循环，绩效计划经过绩效辅导与绩效评价部分得以实现，未实现部分将成为下一个绩效管理周期的目标，从而形成一个循环。二是绩效管理的每一个阶段都必须借助沟通，不同绩效管理阶段的沟通内容不同。在绩效计划阶段，沟通的主要内容是绩效评价指标体系与行动计划；在绩效实施阶段，沟通的主要内容是绩效目标的阶段性达成情况与绩效改善；在绩效评价阶段，沟通的主要内容是绩效评价的方法；在绩效反馈与结果运用阶段，沟通的主要内容是绩效评价结果和绩效评价结果的具体运用。

三、实验内容与实验要求

(一) 实验内容

结合绩效管理流程的相关知识点，为案例 5-1 设计绩效管理流程。

（二）实验要求

绩效管理流程完整。

案例 5-1　HL 酒店的绩效管理流程设计

HL 酒店是 N 县的一家老牌四星级酒店，集餐饮、住宿、会议、婚礼、休闲娱乐于一体。近年来，N 县新开了多家四星级酒店，数量众多的酒店加剧了酒店业的竞争。在此背景下，HL 酒店制定的新战略是：向客人提供一流的服务，并与其他同行区别开来，通过提高管理水平与服务质量吸引更多新客人，同时留住老顾客，力争 3 年内成为 N 县最具竞争力的酒店。

酒店管理层认识到现有的注重工作数量的绩效管理难以支持新战略的实现，必须进行绩效管理变革，而进行绩效管理变革面临的首要问题是设计绩效管理流程。

四、实验步骤

（一）准备阶段

老师讲解实验内容、实验要求与实验报告考核方法。

（二）实验阶段

学生阅读实验内容，结合相关知识点与问题，根据实验要求撰写实验报告初稿。

（三）归纳总结阶段

学生陈述实验报告，其他学生与老师点评，老师总结。

（四）修改完善阶段

学生根据归纳总结阶段的意见修改和完善实验报告。

五、实验课时

1~2 课时，根据课程总体课时确定具体课时。

六、实验报告考核方法

实验报告成绩分为 5 个等级：优秀、良好、中等、及格与不及格。不同等级的评价标准如下。

（一）优秀的评价标准

第一，在规定时间内完成实验。第二，逻辑非常清晰，实验报告内容与案例 5-1 的内容和要求及绩效管理流程相关知识点高度一致。第三，内容非常完整，实验报告包括了绩效管理的所有流程，且非常具体明确。第四，语言表达非常准确、专业。第五，排版非常规范、简洁、美观。

(二) 良好的评价标准

第一，在规定时间内完成实验。第二，逻辑清晰，实验报告内容与案例 5-1 的内容和要求及绩效管理流程相关知识点高度匹配。第三，内容完整，实验报告包括了绩效管理的所有流程，且具体明确。第四，语言表达准确、专业。第五，排版规范、简洁、美观。

(三) 中等的评价标准

第一，在规定时间内完成实验。第二，逻辑比较清晰，实验报告内容与案例 5-1 的内容和要求及绩效管理流程相关知识点较为匹配。第三，内容比较完整，实验报告包括了绩效管理的主要流程，且比较具体明确。第四，语言表达比较准确、专业。第五，排版比较规范、简洁、美观。

(四) 及格的评价标准

第一，基本能在规定时间内完成实验。第二，从整体来看，逻辑比较清晰，但局部存在瑕疵，实验报告内容与案例 5-1 的内容和要求及绩效管理流程相关知识点的匹配度尚可。第三，内容基本完整，实验报告包括了绩效管理的大部分流程，且较为具体明确。第四，部分语言表达不够准确和专业。第五，排版的规范度和美观度尚可。

(五) 不及格的评价标准

第一，未能在规定时间内完成实验。第二，从整体来看，逻辑不清晰，报告内容与案例 5-1 的内容和要求及绩效管理流程相关知识点不匹配。第三，从内容来看，实验报告未能包括本实验内容的主体。第四，从整体来看，语言表达不够准确和专业。第五，排版较为凌乱。

第二节　绩效计划

一、实验目的

(1) 理解绩效计划的含义与内容。
(2) 掌握绩效计划制订的步骤。
(3) 掌握绩效评价指标体系的构建。

二、知识要点

(一) 绩效计划的含义与内容

1. 绩效计划的含义

绩效计划是员工与管理者共同确定绩效管理目标与绩效管理目标实现过程的书面协议。

2. 绩效计划的内容

根据绩效计划的含义，绩效计划主要包括以下内容。

（1）绩效管理目标。绩效管理目标是在该绩效管理周期结束后，组织、部门与员工个体的绩效应该达到的结果。

（2）绩效评价对象、绩效评价周期与绩效评价主体。评价对象根据绩效管理目标确定，一般而言，组织的所有正式员工都会纳入绩效管理，但不同岗位员工的绩效评价指标体系存在差异。因此，应在确定绩效评价指标体系之前确定绩效评价对象，从而为绩效评价指标体系的设计奠定基础。

绩效评估周期由工作结果达成周期、企业主营业务性质等因素决定，常见周期包括 1 个月、1 个季度、半年与 1 年。

评价主体一般由熟悉被评价者工作的人员担任，常为直接上级，此外，通常还包括同事、下属、客户等。当下绩效评价主体正由传统的单一评价者（直接上级）转向通行的多评价者，一般而言，可从直接上级、同事、下属、自我、客户中选择合适的评价主体。

（3）绩效评价指标体系。绩效评价指标体系一般包括绩效指标、绩效标准与绩效权重。绩效评价指标体系是绩效计划中的重点与难点。

（4）绩效管理目标实现行动计划。根据绩效管理目标、绩效评价指标体系与员工已有绩效评价等级等因素，确定员工达成绩效管理目标实现行动计划。绩效管理目标实现行动计划主要用于绩效辅导，此外，还可用于绩效评价、绩效反馈。因此，绩效管理目标实现行动计划不仅包括组织拟为被评价岗位提供的各种支持，还包括拟定绩效信息收集的方式方法。

(二) 制订绩效计划的步骤

制订绩效计划主要包括以下 5 个步骤。

1. 准备阶段

准备阶段以收集相关信息为主。明确绩效管理目标、制定绩效评价指标体系、提出实现绩效目标的行动计划，应以收集相关信息为基础，主要收集如下信息。

（1）关于组织战略的信息。组织目标指引着绩效评价指标体系的构建，因此，在绩效计划制订之初，应收集关于组织战略的信息，具体包括组织长期目标、中期目标与短期目标，以及组织经营计划。

（2）关于部门或团队的信息。主要包括部门或团队的主要目标、主要职责。

（3）关于员工的信息。主要包括员工所在岗位的工作说明书、员工以前的绩效评价结果。

2. 初拟阶段

初拟阶段以初步确定绩效管理目标、绩效评价指标体系、绩效管理目标实现行动计划为主。人力资源部相关人员、被评价岗位的上级岗位任职者等结合收集到的相关信息，在确定绩效管理目标后，初步确定被评价岗位的绩效评价指标、绩效评价标准、绩效权重等，并为不同岗位的任职者实现绩效目标初拟行动计划。

3. 沟通阶段

沟通阶段以管理者与被评价岗位任职者共同讨论初拟绩效计划为主。初拟绩效计划后，需要相关管理人员与被评价岗位任职者共同讨论，在绩效管理目标、绩效评价指标体系与绩效管理目标实现行动计划等方面达成共识。

4. 确认阶段

确认阶段以按照沟通结果修改初拟绩效计划为主，并由管理者与被评价岗位任职者共同确认绩效计划。沟通后，被评价岗位任职者与管理者再就绩效管理中的关键事项进行确认，如绩效考核指标是否体现组织与部门目标、是否体现工作岗位特性，管理方与员工方对绩效指标与标准的理解是否一致，等等。

5. 编写阶段

编写阶段以形成最终绩效计划为主。将双方达成一致意见的绩效管理目标、绩效评价指标体系与绩效管理目标实现行动计划形成最终的绩效计划，并将最终绩效计划交由管理人员与被评价岗位任职者签字确认。

（三）绩效管理目标的确定

1. 绩效管理目标的含义

绩效管理目标是组织、部门与个体在一个绩效管理周期结束时在不同绩效评价维度应达到的结果。

2. 绩效管理目标的类型

根据绩效周期的长短，绩效管理目标可分为短期绩效管理目标、中期绩效管理目标与长期绩效管理目标。

3. 确定绩效管理目标应考虑的因素

确定绩效管理目标主要应考虑以下3个因素：一是组织目标。通过将组织目标分解，形成部门目标，部门再将目标进行分解，形成员工个人目标。通过组织目标分解形成的绩效目标有利于促进组织战略的实现，被视为战略性绩效目标。二是岗位职责。通过岗位职责形成的绩效目标能维持组织正常运转,被视为一般绩效目标。三是绩效管理应用领域。绩效管理应用领域不同,绩效管理关注的重点也就不同。如果重点运用在员工绩效能力改善领域,绩效管理关注的重点就是员工的能力;如果重点运用在奖金领域,则重点关注员工绩效的结果与行为。

4. 确定绩效管理目标的一般步骤

确定绩效管理目标的一般步骤如下:首先,由高层领导确定组织战略并据此制定组织的绩效管理目标。其次,高层领导与部门领导根据组织战略目标确定部门绩效管理目标。最后,部门管理者与员工根据组织绩效管理目标、部门绩效管理目标,确定员工个人绩效管理目标。

5. 绩效管理目标的相似性、差异性与动态性

由确定绩效管理目标应考虑的因素和步骤可知,最终确定的绩效管理目标在同类岗位与同级岗位中具有相似性,在不同职类、不同职级与不同员工之间具有差异性。例如,财务部门更多关注差错率,生产部门更多关注产量与次品率;一线员工更多关注行为,高级员工更多关注结果。此外,绩效管理目标在不同绩效评价周期应具有动态性。

(四) 绩效评价指标体系的构建

在通过绩效管理目标指出被评价者在绩效管理中应达到的结果后,还要将其转换为绩效评价指标体系。完整的绩效评价指标体系包括绩效评价指标、绩效评价指标权重与绩效评价标准。

1. 明确绩效评价指标

(1) 绩效评价指标的定义与类型。绩效评价指标是指绩效评价项目,即从哪些方面评价被评价者。在评价指标体系中,评价指标既包括指标名称,也包括指标定义。

分类标准不同,绩效评价指标的类型不同。根据评价内容,绩效评价指标可分为工作业绩评价指标与工作态度评价指标,其中,工作业绩评价指标表现为工作数量指标、工作质量指标、工作效率指标与成本费用指标;绩效评价指标根据是否借助统计数据,分为借助统计数据的硬指标与借助主观评价的软指标;根据理论研究与实证研究的常用方式,绩效评价指标可分为特质绩效评价指标、行为绩效评价指标与结果绩效评价指标;亦可根据平衡记分卡对绩效评价指标进行分类。

(2) 绩效评价指标应符合的原则。绩效评价指标应符合 SMART 原则,具体如下:第一,绩效评价指标应具体 (specific)。第二,绩效评价指标应可衡量 (measurable)。第三,绩效评价指标应可实现 (attainable)。第四,绩效评价指标

必须与组织战略、部门目标、岗位职责具有关联性（relevant）。第五，绩效评价指标应有时限性（time-bound）。需要注意的是，在确定绩效目标与绩效标准的过程中，同样也强调SMART原则。

（3）确定绩效评价指标的思路。确定绩效评价指标的思路有以下3种。第一种，根据SMART原则从各级绩效管理目标中选择绩效评价指标，并对其进行命名和解释。这是常用的一种思路，将绩效目标分解为不同维度，每个维度是一个绩效评价指标。例如，对于销售部经理，其绩效目标是完成某地区的货款回收，则可将其分解为货款回收率与货款回收周期。第二种，根据绩效评价指标类型，结合组织特性与岗位特性选择绩效评价指标，再结合具体情境给出指标名称与指标定义。例如，常用的绩效评价指标类型是特质绩效评价指标、行为绩效评价指标与结果绩效评价指标，对销售类员工，可以以结果绩效评价指标为主，如销售量、销售毛利率、货款回收周期等；对人力资源类员工，可更多采用行为评价指标，如工作积极程度、对其他部门的支持程度等；对管培生，可更多采用特质绩效评价指标，如沟通能力变化幅度等。第三种，对工作内容呈现明显阶段性特征的岗位，可根据工作流程确定绩效评价指标。

（4）提取绩效评价指标的具体方法。确定绩效评价指标的思路为绩效评价指标确定了方向，提取绩效评价指标的具体方法则指明了获取绩效评价指标信息的途径。其常用方法包括工作分析法、个案研究法、经验总结法、专题访谈法、问卷调查法等5种方法。

工作分析法是通过岗位职责、工作关系、工作环境、任职资格获取绩效评价指标信息。个案研究法是通过对特定岗位任职者的工作环境、工作行为、工作结果等的分析获取绩效评价指标信息。经验总结法是归纳总结以前绩效评价指标的优劣，获取绩效评价指标信息。专题访谈法是通过熟悉被评价岗位的个体访谈的方式，获取绩效评价指标信息。问卷调查法是借助问卷获取绩效评价指标信息。专题访谈法与问卷调查法中的问题可以根据绩效的定义，从工作行为、工作结果及影响绩效的因素如能力、知识、技能等方面展开。

（5）常用的绩效评价指标确定工具。在确定绩效评价指标时，可以借鉴已经成熟的绩效管理工具，如平衡记分卡法、关键绩效指标法、目标与关键结果法等。平衡记分卡法主要从财务、客户、内部运营、学习与成长等4个方面确定绩效评价指标，在不同企业、不同部门与不同岗位中，上述4个方面的具体指标不尽相同。例如，对财务部经理而言，财务类的一个绩效评价指标可能是流动比率（流动资产与流动负债的比率），而对人力资源部经理而言，财务类的一个绩效评价指标可能是部门费用预算达成率（部门实际费用与预算费用的比率）。关键绩效指标法是选取对组织目标有重大影响的指标，以鱼骨图的方式将指标层层分解，形成组织、部门与员工个人的绩效评价指标。目标与关键结果法最早由在1987—1998年担任英特尔CEO的安迪·格鲁夫采用，后被引入谷歌，2013年后逐渐风靡全球。目标与关键结果法的步骤是设定目标，为每个目标设定关键结果（3~5个），根据进展定期回顾，将实际结果与当初设定的关键结果对比，不断改进和优化行动。目标与关键结果法中的关键结果可为绩效评价指标的确定提供启发。

2. 确定绩效评价指标权重

（1）绩效评价指标权重的含义。绩效评价指标权重是指不同绩效评价指标的相对重要程度，常用百分比表示。

（2）绩效评价指标权重确定的方法。主要有主观经验法、等级序列法、对偶加权法、倍数加权法、权值因子判断法、层次分析法等。

第一，主观经验法。主观经验法是由对被评价岗位熟悉的人员，根据自身经验与对各个绩效指标的认识，分配不同绩效指标的权重。也可由多人组成专家委员会，采用成员的平均值作为最终权重。

第二，等级序列法。这种方法按照评价指标的重要性大小排序以确定权重。步骤如下：

首先，按照评价指标的重要性大小排序。

其次，计算 P 值，公式如下：

$$P = (\sum FR - 0.5N) / nN$$

公式中，P——某评价指标的频率；R——某指标的等级；F——对某指标给予某一等级的评价者的数量；N——评价者数量；n——评价指标数量。

再次，将 P 值转为 Z 值（查阅标准正态分布表）。

最后，计算权重（ω_i 为权重），公式如下：

$$\omega_i = Z_i / \sum_{i=1}^{i=n} Z_i$$

第三，对偶加权法。对偶加权法是将所有要加权的指标两两配对进行比较，根据其重要程度赋分，相比较而言更重要的指标赋分，然后加总每个指标的得分，根据指标得分生成指标重要性程度排序，其后的步骤同等级序列法。

第四，倍数加权法。将最不重要的指标赋值为1，其他指标与最不重要的指标比较，得出重要性的倍数，再归一化处理，即将指标的倍数除以所有指标倍数和，得到权重。

第五，权值因子判断法。首先，将绩效评价指标两两对比，按照以下规则赋分：当A与B相比时，非常重要，4分；比较重要，3分；同等重要，2分；不太重要，1分；很不重要，0分，一般组合是4-0、3-1、2-2。其次，计算每个指标得分。最后，用某个指标得分除以所有指标得分总和，即权重。

第六，层次分析法。层次分析法是美国匹兹堡大学教授萨泰于20世纪70年代提出的一种系统分析方法。该方法的基本流程如下：首先，将拟解决的问题形成一个递阶的、有序的层次结构模型；其次，根据咨询专家的判断确定模型中每一层次因素的相对重要性，构造判断矩阵；再次，采用幂法或和积法或方根法计算每一层次全部因素相对重要性次序的权重，并进行一致性检验；最后，通过综合计算各层次因素相对重要性的权值，得到方案层相对于目标层的相对重要性次序的组合权值，并进行层次总排序的一致性检验，以此作为评价和选择方案的依据。

3. 确定绩效评价标准

（1）绩效评价标准的含义与构成。第一，绩效评价标准的含义。绩效评价标准是绩效评价指标的水平差异或程度差异。第二，绩效评价标准的构成。由绩效评价标准的定义可知，绩效评价标准由等级标志与等级定义构成，等级标志是不同等级定义对应的绩效评价等级，等级定义是绩效评价指标的水平差异或程度差异。

绩效评价等级即等级标志，应是连续的。在形式上，可以以等级标志呈现，如优、良、中、差，SA、SB、SC、SD，1级、2级、3级，等等；也可以以数量式等级呈现，如可将销售人员年度销售额增长率设5个等级，每个等级的对应分值为0、3、6、10、15。建议采用数量式等级，以利于后续各个指标的加总。当然，采用等级标志，后续也可以按照一定规则进行加权，得出员工最终绩效等级，只要在绩效计划中说明等级标志的转换规则即可。

等级定义可以是描述性的标准，通过文字描述不同等级之间的差异。例如，在评价沟通能力时常用描述性标准，如1级是不善交流，难以准确表达自己的观点。也可以是数值性标准，通过区间数值（如80万—100万）或具体数值（10%）描述不同等级的差异。例如，在评价销售人员绩效时，可采用销售收入增长指标，1级是实现0%以下的增长。

（2）确定绩效评价标准的步骤。第一，确定描述性绩效评价标准的步骤。先对不同绩效水平的员工工作行为进行长期连续的观察和记录，分析、整理资料，提炼关键行为，将其分为不同等级。然后将行为等级与被评价者进行沟通，最终双方达成一致，形成绩效评价标准。第二，确定量化绩效评价标准的步骤。一般而言，从内部来看，可以以组织战略为出发点，对比现状与战略，确定二者差距，将二者差距分解到不同的战略主题与不同层级的不同岗位，初步确定员工评价绩效标准，根据历史数据进行调整，管理者与被评价者通过沟通，双方共同确定绩效评价标准。从外部来看，可以参照外部标杆制定，但在与被评价者沟通时，管理者应该告知外部标杆数据的来源与水平、组织所做的调整及调整的依据，最终仍然需要管理者与被评价者沟通，共同确定绩效评价标准。

在呈现绩效评价指标体系时，绩效评价指标主要体现为指标名称与指标定义，绩效评价标准主要体现为等级标志与等级定义。此外，还可包括评价主体、评价周期与数据来源，如表5-1所示。

表5-1 绩效评价指标体系

被评价对象基本信息

岗位名称 <u>销售员</u>　所属部门 <u>销售部</u>　任职者 <u>张洋</u>

指标名称	指标定义	指标权重/%	评价标准		评价主体	评价周期	数据来源
			基本标准	卓越标准			
销售成本	实际与预算销售成本的差额	10	差额在5%以内	差额在1%以内	销售主管	1年	销售部与财务部
……	……	……	……	……	……	……	……

当然，评价标准可以是如表5-1的二分法，也可以是等级式或数值式。

（五）绩效管理目标实现行动计划的制订

1. 绩效管理目标实现行动计划的含义与意义

绩效管理目标实现行动计划是确定被评价者实现绩效管理目标的行动指南，是组织应该提供的支持。该计划不仅可为绩效管理的辅导提供直接指导，还有助于提高绩效目标达成的可能性，提升被评价者的能力。

2. 确定绩效管理目标实现行动计划的一般思路

首先，明确绩效目标与现有绩效之间的差距。其次，分析缩小差距的路径。最后，将缩小差距的路径转换为行动计划。例如，对某组织的招聘主管而言，在总成本战略下，招聘主管的绩效目标之一是将招聘成本降低10%，降低招聘成本的路径包括减少招募费用、减少甄选费用、减少录用费用等，其中，减少甄选费用这一路径需要的行动计划可以是信息技术部与人力资源部共同开发信度和效度较高的网络甄选技术。

3. 制订绩效管理目标实现行动计划注意事项

（1）与被评价者充分沟通。绩效目标主要依靠被评价者实现，因此，在制订行动计划的过程中，应与被评价者充分沟通，明确绩效目标实现过程中的难点。

（2）行动计划应具体可行。多种行动可实现同一个目的，在选择行动计划时，应充分考虑组织能够提供的资源支持，使提出的行动计划具体可行。

三、实验内容与实验要求

（一）实验内容

请运用绩效计划的相关知识点分析案例 5-2，完成以下实验内容：

（1）请以前台接待员 A 为例，根据组织战略列出该岗位的职责与绩效管理目标。

（2）请为该岗位设计一套绩效评价指标体系，并以表格形式呈现。

（3）请为该岗位制订绩效管理目标实现行动计划。

（二）实验要求

（1）职责、绩效目标与组织战略密切关联。

（2）绩效评价指标体系内容完整，指标与组织战略、岗位职责匹配。

（3）绩效管理目标实现行动计划具体可行。

案例 5-2 HL 酒店前台接待员的绩效计划制订

HL 酒店是 N 县的一家老牌四星级酒店，集餐饮、住宿、会议、婚礼、休闲娱乐于一体。近年来，N 县新开了多家四星级酒店，数量众多的酒店加剧了酒店业的竞争。在此背景下，HL 酒店制定的新战略是：向客人提供一流的服务，并与其他同行区别开来，通过提高管理水平与服务质量吸引更多新客人，同时留住老顾客，力争 3 年内成为 N 县最具竞争力的酒店。

酒店管理层认识到现有的注重工作数量的绩效管理难以支持新战略的实现，必须进行绩效管理变革。在绩效管理变革中，HL 酒店以酒店战略为核心，结合岗位工作说明书，为岗位任职者确定绩效评价指标体系，并结合员工需求与偏好，制订绩效目标实现行动计划。

在现有战略下，前台接待员作为为顾客提供服务的前端岗位，对实现战略具有重要作用。前台接待员 A 是酒店管理专业本科毕业生，入职 HL 酒店 1 年，能快速而准确地办理入住手续或退房手续，但与顾客、与同事的沟通技巧欠缺，识别顾客潜在需求的能力有待提高。A 的职业生涯规划是从前台接待员到前厅主管，再到部门经理。

为实现酒店战略和员工的职业生涯目标，HL 酒店需要对前台接待员制订绩效计划。

四、实验步骤

（一）准备阶段

老师讲解实验内容、实验要求与实验报告考核方法。

（二）实验阶段

学生阅读实验内容，结合相关知识点与问题，根据实验要求撰写实验报告初稿。

（三）归纳总结阶段

学生陈述实验报告，其他学生与老师点评，老师总结。

（四）修改完善阶段

学生根据归纳总结阶段的意见修改和完善实验报告。

五、实验课时

2~3 课时，根据课程总体课时确定具体课时。

六、实验报告考核方法

实验报告成绩分为 5 个等级：优秀、良好、中等、及格与不及格。不同等级的评价标准如下。

（一）优秀的评价标准

第一，在规定时间内完成实验。第二，逻辑非常清晰，实验报告内容与案例 5-2 的内容和要求及绩效计划相关知识点高度一致。第三，内容非常完整，实验报告包括了职责、绩效管理目标、绩效评价指标体系与行动计划，且前述内容非常具体、明确、可行。第四，语言表达非常准确、专业。第五，排版非常规范、简洁、美观。

（二）良好的评价标准

第一，在规定时间内完成实验。第二，逻辑清晰，实验报告内容与案例 5-2 的内容和要求及绩效计划相关知识点高度匹配。第三，内容完整，实验报告包括了职责、绩效管理目标、绩效评价指标体系与行动计划，且前述内容具体、明确、可行。第四，语言表达准确、专业。第五，排版规范、简洁、美观。

（三）中等的评价标准

第一，在规定时间内完成实验。第二，逻辑比较清晰，实验报告内容与案例 5-2 的内容和要求及绩效计划相关知识点较为匹配。第三，内容比较完整，实验报告包括了职责、绩效管理目标、绩效评价指标体系与行动计划中的主要内容，且前述内容较为具体、明确、可行。第四，语言表达比较准确、专业。第五，排版比较规范、简洁、美观。

（四）及格的评价标准

第一，基本能在规定时间内完成实验。第二，从整体来看，逻辑比较清晰，但局部存在瑕疵，实验报告内容与案例 5-2 的内容和要求及绩效计划相关知识点的匹配度尚可。第三，内容基本完整，实验报告包括了职责、绩效管理目标、绩效评价指标体系与行动计划的大部分内容，且前述内容较为具体、明确、可行。第四，部分语言表达不够准确和专业。第五，排版的规范度和美观度尚可。

（五）不及格的评价标准

第一，未能在规定时间内完成实验。第二，从整体来看，逻辑不清晰，实验报告内容与案例5-2的内容和要求及绩效计划相关知识点不匹配。第三，从内容来看，实验报告未能包括本实验内容的主体。第四，从整体来看，语言表达不够准确和专业。第五，排版较为凌乱。

七、习题

1. 请举例说明绩效计划的内容。
2. 请举例说明绩效评价指标体系的构建过程。

八、常用工具——基于战略地图与平衡计分卡的绩效评价指标体系构建

绩效计划中的重点和难点是绩效评价指标体系的构建。其构建的一般思路是明确战略、分解战略、确定绩效目标、确定绩效评价指标与权重、确定绩效评价标准，确定绩效评价指标与权重、确定绩效评价标准均以实现组织战略为目标。将组织战略与绩效评价指标体系完美结合的是战略地图与平衡计分卡。

战略地图是在平衡计分卡的基础上发展而来的，其鲜明特色有以下3个方面。第一，平衡计分卡的4个维度下面设有众多要素；第二，强调动态性；第三，强调4个维度之间的因果关系：企业通过运用人力资本、信息资本和组织资本等无形资产（学习与成长），助力组织的运营管理流程、客户管理流程、创新流程及法规和社会流程（内部流程），使公司把特定价值带给市场（客户），从而实现股东价值（财务）。

本书以PC集团为例，说明基于战略地图与平衡计分卡的绩效评价指标体系构建思路。

第一步，明确集团战略。PC集团的使命是"您与孩子旅途中的家"，核心价值观是"客户至上，创造美好体验与回忆"，愿景是"到2030年，成为中国高端亲子酒店品牌"。

第二步，明确平衡计分卡中每一个维度的绩效目标。以财务为例，其绩效目标是增加收入（F1）、优化收入结构（F2）、降低运营成本（F3）、提高资产利用率（F4）、有效管控财务风险（F5）、持续提升利润（F6）。

第三步，根据每个维度的绩效目标确定绩效指标。以增加收入（F1）为例，其对应指标可以是收入增长率。

第四步，采用绩效指标权重确定方法，确定不同指标的权重。

第五步，根据战略与已有数据，确定绩效标准。最终构建的绩效指标体系见表 5-2。

表 5-2 PC 集团基于战略地图和平衡计分卡的绩效指标体系

平衡计分卡维度	绩效目标	绩效评价指标	绩目标值
财务	F1：增加收入	F1-1：收入增长率	略
	F2：优化收入结构	略	略
	F3：降低运营成本	略	略
	F4：提高资产利用率	略	略
	F5：有效管控财务风险	略	略
	F6：持续提升利润	略	略
客户	略	略	略
内部业务流程	略	略	略
学习与成长	略	略	略

在表 5-2 中，作为绩效评价指标体系，还需根据一定的方法确定绩效评价指标的权重。目标值作为绩效标准，可以是一个数值，也可以将绩效标准设计为目标值与卓越值，还可以设计为等级式或数值式。此外，还可以在表 5-2 中加入评价主体、评价周期、数据来源等信息。

第三节 绩效实施

一、实验目的

（1）明确绩效实施的含义与内容。
（2）掌握绩效信息收集的流程与方法。
（3）明确绩效辅导的流程。

二、知识要点

（一）绩效实施的含义与内容

1. 绩效实施的含义

绩效实施是绩效管理过程中持续时间最长的一个环节，是对绩效管理的过程控制。具体而言，绩效实施是指在绩效计划的指导下，管理者与被评价者借助持续沟通收集绩效信息，明确绩效管理目标实现进展，管理者与组织根据阶段性绩效管理目标实现情况，为被评价者提供工作指导与工作支持，以促进绩效管理目标最终实现的过程。

2. 绩效实施的内容

从绩效实施的含义来看，绩效实施包括绩效沟通、绩效信息收集与绩效辅导等内容。绩效沟通贯穿绩效实施的全过程，沟通内容主要包括绩效管理目标达成情况、绩效信息与绩效辅导，所以不单列。因此，绩效实施的内容主要是绩效信息收集与绩效辅导。

(二) 绩效信息收集的流程与方法

1. 绩效信息收集的流程

绩效信息收集是根据绩效计划，通过各种渠道采集相关信息的过程。具体而言，绩效信息收集包括以下流程。

(1) 回顾绩效计划。绩效计划中的绩效评价指标体系、行动计划为绩效信息收集明确了方向，因此，绩效信息收集的第一步是管理者与相关人员回顾绩效计划。

(2) 明确绩效信息来源。知晓被评价者绩效信息的主体均可成为信息来源，绩效信息来源的主体也是评价者。一般而言，绩效信息来源主要有3个，分别是被评价者、被评价者的直接上级与其他相关群体，如被评价者的同事、客户等。当信息来源主体众多，如客户较多时，应确定抽样方法，一般采用分层抽样法抽取信息提供者。

(3) 确定绩效信息收集周期。针对结果型绩效指标，绩效信息收集周期一般与绩效实现周期一致，如流水线工人，其绩效信息收集周期一般是每个工作日；针对招聘主管，招聘成本控制在招聘结束后即可收集绩效信息；针对行为型绩效指标及行动计划，可按周或按月收集绩效信息。

(4) 制定结构化的绩效信息收集工具。结构化的绩效信息收集工具强调同类信息收集格式的统一性，避免收集信息随意或者不完整。可按照绩效计划、绩效信息来源等设计绩效信息收集工具，如工作记录表或工作日志、客户满意度调查表等。

(5) 记录并回收绩效信息。绩效信息来源需要借助结构化的绩效信息收集工具，在确定的绩效信息收集周期内，由信息来源者记录相关信息，并由绩效专员或其他主体回收绩效信息。

(6) 整理绩效信息。整理绩效信息主要包括汇总和分类。不同来源主体的信息共同汇总在管理者处，管理者根据绩效评价指标与绩效管理目标实现行动计划这两大类别将信息进行分类,在绩效评价指标中,如果有二级指标、三级指标,则继续分类,将收集到的绩效信息整理到相应指标中。

2. 收集绩效信息的方法

收集绩效信息的方法主要是指记录绩效信息的方法,常用以下4种方法。

(1) 工作记录法。工作记录法是对结果型绩效指标、行为型绩效指标,按照结构化的工具如工作日志表、生产日报表等,由相关人员填写原始记录单,并按照绩效信息收集周期进行整理的方法。

(2) 书面报告法。书面报告法是由被评价者采取书面形式,向管理者反映自身在绩效信息收集周期内相关内容的方法。书面报告法的实质是被评价者的自我总结。如果组织采用书面报告法,同样需要设计书面报告的内容提纲。

(3) 调查法。调查法是采用问卷、访谈提纲或观察提纲,从相关主体处获得绩效信息的方法。其中,问卷或访谈不仅可用于内部的评价主体,还可用于外部的相关主体;观察则更多用于被评价者的直接上级。

(4) 关键事件法。关键事件法是相关主体在绩效信息收集周期内,对特别成功事件或重大失误事件,按照STAR法则记录绩效信息的方法。STAR法则要求从以下4个方面记录关键事件:情境(situation),即事件发生时的情境;目标(target),即为什么要做这件事;行动(action),即当时采取的具体行动;结果(result),即采取的行动所获得的结果。

在绩效信息收集的实施过程中,最好多种方法共用,以提高信息的准确性和全面性。此外,上述绩效信息收集方法均为正式方法,也可采用非正式方法,如非正式的访谈、走动式观察等。但非正式方法是补充性方法,而非主要方法。

(三) 绩效辅导的内涵与流程

1. 绩效辅导的内涵

绩效辅导是管理者在分析绩效信息的基础上与被评价者充分沟通,帮助被评价者解决或扫除实现绩效管理目标过程中的问题或障碍,并提供持续激励的过程。

2. 绩效辅导的流程

根据绩效辅导的内涵,实施绩效辅导的流程如下。

(1) 明确差距并探析原因。管理者根据已经整理的绩效信息和绩效计划,明确主要绩效指标的实现程度与行动计划的实施进程,结合该岗位绩效与行动计划的发展趋势,明确绩效指标、行动计划等在一个绩效信息收集周期内与预期的差距。再从被评价者自身、被评价者直接上级、绩效计划设计、组织资源支持、外部环境等多个方面分析差距产生的原因。在明确差距并探析原因的过程中,也可能发现绩效评价指标体系存在的问题,可修正绩效评价指标体系。

(2) 提供指导、培训或资源支持。指导、培训和资源支持是绩效辅导的主要形式。根据差距产生的原因，管理者为被评价者提供指导、培训或资源支持，以缩小进程与预期的差距。

（3）持续关注，帮助提高行动效果。管理者应关注指导、培训或资源支持的实施效果，如果能有效缩小进程与预期的差距，则可继续实施；如果不能缩小进程与预期的差距，则应改变帮助方式，直至进程与预期的差距缩小。

三、实验内容与实验要求

（一）实验内容

请运用绩效实施相关知识分析案例5-3，完成以下实验内容：

（1）请根据前台接待员岗位的工作职责与绩效评价指标体系，为被评价者A设计一份客户满意度调查表。

（2）请运用关键事件记录法，描述该岗位遇到的特别成功事件与重大失误事件各一件。

（3）请为被评价者A选择合适的绩效辅导形式，并就该辅导形式的具体开展加以说明。

（二）实验要求

（1）客户满意度调查表的内容与岗位职责、绩效评价指标体系匹配。

（2）关键事件记录法规范、完整，且与岗位特性、组织特性匹配。

（3）绩效辅导形式合理、具体可行。

案例5-3 HL酒店前台接待员的绩效实施

HL酒店是N县的一家老牌四星级酒店，集餐饮、住宿、会议、婚礼、休闲娱乐于一体。近年来，N县新开了多家四星级酒店，数量众多的酒店加剧了酒店业的竞争。在此背景下，HL酒店制定的新战略是：向客人提供一流的服务，并与其他同行区别开来，通过提高管理水平与服务质量吸引更多新客人，同时留住老顾客，力争3年内成为N县最具竞争力的酒店。

在现有战略下，前台接待员作为为顾客提供服务的前端岗位，对实现战略具有重要作用。前台接待员A是酒店管理本科毕业生，入职HL酒店1年，能快速而准确地办理入住手续或退房手续，但与顾客、与同事的沟通技巧欠缺，识别顾客潜在需求的能力有待提高。A的职业生涯规划是从前台接待员到前厅主管，再到部门经理。

为实现集团战略和员工的职业生涯目标，BL集团对前台接待员制订了绩效计划，并按照绩效计划展开绩效实施。BL集团对前台接待员的绩效评价周期是1个月，绩效信息收集周期为1周，主要采用客户满意度调查收集绩效信息。根据第一周收集的信息可知：A 在办理入住手续或退房手续时仍然保持了快速和准确的特点，但在顾客咨询、解答顾客疑问或处理顾客投诉方面的改善与预期进程相比较为缓慢。

四、实验步骤

（一）准备阶段

老师讲解实验内容、实验要求与实验报告考核方法。

（二）实验阶段

学生阅读实验内容，结合相关知识点与问题，根据实验要求撰写实验报告初稿。

（三）归纳总结阶段

学生陈述实验报告，其他学生与老师点评，老师总结。

（四）修改完善阶段

学生根据归纳总结阶段的意见修改和完善实验报告。

五、实验课时

1~2 课时，根据课程总体课时确定具体课时。

六、实验报告考核方法

实验报告成绩分为 5 个等级：优秀、良好、中等、及格与不及格。不同等级的评价标准如下。

（一）优秀的评价标准

第一，在规定时间内完成实验。第二，逻辑非常清晰，实验报告内容与案例 5-3 的内容和要求及绩效实施相关知识点高度一致。第三，内容非常完整，客户满意度调查表、关键事件记录的内容非常完整，绩效辅导形式非常具体明确且可行。第四，语言表达非常准确、专业。第五，排版非常规范、简洁、美观。

（二）良好的评价标准

第一，在规定时间内完成实验。第二，逻辑清晰，实验报告内容与案例 5-3 的内容和要求及绩效实施相关知识点高度匹配。第三，内容完整，客户满意度调查表、关键事件记录的内容完整，绩效辅导形式具体明确且可行。第四，语言表达准确、专业。第五，排版规范、简洁、美观。

（三）中等的评价标准

第一，在规定时间内完成实验。第二，逻辑比较清晰，实验报告内容与案例 5-3 的内容和要求及绩效实施相关知识点较为匹配。第三，内容比较完整，客户满意度调查表、关键事件记录的内容比较完整，绩效辅导形式比较具体明确且可行。第四，语言表达比较准确、专业。第五，排版比较规范、简洁、美观。

（四）及格的评价标准

第一，基本能在规定时间内完成实验。第二，从整体来看，逻辑比较清晰，但局部存在瑕疵，实验报告内容与案例5-3的内容和要求及绩效实施相关知识点的匹配度尚可。第三，内容基本完整，实验报告包括了客户满意度调查表、关键事件记录大部分内容，绩效辅导形式比较具体明确且可行。第四，部分语言表达不够准确和专业。第五，排版的规范度和美观度尚可。

（五）不及格的评价标准

第一，未能在规定时间内完成实验。第二，从整体来看，逻辑不清晰，实验报告内容与案例5-3的内容和要求及绩效实施相关知识点不匹配。第三，从内容来看，实验报告未能包括本实验内容的主体。第四，从整体来看，语言表达不够准确和专业。第五，排版较为凌乱。

七、习题

（1）请举例说明绩效信息收集的步骤。
（2）请举例说明绩效辅导的步骤。

八、常用工具——绩效信息收集工具

在收集绩效信息的过程中，为提高信息收集的规范性、全面性、与绩效计划的匹配性，需要根据绩效计划设计结构化的绩效信息收集工具。常见的绩效信息收集工具有客户满意度调查表、工作日志表、生产日报表等。

（一）客户满意度调查表示例

客户满意度调查表主要包括封面信和主体两大部分，其中，封面信主要包括调查组织者信息、调查目的、调查信息保密、真挚的感谢与填写说明，主体主要按照绩效评价指标体系设计。

某网络销售平台在线客服的客户满意度调查

尊敬的客户：

您好！

我们是某网络销售平台公司，感谢您对本公司的信赖！为进一步提高您的购物体验，特进行本次满意度调查。调查信息仅用于提高本公司的在线客服服务质量，请您放心填写。非常感谢您的支持！

填写说明：请在符合您实际情况的选项前打√。

1. 您的性别　□男　　□女
2. 您的年龄段　□18岁及以下　□19—45岁　□46—60岁　□61岁及以上
3. 您是否使用过在线客服　□是　□否（如选择"否"，请从第5题开始）
4. 您在使用在线客服的过程中，对下列选项（表5-3）的满意度分别是：（请在对应的满意度下打√）

表 5-3　客户满意度调查表

调查内容	满意度				
	非常不满意	不满意	一般	满意	非常满意
响应时长					
问题理解的准确性					
回复的有用性					
回复措辞					

5. 您认为，为提供优质服务，在线客户应该（可从做什么与如何做提建议）：

（1）_____；

（2）_____；

（3）_____。

再次感谢您的支持！

某公司
年　月　日

（二）工作日志表示例

工作日志表一般包括填写说明与填写内容两个方面，其中，填写内容包括被评价者详细记录自己在一定工作周期内的工作内容、工作负荷、工作结果、消耗的时间等。

某公司办公室文员工作日志表

填写说明：

1. 请您在每天工作时间之前准备好该工作日志表（表5-4）。
2. 请以工作时间为顺序记录。
3. 请及时记录，勿一天工作结束后记录。
4. 请真实记录，以免损害您的利益。
5. 请妥善保管，防止遗失。

非常感谢您的支持！

表 5-4　工作日志表

任职者姓名：_____　开始时间：_____　结束时间：_____

序号	活动名称	活动内容	活动结果	时间消耗	备注

填写人签名：_____

（三）生产日报表示例

生产日报表包括员工层面、班组或车间层面、组织层面，主要载明生产数量、生产质量、生产效率等信息。示例见表 5-5。

表 5-5　某企业车间员工生产日报表

车间名称：_____　　　记录日期：____年____月____日

员工姓名	工作时间/时	生产数量/件	次品数量/件	次品率/‰	生产效率/（件/时）
张某某	8	240	1	4.17	30
……	……	……	……	……	……

记录人签名：_____

第四节　绩效评价

一、实验目的

（1）理解绩效评价的内涵。
（2）掌握常用绩效评价方法与选择方法。
（3）理解评价误差并掌握减弱评价误差的途径。

二、知识要点

（一）绩效评价的内涵

绩效评价属于绩效管理的核心环节，是评价者在绩效周期结束时根据绩效评价指标体系，借助收集到的绩效信息，采用特定方法对员工、部门或团队、组织的绩效目标实现情况进行评价的过程。本书重点讲解员工绩效评价。

由绩效评价的内涵可知，绩效评价包括评价者（或评价主体）、评价周期、绩效评价指标体系、绩效信息收集、评价方法等内容。在前述内容中，仅有评价方法未涉及，因此，本节重点讲解绩效评价方法。此外，在绩效评价过程中，由于评价主体易产生偏差，因此，本节还会涉及评价误差的相关内容。

绩效评价方法的选择是绩效评价的重点和难点，突破该重点和难点需要依靠以下两个知识点：绩效评价方法的类型与影响绩效评价方法选择的因素。

（二）绩效评价方法的类型

按照绩效评价时比照的标准，可将绩效评价方法分为相对评价方法和绝对评价方法。此外，还有一种比较特殊的绩效评价方法，即描述法，该方法又被称为事实记录法，其作用是为其他绩效评价方法提供事实依据，以减少评价误差。上述3类方法中，绝对评价方法使用最为广泛。

绩效评价方法的具体分类见表5-6。

表5-6 绩效评价方法分类

绩效评价方法类别	绩效评价方法的具体分类
比较法（相对评价）	排序法
	配对比较法
	标准人物比较法
量表法（绝对评价）	图尺度量表法
	等级择一法
	行为锚定量表法
	混合标准量表法
	行为对照表法
	行为观察量表法
描述法	态度记录法
	工作业绩记录法
	指导记录法
	关键事件法

资料来源：方振邦. 战略性绩效管理［M］. 4版. 北京：中国人民大学出版社，2014：255.

1. 比较法

比较法作为一种相对评价法，是通过被评价者之间的比较确定绩效评价结果的方法。包括以下3种方法。

（1）排序法。排序法包括直接排序法与交替排序法。直接排序法是指评价者以对被评价者工作绩效的整体印象为依据，将所有被评价者的绩效排出顺序。而交替排序法是指评价者根据某些评价要素，先从被评价对象中选出绩效最高者和绩效最低者，再从剩余的被评价对象中选出绩效最高者和绩效最低者，依次类推，以此确定全部被评价者的绩效评价结果。

排序法操作简单，由于不同部门或不同团队难以比较，因此，多用在同一个部门内部或同一个团队内部，但用这种方法进行绩效评价的主观性太强。

(2) 配对比较法。又称对偶比较法、成对比较法。该方法的具体操作步骤是：按照一定的绩效评价指标，将每个被评价对象与其他被评价对象进行比较，若被评价者的绩效高于被比较对象，赋 1 分或其他符号；若被评价者的绩效与被比较对象的绩效一致，赋 0 分；若被评价者的绩效比被比较对象的绩效更低，赋 -1 分；最后，加总被评价对象得分，由此得出绩效排序。

配对比较法如表 5-7 所示，将横行所列对象与纵列所列对象比较，然后按横行加总，得到被评价对象得分，据此进行绩效排序。

表 5-7　配对比较法样表

评价要素：_____
被评价岗位：_____　被评价者：_____　评价者：_____　评价日期①：_____

比较对象	A	B	C	D	合计
A	0	1	0	1	2
B	-1	0	-1	-1	-3
C	0	1	0	1	2
D	-1	1	-1	0	-1

得分结果显示，A、B、C、D 4 位员工的绩效评价排序是 A、C 并列得最高分，其次是 D，得分最低的是 B。

与排序法相比，配对比较法更加合理。但因为需要多次比较，因此适用于被评价者数量较少的情况，否则，易出现逻辑错误。

(3) 标准人物比较法。又称人物比较法。该方法的操作步骤是：先根据一定标准选择一位成员，将其作为标准人物，再将被评价者与之进行对比，从而得出绩效评价结果。例如，在 A、B、C、D 4 位员工中，根据业务技能，以 C 为标准，A 比 C 高，B 与 C 持平，D 低于 C，则这 4 位员工绩效评价结果的排序是 A、B、C、D。

标准人物比较法能有效避免评价主体的宽大化倾向、中心化倾向与严格化倾向，但标准人物的选择有一定的难度。

---

① 被评价岗位、被评价者、评价者、评价日期等基本信息在本节后续表格中基本都会涉及，为节省篇幅，后续相关表格将不再展示前述信息。

2. 量表法

量表法作为绝对评价方法，其总体思路是事先设定好绩效评价指标体系，再按照该评价指标体系对被评价者进行评价。因该方法多采用表格形式呈现评价指标的 4 个要素——指标名称、指标定义、等级标志、等级定义，故又称量表法。常用的量表法包括以下 6 种。

（1）图尺度量表法与等级择一法。图尺度量表法又称图评价尺度法，该方法是运用最简单和运用最为普遍的绩效评价方法。该方法通过图表展示评价指标名称及其定义、等级标志与等级定义（评价尺度）、指标权重，给出得分、事实依据与评语，如表 5-8 所示。

表 5-8　图尺度量表法样表

使用说明：1. S、A、B、C 分别代表优秀、良好、一般与差。
　　　　　2. 最终等级名称及其相应的分值区间如下：优秀，90 分及以上；良好，70~89 分；一般，40~69 分；差，16~39 分。

评价指标与定义	评价尺度	权重/%	得分	事实依据及评语
销售目标达成率：实际销售收入与目标销售收入的比率	S：1.40 及以上，分值区间为 18—20。 A：1.10~1.39，分值区间为 14—17。 B：0.95~1.09 分，值区间为 8—13。 C：0.94 及以下，分值区间为 3—7。	20	19	略
……	……	……	……	略
最终得分：_____ 分　　　最终等级：_____ 评价者签字：_____　　　被评价者签字①				

等级择一法与图尺度量表法的原理一致，区别是等级择一法在评价尺度显示时没有使用图表，而是采用短语形式。

图尺度量表法与等级择一法使用方便，成本低，适用性广。但该方法如果采用模糊的等级定义，其信度与效度将受到较大影响，也不利于后续的绩效反馈与绩效结果应用。

（2）行为锚定量表法。该方法是图尺度量表法与关键事件法的结合，是行为导向型量表法的典型代表。其典型特征是每个绩效等级定义均用行为加以界定。

行为锚定量表法的步骤如下。

第一步，获取关键事件。通过十分熟悉被评价岗位工作内容的人员如任职者、任职者上级的现场记录或已有记录筛选、获取关键事件。一般要求收集过去 6~12 个月内发生的至少 5 个关键事件。

---

① 评价人签字、被评价者签字等基本信息在本节后续表格中基本都会涉及，为节省篇幅，后续相关表格将不再展示前述信息。

第二步，开发绩效维度。从关键事件分析中提取几个（通常为5~10个）绩效维度，即绩效指标，并对其中的每个绩效指标给出定义。在开发绩效维度时，可将熟悉工作内容的人员分为两组，每组独立开发，然后再比较和讨论，直到达成一致结果。

第三步，设定不同维度的等级数量。根据关键事件分析，为每个绩效评价指标确定等级数量与等级定义。等级数量一般为5~9个，等级定义以行为描述的形式呈现。

第四步，运用绩效指标权重确定方法确定绩效指标权重。

第五步，建立行为锚定量表。将通过上述4个步骤获取到的绩效指标、指标定义、等级数量与等级定义、指标权重制成行为锚定量表。

例如，针对宿舍管理员，可由宿舍管理员岗位任职者及其上级在收集关键事件的基础上分析、归纳、提炼关键事件，形成如下绩效评价指标：关心学生、打扫卫生、维护安全，将每个指标分成不同级别，借助行为描述定义绩效等级（表5-9）。

表 5-9 行为锚定量表法样表

被评价岗位：<u>宿舍管理员</u>　　被评价者姓名：_____　评价者：_____　评价日期：_____

指标及其权重	指标定义	等级数量与等级定义	评价结果
关心学生（40%）	认识住宿生，帮助学生解决问题并发现学生的潜在需要	最好：能观察到学生存在困难并主动询问。 较好：学生主动寻求帮助时，积极、尽力提供帮助。 一般：学生主动寻求帮助时，提供力所能及的帮助。 较差：仅认识部分学生，对学生寻求帮助仅予以登记，不提供实质性的帮助。 最差：不认识学生，对学生寻求帮助不予理睬。	略
打扫卫生（30%）	略	略	略
维护安全（30%）	略	略	略

行为锚定量表法具有指标独立性强、指标等级定义具体明确、评价依据性更强、反馈功能佳、被评价者参与程度深等优点，但该方法需要基于不同岗位开发行为锚定量表，成本高，可能与组织战略关系不紧密，且实现最佳效果的行为多种多样，在等级定义中选择代表性行为时存在困难，也可能失之偏颇。在工作绩效以结果为主的岗位中，不适合运用这种评价方法。

（3）混合标准量表法。该方法的突出特点是将每个指标均分为好、中、差3个等级，每个等级均给出一个范例性的行为陈述，打乱排列次序，形成评价量表；

使用该表时,只需要评价者将被评价者的行为表现与每个等级的行为陈述进行比较,做出优于、正适合于或劣于的判断。具体步骤如下。

第一步,确定评价指标。第二步,将每个评价指标分为好、中、差3个等级,对每个等级均给出一个范例性的行为描述。第三步,确定指标权重。第四步,将所有指标的所有等级打乱次序重新排列,形成混合标准评价量表。第五步,评价者使用该量表评价被评价者。评价时,评价者将被评价者的行为表现与每个等级的行为陈述进行比较,做出优于(+)、正适合于(0)或劣于(-)的判断。第六步,计分,根据该方法给出的不同组合计分标准统计每个维度的得分,乘以其权重,即为绩效总分。(表5-10)

表5-10 混合标准量表法计分标准

高	中	低	得分
+	+	+	7
0	+	+	6
-	+	+	5
-	0	+	4
-	-	+	3
-	-	0	2
-	-	-	1

例如,某组织在绩效评价时选取的绩效评价指标工作积极性、学习能力、人际关系,三者权重分别为40%、20%、40%,给出各个指标各个等级的行为范例,将其打乱排列,形成仅由打乱次序的行为范例组成的评价表,如表5-11所示。

表5-11 混合标准量表法评价举例

请将被评价者的行为与每项陈述进行比较,高于陈述水平,填"+";与陈述水平相当,填"0";低于陈述水平,填"-"。

绩效评价指标	等级	行为范例	判断
工作积极性	高	工作一贯积极主动,从来不需要上级督促	+
学习能力	中	虽然不是天才,但学习速度较快	+
人际关系	低	与别人发生不必要的冲突	0
工作积极性	中	工作通常积极主动,但有时需要上级督促完成工作	+
学习能力	低	学习新东西的时间比其他人长,但还是具有一般的智力水平	+

续表

绩效评价指标	等级	行为范例	判断
人际关系	高	与每个人的关系都不错,即使与别人意见相左,也能与别人友好相处	−
工作积极性	低	坐等上级指挥	+
学习能力	高	学东西速度很快	0
人际关系	中	与大多数人相处较好,偶尔会与他人在工作上发生冲突	−

评价者使用该评价表时,左边两列(绩效评价指标与绩效等级标志)不展示,仅展示右边两列。评价者完成评价后,由人力资源管理人员根据计分标准和评价者评价统计得分。以上例为例,计分如表 5-12 所示。

表 5-12 混合标准量表法计分举例

绩效评价指标	等级			得分
	高	中	低	
工作积极性	+	+	+	7
学习能力	0	+	+	6
人际关系	−	−	0	2
最终得分		4.8	(7×0.4+6×0.2+2×0.4)	

混合标准量表法的优点包括:第一,打乱排列次序,可在一定程度上减少宽大化倾向等主观误差。第二,因同一评价指标的 3 个等级具有程度差异,可验证评价者的评价是否符合逻辑。其不足是评价结束后,需要按照一定规则计分,不能直接得出绩效评价分数。

(4)综合尺度量表法。综合尺度量表法,顾名思义,是在等级定义中采用行为与结果相结合的方式。例如,在评价协作性时,将其分为 5 个级别,最差级别的定义可以是"根本不与其他部门进行沟通和协调,部门本位主义倾向明显,在工作中经常与其他部门发生冲突,导致公司总体工作陷入僵局",其中,"导致公司总体工作陷入僵局"是结果,其他是行为。

该方法既能引导员工行为,又能直接控制结果。但因因果关系的复杂性,该量表设计难度大、成本高。如上例中,导致公司总体工作陷入僵局的原因有很多,如此归因不一定能得到被评价者的认可,反而降低了绩效评价的可接受性。

(5)行为对照表法。行为对照表法又称普洛夫斯特法。运用该方法进行绩效评价时,应先建立基于行为的评价量表,该量表主要由评价项目即行为描述和项目计分构成。评价者在评价被评价者时,先要将被评价者的实际工作行为与量表中的行为描述进行对照，勾选出符合被评价者的行为描述，然后将勾选项的计分加总，即为被评价者的绩效评价得分。如表 5-13 所示，项目计分栏在评价实施中不显示。

表 5-13　行为对照表法举例

使用说明：请将被评价者的行为表现与下列评价项目比较，如符合该评价项目，请在评价栏对应的方框内打√。

评价项目	评价	项目计分
评价	评价项目	项目计分
☑	怠慢	-2
□	敏捷主动	1
……	……	……

行为对照表法评价简单，执行成本小，不易因晕轮效应等造成评价者误差，有利于进行行为引导。但该方法要求行为全面而又不失战略性，设计难度大。

（6）行为观察量表法。该方法也使用行为描述来定义绩效指标，不同的是，该方法将行为出现频率作为绩效等级区分标准，据此形成绩效评价量表；评价者在使用该量表时，根据被评价者的相应行为出现频率进行评价。行为观察量表法的举例如表 5-14 所示。

表 5-14　行为观察量表法举例

评价项目：工作可靠性

填写说明：请根据被评价者的表现，在相应陈述的相应频率下打√。

评价项目	几乎没有	偶尔	一般	经常	总是
工作完成时间符合截止时限要求					
必要时愿意加班加点					
……					

该方法因为考虑了行为出现频率，更加符合现实，因此，可接受性强，使用简便，但开发成本高。

3. 描述法

描述法的实质是绩效信息记录和个体纵向评价。绩效信息记录可为绩效评价提供支撑材料，是上述各种评价方法的必要补充，可提高绩效评价的客观性。作为个体纵向评价工具，可评价被评价者在不同绩效评价周期的变化，有助于被评价者的职业生涯管理。

描述法主要包括态度记录法、工作业绩记录法、指导记录法和关键事件法。关键事件法即关键事件记录法，在前面的绩效实施中已经提及；态度记录法、工作业绩记录法与指导记录法作为记录方法，组织可根据使用目的自行设计，总体要求是使用简单、能收集重要信息、信息呈现简洁等。

在描述法中，可采用电子化绩效监控，即借助网络技术，通过电子化手段自动记录和保存绩效信息。电子化绩效监控提高了信息记录的及时性和准确性，也增加了记录信息的数量，但可能增加员工压力，必须在员工知情、同意且不侵犯员工隐私的情况下实施。

4. 绩效评价方法比较

不同绩效评价方法的内容不同，其优缺点和适用范围等也存在差异。在使用频率较高的描述法、排序法、等级择一法、行为锚定量表法中，从使用成本来看，因排序法使用流程简单，前期准备工作量较小，因此，排序法的使用成本较低。从避免评价错误、绩效奖励、员工开发与发展来看，行为锚定量表法更有优势。因为行为锚定量表法以行为为绩效评价的依据，较为客观，有助于减少评价错误，并为绩效奖励提供客观依据同时，以行为为评价依据也有利于明确培训内容和目标，为员工的潜能开发和发展奠定基础。

（三）影响绩效评价方法选择的因素

绩效评价方法多种多样，在使用过程中，一般会同时选择多种类型的绩效评价方法，如量表法与描述法的组合、比较法与描述法的组合等。选择绩效评价方法时应考虑以下因素。

1. 绩效指标特性

如果绩效指标特性更强调结果，应以结果导向型的绩效评价方法为主，设置反映结果的绩效指标；如果绩效指标特性更强调行为，则采用行为导向型绩效评价方法，如行为锚定量表法；如果各项指标均强调，则应采用综合性绩效评价方法，如综合尺度量表法等。

2. 绩效信息的可获得性

绩效评价以绩效信息为基础，因此，在选择绩效评价方法时还应考虑绩效信息的可获得性。例如，对大学老师教学质量的评价，因教学质量的显现滞后于教学活动，且难以将不同老师的教学贡献区分开，因此，直接评价大学老师的教学质量时，考虑到绩效信息的可获得性，采用行为导向型的绩效评价方法更为可行。

3. 绩效评价结果的应用领域

绩效评价结果可用于工作分析、人力资源规划、招聘、培训、职业生涯管理、薪酬管理等。不同领域由于关注的重点不同，对绩效评价方法也会有不同的要求。

例如，如果主要用于人员晋升，则排序法，尤其是配对比较法比较有效；如果主要用于薪酬管理，则结果导向型的方法比较有效；如果主要用于培训，则宜更多关注行为导向型的方法。

4. 评价方法的成本

评价方法的成本包括开发成本和使用成本。其中，开发成本主要是开发难度、开发时间长度，使用成本主要是使用过程中对评价者培训的成本，以及评价者与被评价者之间的沟通成本。评价方法越简单便利，培训成本和沟通成本就会越低。在其他情况相同的条件下，评价成本越低越好。

（四）绩效评价主体误差及其减弱途径

1. 绩效评价主体误差的常见类型

在绩效评价中，由于评价主体的主观原因和人类信息处理缺陷的存在，评价结果与真实绩效之间会存在差异，产生绩效评价主体误差。常见的绩效评价主体误差包括以下方面。

（1）首因效应。首因效应是指绩效评价主体主要根据被评价者在绩效评价周期初期的绩效表现进行评价。

（2）近因效应。近因效应是指绩效评价主体主要根据被评价者在绩效评价周期末期的绩效表现进行评价。

（3）刻板印象。绩效评价中的刻板印象又被称为评价者个人偏见，是指评价者对被评价者的绩效判断受到被评价者所属群体特征的影响，且评价者对具备该类特征的个体存在偏见。可能影响绩效评价的个人特征包括性别、年龄、民族、国籍、职业、所属组织、宗教信仰、地域等。

（4）晕轮效应。晕轮效应也被称为光环效应，是指评价主体根据被评价者的某一突出特征评价其整体绩效。

（5）逻辑误差。逻辑误差是指评价者错误理解不同评价指标的关系，进而做出偏离真实的评价。例如，部分评价者认为社交能力与谈判能力密切相关，如果对某评价对象的社交能力给予较强的评价，则也给予该评价对象谈判能力较强的评价。实际上，社交能力与谈判能力可能存在较大差异。

（6）宽大化倾向。宽大化倾向是最常见的评价误差，是指评价者对被评价者做出高于其实际绩效的绩效评价结果。

（7）严格化倾向。严格化倾向与宽大化倾向相反，是指评价者对被评价者做出低于其实际绩效的绩效评价结果。

（8）中心化倾向。中心化倾向是指评价者对所有被评价者做出相似的绩效评价。

（9）溢出效应。溢出效应是指评价者根据被评价者在绩效评价周期之外的绩效失误，降低被评价者在本绩效评价周期的绩效评价结果。

2. 减弱绩效评价主体误差的途径

绩效评价主体误差源于评价动机和人类信息处理缺陷，虽然不可避免，但可以通过干预减弱误差，具体方法如下。

（1）清晰定义绩效评价指标和绩效指标等级。清晰定义评价指标和绩效指标等级，可让评价者清楚不同评价指标与不同绩效指标等级的区别，做出更符合真实情况的评价。

（2）合理选择评价者。评价者应该是十分了解被评价岗位及被评价岗位任职者的个体。

（3）在可能的情况下，应选择多位评价者组成评价委员会。当符合标准的评价者数量较多时，可以选择多位评价者，取评价者的平均值作为评价结果。

（4）培训评价者。通过讲授、模拟等手段，向评价者清晰阐述评价的目的、绩效评价指标体系、绩效评价方法与程序、常见问题的处理等。

（5）及时记录并保存绩效信息。及时记录并保存绩效信息可为绩效评价提供强有力的事实支撑。

（6）建立绩效评价结果复核制度和绩效评价结果申诉渠道。复核制度和申诉渠道既为被评价者提供了对绩效评价表示不满、通过申诉纠正偏差的渠道，也给了评价者一定的压力，警示评价者必须客观公正地评价被评价者的绩效表现，以减弱绩效评价主体误差。

三、实验内容与实验要求

（一）实验内容

请运用绩效评价的相关知识点分析案例 5-4，完成以下实验内容：

（1）请为前台接待员 A 选择绩效评价主体。
（2）请为前台接待员 A 选择绩效评价方法。
（3）请说明绩效评价方法的实施。

（二）实验要求

（1）说明绩效评价主体选择与绩效评价方法选择的依据。
（2）请在比较法、量表法和描述法等绩效评价方法中各选择至少 1 种方法，具体实施包括实施程序与在不同方法中采用的绩效评价表格，实施程序完整合理，绩效评价表格内容完整、形式简洁。

案例 5-4 HL 酒店前台接待员的绩效评价

HL 酒店是 N 县的一家老牌四星级酒店，集餐饮、住宿、会议、婚礼、休闲娱乐于一体。近年来，N县新开了多家四星级酒店，数量众多的酒店加剧了酒店业的竞争。在此背景下，HL酒店制定的新战略是：向客人提供一流的服务，并与其他同行区别开来，通过提高管理水平与服务质量吸引更多新客人，同时留住老顾客，力争3年内成为N县最具竞争力的酒店。

在现有战略下，前台接待员作为为顾客提供服务的前端岗位，，对实现战略具有重要作用。前台接待员A是酒店管理本科毕业生，入职HL酒店1年，能快速而准确地办理入住手续或退房手续，但与顾客、与同事的沟通技巧欠缺，识别顾客潜在需求的能力有待提高。A的职业生涯规划是从前台接待员到前厅主管，再到部门经理。

为实现集团战略和员工的职业生涯目标，BL集团对前台接待员制订了绩效计划，并按照绩效计划展开绩效实施，现在进入绩效评价阶段。HL酒店将对包括A在内的所有前台接待员展开绩效评价。

四、实验步骤

（一）准备阶段

老师讲解实验内容、实验要求与实验报告考核方法。

（二）实验阶段

学生阅读实验内容，结合相关知识点与问题，根据实验要求撰写实验报告初稿。

（三）归纳总结阶段

学生陈述实验报告，其他学生与老师点评，老师总结。

（四）修改完善阶段

学生根据归纳总结阶段的意见修改和完善实验报告。

五、实验课时

3~4课时，根据课程总体课时确定具体课时。

六、实验报告考核方法

实验报告成绩分为5个等级：优秀、良好、中等、及格与不及格。不同等级的评价标准如下。

（一）优秀的评价标准

第一，在规定时间内完成实验。第二，逻辑非常清晰，实验报告内容与案例5-4的内容和要求及绩效评价相关知识点高度一致。第三，内容非常完整，绩效评价主体与绩效评价方法的选择非常合理，绩效评价方法的实施非常具体明确且可行。第四，语言表达非常准确、专业。第五，排版非常规范、简洁、美观。

（二）良好的评价标准

第一，在规定时间内完成实验。第二，逻辑清晰，实验报告内容与案例 5-4 的内容和要求及绩效评价相关知识点高度匹配。第三，内容完整，绩效评价主体与绩效评价方法的选择合理，绩效评价方法的实施具体明确且可行。第四，语言表达准确、专业。第五，排版规范、简洁、美观。

（三）中等的评价标准

第一，在规定时间内完成实验。第二，逻辑比较清晰，实验报告内容与案例 5-4 的内容和要求及绩效评价相关知识点较为匹配。第三，内容比较完整，绩效评价主体与绩效评价方法的选择比较合理，绩效评价方法的实施比较具体明确且可行。第四，语言表达比较准确、专业。第五，排版比较规范、简洁、美观。

（四）及格的评价标准

第一，基本能在规定时间内完成实验。第二，从整体来看，逻辑比较清晰，但局部存在瑕疵，实验报告内容与案例 5-4 的内容和要求及绩效评价相关知识点的匹配度尚可。第三，内容基本完整，绩效评价主体与绩效评价方法的选择基本合理，绩效评价方法的实施较为具体明确且可行。第四，部分语言表达不够准确和专业。第五，排版的规范度和美观度尚可。

（五）不及格的评价标准

第一，未能在规定时间内完成实验。第二，从整体来看，逻辑不清晰，实验报告内容与案例 5-4 的内容和要求及绩效评价相关知识点不匹配。第三，从内容来看，实验报告未能包括本实验内容的主体。第四，从整体来看，语言表达不够准确和专业。第五，排版较为凌乱。

七、习题

（1）请根据绩效评价的含义，分析绩效评价的步骤。
（2）请分析影响绩效评价方法选择的因素。
（3）归纳总结绩效评价主体误差的类型与弱化途径。

八、常用工具——绩效评价表格设计

在绩效评价过程中，不管采用何种绩效评价方法，均要借助表格简洁呈现绩效评价方法。绩效评价表格一般包括 3 个部分：第一部分，评价者与被评价者的基本信息，如评价者姓名、职位，被评价者所在岗位、部门、姓名等。第二部分，使用说明，即指导评价者如何使用绩效评价表格。第三部分，绩效评价表格主体。

在不同绩效评价方法中，绩效评价表格的主体不同。一般包括绩效评价指标名称及其定义、绩效评价指标权重、绩效评价标准等级标志及其等级定义。

比较法和量表法的绩效评价表格设计可参照本节"绩效评价方法的类型"中的相关内容，描述法的表格设计可参照上一节"收集绩效信息的方法"中的相关内容。

第五节　绩效评价结果的反馈与应用

一、实验目的

（1）掌握绩效面谈的过程与技巧。
（2）知晓绩效评价结果的应用领域。

二、知识要点

（一）绩效评价结果反馈

1. 绩效评价结果反馈的内涵

绩效评价结果反馈是管理者（多为直接上级）将绩效评估结果反馈给下属，以使下属明确个人绩效评估结果、个人绩效的不足与改进方向、个人特性的过程。在绩效评价结果反馈过程中，一般应坚持直接具体原则、互动原则、基于工作的原则、相互信任原则。绩效评价结果反馈的主要形式是绩效面谈。

2. 绩效面谈的过程

绩效面谈一般分为以下3个步骤。

（1）面谈准备。在面谈前，应安排好面谈时间、面谈地点，通知面谈双方面谈的时间和地点，并告知面谈双方应准备的资料清单。面谈时间一般选择在工作日，最好不要安排在临近下班时间，并要征得下属同意。面谈地点一般选择在干扰少的办公室，并提前布置好有利于沟通的座位，如双方并排、斜对面或呈90度等。一般提前10天左右通知双方，可在面谈前一天提醒一次；要求管理者在会前充分了解员工的绩效评价情况与员工基本信息，员工在会前准备有关自我评估、设定工作目标和发展计划等方面的内容。

（2）面谈执行。管理者与员工按照预定时间和地点展开面谈。一般而言，面谈执行包括3个方面。第一，管理者公布绩效评价结果。管理者先简要回顾员工的绩效表现，强调员工的进步与优点，并告知绩效评价结果，询问员工对绩效评价结果是否有异议。如有异议，应与员工沟通，了解员工对哪些方面存在异议。

管理者如能现场给出解释，则现场给出；如不能给出，则应告知员工如何申请绩效复核，适时结束面谈。第二，与员工共同讨论绩效评价结果与绩效目标的差距大小、差距产生的原因、缩小差距的途径。这是绩效面谈的核心和重点，管理者应让员工充分发表意见，并认真倾听员工的想法。第三，确定下一个绩效周期的绩效计划。在充分分析差距的基础上，双方可就下一个绩效评价周期的绩效计划展开讨论并达成一致意见。第四，面谈结束。如双方达成一致，管理者在总结、鼓励的同时，强调员工下一个阶段绩效提升的重点。

（3）绩效面谈的总结与改进。绩效面谈结束后，管理者应当总结面谈过程，对员工的疑惑做出客观解释，并积极解决员工提出的问题。同时，总结自身在绩效面谈中的得失，为完善后续绩效面谈奠定基础。

3. 绩效面谈的两个技巧

第一，BEST法则。即绩效面谈应遵循描述行为（behavior）、表达后果（express consequence）、征求意见（solicit input）、着眼未来（talk about positive outcomes）的顺序展开。首先，绩效面谈应描述行为，不做判断。其次，表达后果，说明行为造成的后果。再次，征求意见，充分考虑员工的想法。最后，着眼未来，表达对以后的期望。第二，汉堡原理。绩效面谈可以像汉堡分层一样分为3个部分，"汉堡"的上层——表扬特定的成就，给予真心的鼓励；"汉堡"的中间层——提出需要改进的特定行为表现；"汉堡"的下层——以肯定和支持结束。

（二）绩效评价结果的应用领域

绩效评价结果主要应用在以下领域。

1. 绩效改善

绩效改善是绩效评价结果的直接应用领域，基本步骤是明确差距、归因分析、绩效改善实施，实施方式包括正强化、员工帮助计划、员工忠告计划、负强化等。

2. 薪酬分配

根据绩效评价结果展开绩效加薪与绩效奖金、特殊绩效认可计划等。

3. 职位变动决策

职位变动决策包括晋升、平调、降职或淘汰。绩效评价结果可为职位变动决策提供依据。

4. 培训需求与培训内容决策

绩效评价结果可为确定培训的需求、内容提供依据。

5. 工作分析的绩效标准确定

同类职位绩效评价结果及其分布可为工作分析中绩效标准的确定奠定基础。

6. 甄选方法效度检验与甄选方法选择

与甄选方法结果相比，绩效评价结果可检验甄选方法效度，为招聘中甄选方法的选择提供依据。

7. 主动辞退员工决策

如果新员工在试用期内被证明不符合录用条件，用人单位可解除劳动合同；不胜任工作的劳动者，经过培训或者调整工作岗位后，如果仍然不能胜任工作，用人单位可解除劳动合同。员工不符合录用条件、不胜任工作岗位均需要以绩效评价结果作为证据。

三、实验内容与实验要求

（一）实验内容

请运用绩效评价结果反馈与应用的相关知识点分析案例5-5，完成以下实验内容：

（1）请为前台接待员A制订绩效面谈计划。
（2）请描述前厅部主管与前台接待员A绩效面谈的过程。
（3）请根据前台接待员A的职业生涯目标，指出绩效评价结果的应用领域。

（二）实验要求

（1）绩效面谈计划内容完整、具体可行。
（2）绩效面谈过程要以对话形式呈现，符合绩效评价结果反馈的原则与绩效面谈过程，并将BEST法则或汉堡原理融入面谈过程。
（3）绩效评价结果应用领域的选择要与案例匹配。

案例5-5　HL酒店前台接待员的绩效评价结果反馈与运用

HL酒店是N县的一家老牌四星级酒店，集餐饮、住宿、会议、婚礼、休闲娱乐于一体。近年来，N县新开了多家四星级酒店，数量众多的酒店加剧了酒店业的竞争。在此背景下，HL酒店制定的新战略是：向客人提供一流的服务，并与其他同行区别开来，通过提高管理水平与服务质量吸引更多新客人，同时留住老顾客，力争3年内成为N县最具竞争力的酒店。

在现有战略下，前台接待员作为为顾客提供服务的前端岗位，对实现战略具有重要作用。前台接待员A是酒店管理本科毕业生，入职HL酒店1年，能快速而准确地办理入住手续或退房手续，但与顾客、与同事的沟通技巧欠缺，识别顾客潜在需求的能力有待提高。A的职业生涯规划是从前台接待员到前厅主管，再到部门经理。

为实现集团战略和员工的职业生涯目标，BL集团对前台接待员制订了绩效计划，并按照绩效计划展开绩效实施与绩效评价。绩效评价结果显示：A的绩效评价等级为一般，而升任前厅主管的要求是优秀。

四、实验步骤

(一) 准备阶段
老师讲解实验内容、实验要求与实验报告考核方法。

(二) 实验阶段
学生阅读实验内容，结合相关知识点与问题，根据实验要求撰写实验报告初稿。

(三) 归纳总结阶段
学生陈述实验报告，其他学生与老师点评，老师总结。

(四) 修改完善阶段
学生根据归纳总结阶段的意见修改和完善实验报告。

五、实验课时

1~2课时，根据课程总体课时确定具体课时。

六、实验报告考核方法

实验报告成绩分为5个等级：优秀、良好、中等、及格与不及格。不同等级的评价标准如下。

(一) 优秀的评价标准
第一，在规定时间内完成实验。第二，逻辑非常清晰，实验报告内容与案例5-5的内容和要求及绩效评价结果的反馈应用相关知识点高度一致。第三，内容非常完整，绩效面谈计划非常明确、具体可行，绩效面谈过程描述非常完整、合理且体现了绩效评价结果反馈的原则和技巧，绩效评价结果应用领域选择合理。第四，语言表达非常准确、专业。第五，排版非常规范、简洁、美观。

(二) 良好的评价标准
第一，在规定时间内完成实验。第二，逻辑清晰，实验报告内容与案例5-5的内容和要求及绩效评价结果的反馈与应用相关知识点高度匹配。第三，内容完整，绩效面谈计划明确、具体可行，绩效面谈过程描述完整、合理且体现了绩效评价结果反馈的原则和技巧，绩效评价结果应用领域选择合理。第四，语言表达准确、专业。第五，排版规范、简洁、美观。

(三) 中等的评价标准
第一，在规定时间内完成实验。第二，逻辑比较清晰，实验报告内容与案例5-5的内容和要求及绩效评价结果的反馈与应用相关知识点较为匹配。第三，内容比较完整，绩效面谈计划比较明确、具体可行，绩效面谈过程描述比较完整、合理且体现了绩效评价结果反馈的原则和技巧，绩效评价结果应用领域选择比较合理。第四，语言表达比较准确、专业。第五，排版比较规范、简洁、美观。

（四）及格的评价标准

第一，基本能在规定时间内完成实验。第二，从整体来看，逻辑比较清晰，但局部存在瑕疵，实验报告内容与案例5-5的内容和要求及绩效评价结果的反馈与应用相关知识点的匹配度尚可。第三，内容基本完整，实验报告包括了绩效面谈计划的大部分内容，绩效面谈过程描述相对完整、基本合理且体现了部分绩效评价结果反馈的原则和技巧，绩效评价结果应用领域选择基本合理。第四，部分语言表达不够准确和专业。第五，排版的规范度和美观度尚可。

（五）不及格的评价标准

第一，未能在规定时间内完成实验。第二，从整体来看，逻辑不清晰，实验报告内容与案例5-5的内容和要求及绩效评价结果的反馈与应用相关知识点不匹配。第三，从内容来看，实验报告未能包括本实验内容的主体。第四，从整体来看，语言表达不够准确和专业。第五，排版较为凌乱。

七、习题

（1）请分析绩效评价结果反馈的过程。

（2）请指出绩效评价结果的常用领域。

第六章 薪酬管理

本章学习目标

1. 知晓薪酬管理的一般过程。
2. 明晰薪酬预算的影响因素,掌握薪酬预算的方法。
3. 掌握薪酬满意度调查与市场薪酬调查的方法。
4. 掌握基本薪酬设计、可变薪酬设计、员工福利设计的流程与方法。

组织吸引人力资源、保留人力资源、开发人力资源与激励员工都不开薪酬管理。因此,薪酬管理是人力资源管理中的重要职能。

第一节 薪酬管理的一般流程

一、实验目的

(1) 理解薪酬管理的含义。
(2) 掌握薪酬管理的流程。

二、知识要点

(一) 薪酬管理的含义

薪酬管理是指组织为实现组织战略和经营目标,维护企业文化,吸引、留住、开发人力资源与激励员工,制定组织的薪酬战略、薪酬政策和薪酬制度,并且实施各项薪酬管理任务的过程。因此,薪酬管理可分为 3 个层面:战略层面、制度层面与技术层面。

(二) 薪酬管理的一般流程

从薪酬管理的含义可知,薪酬管理一般包括以下三步。首先,应该明晰组织战略、人力资源战略，借助内外部因素，制定企业薪酬战略。其次，展开包括基本薪酬、可变薪酬、员工福利在内的各项薪酬管理技术实践。最后，根据薪酬管理技术实践，形成组织的薪酬管理制度，该薪酬管理制度包括基本薪酬制度、可变薪酬制度与员工福利制度。在人力资源管理实验中，薪酬管理技术是重点。

三、实验内容与实验要求

（一）实验内容

结合薪酬管理流程的相关知识点，为案例 6-1 设计薪酬管理流程。

（二）实验要求

薪酬管理流程完整。

案例 6-1　A 公司的薪酬管理流程设计

A 公司为生产型企业，现有员工 100 人。针对近一年来日益加剧的员工流失现象，A 公司通过分析离职员工面谈材料，发现薪酬管理中存在的问题是导致员工流失的重要原因。A 公司拟对公司薪酬管理进行重构。

四、实验步骤

（一）准备阶段

老师讲解实验内容、实验要求与实验报告考核方法。

（二）实验阶段

学生阅读实验内容，结合相关知识点与问题，根据实验要求撰写实验报告初稿。

（三）归纳总结阶段

学生陈述实验报告，其他学生与老师点评，老师总结。

（四）修改完善阶段

学生根据归纳总结阶段的意见修改和完善实验报告。

五、实验课时

1~2 课时，根据课程总体课时确定具体课时。

六、实验报告考核方法

实验报告成绩分为 5 个等级：优秀、良好、中等、及格与不及格。不同等级的评价标准如下。

(一) 优秀的评价标准

第一，在规定时间内完成实验内容。第二，逻辑非常清晰，实验报告内容与案例 6-1 的内容和要求及薪酬管理流程知识点高度一致。第三，内容非常完整，实验报告包括了薪酬管理所有的流程。第四，语言表达非常准确、专业。第五，排版非常规范、简洁、美观。

(二) 良好的评价标准

第一，在规定时间内完成实验内容。第二，逻辑清晰，实验报告内容与案例 6-1 的内容和要求及薪酬管理流程知识点高度匹配。第三，内容完整，实验报告包括了薪酬管理的全部流程。第四，语言表达准确、专业。第五，排版规范、简洁、美观。

(三) 中等的评价标准

第一，在规定时间内完成实验内容。第二，逻辑比较清晰，实验报告内容与案例 6-1 的内容和要求及薪酬管理流程知识点较为匹配。第三，内容比较完整，实验报告包括了薪酬管理的主要流程。第四，语言表达比较准确、专业。第五，排版比较规范、简洁、美观。

(四) 及格的评价标准

第一，在规定时间内完成实验内容的主体。第二，逻辑比较清晰，但局部存在瑕疵，报告内容与案例 6-1 的内容和要求及薪酬管理流程知识点的匹配度尚可。第三，内容基本完整，实验报告包括了薪酬管理的大部分流程。第四，部分语言表达不够准确、专业。第五，排版的规范度和美观度尚可。

(五) 不及格的评价标准

第一，未能在规定时间内完成实验内容的主体部分。第二，从整体来看，逻辑不清晰，实验报告内容与案例 6-1 的内容和要求及薪酬管理流程知识点不匹配。第三，从内容来看，实验报告未能包括本实验内容的主体。第四，从整体来看，语言表达不够准确和专业。第五，排版较为凌乱。

第二节 薪酬预算

一、实验目的

(1) 明晰薪酬预算的影响因素。
(2) 掌握薪酬预算的宏观接近法和微观接近法。

二、知识要点

（一）影响薪酬预算的因素

薪酬预算是管理者在薪酬管理过程中进行的一系列关于成本开支方面的权衡和取舍。影响薪酬预算的因素主要有两个方面：外部因素与内部因素。

1. 外部因素

外部因素主要有以下3个方面。第一，直接竞争对手的薪酬情况。直接竞争对手是与本组织处于同一行业的组织。当直接竞争对手的薪酬水平、薪酬结构、薪酬构成等发生变化时，组织自身的薪酬预算也会受到影响。第二，劳动力市场的薪酬情况。当劳动力市场的薪酬管理实践发生变化时，劳动力市场的薪酬情况同样也会受到影响。例如，在劳动力市场上，如果上一年度的薪酬水平明显上升，本年度本组织的薪酬预算总额将增加。第三，生活成本的变化。生活成本变化一般以消费者物价指数为参照物。第四，工资指导线。工资指导线综合考虑了本地区的经济增长、物价水平和劳动力市场状况，具有较高的参考价值。直接竞争对手的薪酬情况与劳动力市场的薪酬情况主要通过市场薪酬调查获得，生活成本的变化和工资指导线主要通过政府公布的数据获取。

2. 内部环境

内部环境主要包括以下6个方面。第一，组织战略。组织战略是组织薪酬管理实践的出发点和归宿点，不同组织战略对薪酬管理实践有不同的要求。例如，组织的竞争战略从成本领先战略转变为创新战略，将增加薪酬总额的预算，改变薪酬支付的重点对象。第二，员工薪酬满意度。薪酬管理对员工激励的方向、程度与员工薪酬满意度息息相关。第三，员工队伍的变化（员工流动）。员工队伍的变化包括新员工的进入、老员工的退出和员工在不同职位上的变化。对组织薪酬预算而言，员工流动最直接的影响是带来了员工流动效应。员工流动效应是指由于特定职位上员工更替而导致的薪酬差额。第四，企业技术的进步。组织内部的技术进步意味着所需员工的数量将被员工的质量替代。薪酬总成本可能更高，也可能更低，或者持平，但组织平均个人薪酬水平将提高。第五，组织的薪酬管理实践。以往的加薪幅度和现有的薪酬体系、薪酬水平政策类型等都将影响薪酬预算。第六，组织的支付能力。薪酬预算最终将转换为薪酬支付，因此，薪酬预算应当考虑组织的支付能力。

（二）薪酬预算的方法

按照预算总额和分解额的先后顺序，薪酬预算的方法可分为宏观接近法和微观接近法。

1. 宏观接近法

宏观接近法是根据薪酬预算影响因素确定组织应支付的薪酬总额,然后按照一定的比例,将薪酬总额分配给各个部门的管理者,再由部门管理者将其分解,分配到每个员工的薪酬预算方法。宏观接近法的实施步骤如下。

步骤1:确定薪酬费用总额。确定薪酬费用总额的方法主要有两种。第一种方法是通过薪酬费用比率和劳动分配率初步确定薪酬费用总额。具体而言,有以下3种计算方法。

第一,根据薪酬费用比率推算合理的薪酬费用总额。薪酬费用比率的计算公式如下:

$$薪酬费用比率 = 薪酬费用总额 / 销售额$$

首先,确定薪酬费用比率。该比率可以根据组织自身历史数据或者同行业水平确定,一般为14%,具体数值因组织规模和行业的不同而不同。其次,预测销售额。最后,预测薪酬费用总额。

第二,根据盈亏平衡点推断适当的薪酬费用比率。组织经营在不同状态下需要不同的销售额,从而产生不同的薪酬费用比率。盈亏平衡点是利润为零时的销售额,边际盈利点是可以弥补股息的销售额,安全盈利点是可以取得预定利润的销售额。三大销售额的计算公式如下:

$$变动成本比率 = \frac{变动成本}{固定成本}$$

$$盈亏平衡点的销售额 = \frac{固定成本}{1-变动成本比率}$$

$$边际盈利点的销售额 = \frac{固定成本+股息分配}{1-变动成本比率}$$

$$安全盈利点的销售额 = \frac{固定成本+股息分配+企业盈利保留}{1-变动成本比率}$$

在上述公式中,固定成本是指公司的总成本,包括变动成本;变动成本是组织的薪酬成本。按照上述薪酬费用比率公式,盈亏平衡点、边际盈利点、安全盈利点对应不同的薪酬费用比率,分别是最高比率、可能比率与最低比率。

该计算过程的目的在于:根据某一年度所计算出的3个薪酬费用比率,可以在以后的年度里采用最为合理的比率即最低比率。若薪酬费用比率高于可能比率,说明组织可能处于危险状态。但使用这一比率的前提是成本结构相同或者成本的各部分发生相同比例的变化。

第三,根据劳动分配率计算。劳动分配率是指薪酬费用总额占附加价值的比例,计算公式如下:

$$劳动分配率 = \frac{薪酬费用总额}{附加价值}$$

附加价值是组织本身创造的价值，其计算方法有两种：扣减法和相加法。扣减法是用销售收入减去外购部分价值，相加法是将利润、薪酬费用、财务费用、租金、折旧、税收等部分相加。大企业的劳动分配率一般在40%左右，小企业的劳动分配率一般在55%左右。

确定薪酬费用总额的第二种方法是根据组织薪酬预算面临的环境，即薪酬预算的影响因素，在组织历史薪酬费用总额的基础上确定组织未来薪酬费用总额。

步骤2：根据不同部门在组织战略实现中的作用对预算总额进行分配。组织可根据自身的战略目标及各部门贡献的大小，为不同部门设置贡献系数，根据某一部门贡献系数占贡献系数总和的比例，将薪酬预算总额分配到各个部门。

步骤3：不同部门将本部门的薪酬预算总额在不同薪酬构成及不同员工之间进行分配。部门根据自身的业务特点，确定不同职级员工基本薪酬、可变薪酬与福利的比例，然后根据薪酬体系、可变薪酬计划与福利计划等将薪酬分配给各个员工。

2. 微观接近法

与宏观接近法的薪酬预算流程相反，微观接近法的薪酬预算流程是：先预测出每个员工的薪酬水平，再层层汇总，即由下到上。这种方法的关键是基层管理者合理测算每位员工的薪酬水平。具体步骤如下。

步骤1：对管理者就薪酬政策和薪酬技术进行培训。

步骤2：为管理者提供薪酬预算工具和咨询服务。

步骤3：管理者根据所接收的信息做出下属的薪酬预算并上交。

步骤4：管理层和相关部门审核、汇总与修正调整员工的薪酬预算。

三、实验内容与实验要求

（一）实验内容

阅读案例6-2，完成以下实验内容：

（1）析出案例中影响该组织薪酬预算的因素，分析每个影响因素对该组织薪酬预算产生的具体影响。

（2）选择一种预算方法，并给出使用该方法时薪酬预算的实施步骤。

（二）实验要求

（1）析出的薪酬预算影响因素完整，影响分析准确。

（2）薪酬预算实施步骤具体可行。

案例 6-2 A 公司的薪酬预算

A 公司为生产型企业，现有员工 100 人，当年薪酬总额为 900 万元，工资水平在当地处于中等水平，近 5 年，A 公司盈利率年均 10%。市场薪酬调查报告显示：与 A 构成直接竞争关系的 B 公司近两年平均加薪幅度为 5%；A 公司面临的劳动力市场近两年加薪幅度为 3%；该地区当年消费者物价指数为 2.5%，政府给出的工资指导线的基线是 4%，下线是 2.5%，不设上线。下一年，A 公司将继续坚持成本领袖战略，提高一线生产的机械化程度，据此提高生产效率。结合企业生产技术的变化和以往员工流失数据，A 公司预测下一年将有 10% 的员工离职，离职员工的年薪酬平均水平约为每人 9 万元；雇用 4 名新员工，新员工的年平均薪酬水平约为每人 8 万元；因为升迁和轮岗，A 公司 20% 员工的平均薪酬将增加 5%。下一年，A 公司的薪酬结构、薪酬体系与薪酬构成等与当前一致。

四、实验步骤

（一）准备阶段
老师讲解实验内容、实验要求与实验报告考核方法。

（二）实验阶段
学生阅读实验内容，结合相关知识点与问题，根据实验要求撰写实验报告初稿。

（三）归纳总结阶段
学生陈述实验报告，其他学生与老师点评，老师总结。

（四）修改完善阶段
学生根据归纳总结阶段的意见修改和完善实验报告。

五、实验课时

1~2 课时，根据课程总体课时确定具体课时。

六、实验报告考核方法

实验报告成绩分为 5 个等级：优秀、良好、中等、及格与不及格。不同等级的评价标准如下。

（一）优秀的评价标准

第一，在规定时间内完成实验。第二，逻辑非常清晰，实验报告内容与案例 6-2 的内容和要求及薪酬预算知识点高度一致。第三，内容非常完整，实验报告包括了案例涉及的薪酬预算影响因素和该因素对案例企业薪酬预算产生的非常具体的影响,以及十分可行的薪酬预算方法与薪酬预算步骤。第四,语言表达非常准确、专业。第五,排版非常规范、简洁、美观。

(二) 良好的评价标准

第一,在规定时间内完成实验。第二,逻辑清晰,实验报告内容与案例6-2的内容和要求及薪酬预算知识点高度匹配。第三,内容完整,实验报告包括了案例中涉及的薪酬预算影响因素和该因素对案例企业薪酬预算产生的具体影响,以及可行的薪酬预算方法与薪酬预算步骤。第四,语言表达准确、专业。第五,排版规范、简洁、美观。

(三) 中等的评价标准

第一,在规定时间内完成实验。第二,逻辑比较清晰,实验报告内容与案例6-2的内容和要求及薪酬预算知识点较为匹配。第三,内容比较完整,实验报告包括了案例中涉及的主要薪酬预算影响因素和该因素对案例企业薪酬预算产生的较为具体的影响,以及较为可行的薪酬预算方法与薪酬预算步骤。第四,语言表达比较准确、专业。第五,排版比较规范、简洁、美观。

(四) 及格的评价标准

第一,基本能在规定时间内完成实验。第二,从整体来看,实验报告逻辑比较清晰,但局部存在瑕疵,实验报告内容与案例6-2的内容和要求及薪酬预算知识点的匹配度尚可。第三,内容基本完整,实验报告包括了案例中涉及的大部分薪酬预算影响因素和该因素对案例企业薪酬预算产生的较为具体的影响,以及基本可行的薪酬预算方法与薪酬预算步骤。第四,部分语言表达不够准确和专业。第五,排版的规范度和美观度尚可。

(五) 不及格的评价标准

第一,未能在规定时间内完成实验。第二,从整体来看,逻辑不清晰,实验报告内容与案例6-2的内容、要求及薪酬预算知识点不匹配。第三,从内容来看,实验报告未能包括本实验内容的主体。第四,从整体来看,语言表达不够准确和专业。第五,排版较为凌乱。

七、习题

(1) 归纳总结常见的薪酬预算影响因素,并分析其对薪酬预算的影响。

(2) 比较薪酬预算的宏观接近法与微观接近法之间的差异。

第三节 薪酬满意度调查

一、实验目的

(1) 掌握薪酬满意度数据采集的方法，并设计该数据采集工具。
(2) 知晓薪酬满意度数据分析的方法。
(3) 掌握薪酬满意度调查报告的撰写方法。

二、知识要点

(一) 薪酬满意度调查的含义、维度与一般流程

1. 薪酬满意度调查的含义

根据员工满意度调查的含义，薪酬满意度调查是指组织运用专业方法，收集员工对薪酬管理主要相关事项的满意度并提升员工薪酬满意度的一种活动。

2. 薪酬满意度调查的维度

薪酬管理的主要相关事项包括薪酬体系、薪酬水平、薪酬结构与薪酬管理政策。因此，薪酬满意度调查的维度也主要包括员工对薪酬体系的满意度、员工对薪酬水平的满意度、员工对薪酬结构的满意度、员工对薪酬管理政策的满意度等4个维度。

3. 薪酬满意度调查的一般流程

薪酬满意度调查一般包括以下7个步骤。

(1) 成立薪酬满意度调查小组。小组成员可包括人力资源管理部门员工、其他相关部门基层管理人员。
(2) 明确薪酬满意度调查的目的、对象和方法。
(3) 设计薪酬满意度调查数据采集工具。
(4) 实施调查。
(5) 数据分析与撰写薪酬满意度调查报告。
(6) 根据薪酬满意度调查报告，制订行动计划，实施改进措施。
(7) 评价与完善改进措施。

(二) 采集薪酬满意度数据的方法

采集薪酬满意度数据的方法主要有问卷调查法与访谈法，这两种方法同时使用效果更佳。不同的数据采集方法，其薪酬满意度调查的流程大致相似，差异主要体现在采集薪酬满意度数据的工具及调查实施方面。

1. 问卷调查法

问卷调查法是通过被调查者自行填写问卷采集薪酬满意度数据的方法，是采集薪酬满意度数据最常用的方法。

（1）薪酬满意度调查问卷的设计。薪酬满意度调查问卷主要包括封面信、主体与相关内容。其中，封面信主要说明调查目的、数据保密事项及填写说明；主体由反映薪酬满意度的封闭式问题与备选项组成，部分问卷包括不提供备选项的开放式问题，问题按照薪酬满意度的维度展开；相关内容包括问卷编码、提醒检查、表示感谢等。

（2）问卷发放与回收。第一，事先与被调查对象的直接上级取得联系，确定适宜的调查时间和调查地点。第二，在发放问卷时，告知被调查者填写注意事项、问卷回收时间与回收地点。第三，在回收问卷时，一边回收一边检查填写质量，如问卷完成情况、有无乱答情况等。

2. 访谈法

访谈法是访谈者借助访谈提纲向受访者提问，由访谈者记录的薪酬满意度数据采集方法。

（1）薪酬满意度访谈提纲的设计。访谈提纲同样包括封面信、主体与相关内容。其中，封面信主要说明访谈目的、访谈中的注意事项、访谈时长、访谈内容保密等事项。主体由反映薪酬满意度的开放式问题组成，不提供备选项，问题按照薪酬满意度的维度展开。相关内容包括记录说明、追问等。

（2）访谈实施。第一，事先与受访者的直接上级取得联系，确定适宜的访谈时间和访谈地点，时间要求不影响被调查者的工作与休息，访谈地点要求安静无打扰。第二，正式访谈前，营造轻松氛围；与受访者协商访谈记录形式。第三，认真倾听并积极回应，认真倾听包括适度直视受访者、不轻易打断受访者、接受受访者短暂的沉默思考等；积极回应包括认可、重复、追问和鼓励等。第四，记录受访者的口头语言、体态语言、情绪反应、回答时长等信息。第五，结束时间应尊重受访者意愿；如还有后续访谈，应约定后续访谈的时间和地点；表示真诚感谢并承诺保密。

（三）薪酬满意度数据分析的常用方法

薪酬满意度数据分析的常用方法有频数分析、频率分析、平均数分析、标准差分析、方差分析等。

（四）薪酬满意度调查报告的一般结构

薪酬满意度调查报告的一般结构如下。

1. 引言

说明薪酬满意度调查的背景。

2. 调查目的

说明薪酬满意度调查的目的。

3. 调查方法

说明数据采集方法、调查对象抽样方法及数据分析方法。

4. 调查结果分析

根据数据的分析结果，归纳提炼被调查企业员工薪酬满意度在不同维度上的水平，并进行异质性分析。在调查结果分析部分，应先呈现观点，然后采用数据进行论证。

5. 结论与建议

根据调查结果，归纳薪酬满意度调查的结论。结合结论及被调查企业的特点，提出建议。

三、实验内容与实验要求

（一）实验内容

根据案例6-3，完成以下实验内容：

（1）设计一份薪酬满意度调查问卷。

（2）设计一份薪酬满意度调查访谈提纲。

（3）拟定一份薪酬满意度调查报告大纲。

（二）实验要求

（1）内容完整。

（2）重点突出。

案例 6-3　A 公司的薪酬满意度调查

A 公司为生产型企业，现有员工 100 人。针对近一年来日益加剧的员工流失现象，A 公司通过分析离职员工面谈材料，发现薪酬管理中存在的问题是导致员工流失的重要原因。A 公司拟对公司全体员工展开一次薪酬满意度调查。

四、实验步骤

（一）准备阶段

老师讲解实验内容、实验要求与实验报告考核方法。

（二）实验阶段

学生阅读实验内容，结合相关知识点与问题，根据实验要求撰写实验报告初稿。

（三）归纳总结阶段

学生陈述实验报告，其他学生与老师点评，老师总结。

（四）修改完善阶段

学生根据归纳总结阶段的意见修改和完善实验报告。

五、实验课时

1~2课时，根据课程总体课时确定具体课时。

六、实验报告考核方法

实验报告成绩分为5个等级：优秀、良好、中等、及格与不及格。不同等级的评价标准如下。

（一）优秀的评价标准

第一，在规定时间内完成实验内容。第二，逻辑非常清晰，实验报告内容与案例6-3的内容和要求及薪酬满意度调查知识点高度一致。第三，内容非常完整，实验报告包括了薪酬满意度调查问卷、访谈提纲与薪酬满意度调查报告大纲的所有内容。第四，语言表达非常准确、专业。第五，排版非常规范、简洁、美观。

（二）良好的评价标准

第一，在规定时间内完成实验内容。第二，逻辑清晰，实验报告内容与案例6-3的内容和要求及薪酬满意度调查知识点高度匹配。第三，内容完整，实验报告包括了薪酬满意度调查问卷、访谈提纲与薪酬满意度调查报告大纲的全部内容。第四，语言表达准确、专业。第五，排版规范、简洁、美观。

（三）中等的评价标准

第一，在规定时间内完成实验内容。第二，逻辑比较清晰，实验报告内容与案例6-3的内容和要求及薪酬满意度调查知识点较为匹配。第三，内容比较完整，实验报告包括了薪酬满意度调查问卷、访谈提纲与薪酬满意度调查报告大纲的主要内容。第四，语言表达比较准确、专业。第五，排版比较规范、简洁、美观。

（四）及格的评价标准

第一，在规定时间内完成实验内容的主体。第二，从整体上来看，逻辑比较清晰，但局部存在瑕疵，实验报告内容与案例6-3的内容和要求及薪酬满意度调查知识点的匹配度尚可。第三，内容基本完整，实验报告包括了薪酬满意度调查问卷、访谈提纲与薪酬满意度调查报告大纲的大部分内容。第四，部分语言表达不够准确、专业。第五，排版的规范度和美观度尚可。

（五）不及格的评价标准

第一，未能在规定时间内完成实验内容的主体部分。第二，从整体来看，逻辑不清晰，实验报告内容与案例 6-3 的内容和要求及薪酬满意度调查知识点不匹配。第三，从内容来看，实验报告未能包括本实验内容的主体。第四，从整体来看，语言表达不够准确和专业。第五，排版较为凌乱。

七、习题

归纳薪酬满意度调查中问卷调查法与访谈法的异同。

八、常用工具

（一）薪酬满意度调查问卷示例

以下问卷，可根据薪酬满意度调查的目的增减。

某公司薪酬满意度调查问卷

尊敬的员工：

您好！为了解您对本公司薪酬管理的看法，提升本公司薪酬管理的激励性、公平性、竞争性，我们诚邀您参加本次薪酬满意度调查。

此次问卷调查为匿名调查，我们将对您的答卷严格保密。您的意见对本公司未来发展至关重要，非常感谢您的积极参与和大力支持！

回收说明：请在 7 天内（含第七天）将填写好的问卷投入公司入口的信箱里；使用电子版调查问卷的员工，请在 7 天内（含第七天）回复到问卷发送电子邮箱。

某公司人力资源管理部
_____年____月____日

第一部分：个人信息（请填写在横线上）

1. 年龄_____　2. 性别_____　3. 学历_____
4. 所在部门_____　5. 职位_____　6. 入职年限_____

第二部分：薪酬满意度（表 6-1）（请将最符合您实际情况选项的数字代码填在表格的最后一列）

表 6-1　薪酬满意度表

调查内容	满意度					
	非常不满意	不满意	一般	满意	非常满意	您的选择
1. 您对基本薪酬决定依据	1	2	3	4	5	
2. 您对上一年度基本薪酬加薪幅度	1	2	3	4	5	
3. 您对基本薪酬、可变薪酬、福利的比例	1	2	3	4	5	

续表

调查内容	满意度					
	非常不满意	不满意	一般	满意	非常满意	您的选择
4. 与外部同岗位相比,您对薪酬水平	1	2	3	4	5	
5. 和本企业相同或相近岗位相比,您对薪酬水平	1	2	3	4	5	
6. 和本企业更高级别岗位相比,您对薪酬水平	1	2	3	4	5	
7. 您对奖金发放依据	1	2	3	4	5	
8. 您对奖金水平	1	2	3	4	5	
9. 您对奖金支付时间	1	2	3	4	5	
10. 您对公司"五险一金"	1	2	3	4	5	
11. 您对公司法定假期	1	2	3	4	5	
12. 您对公司补充福利	1	2	3	4	5	
13. 您对公司薪酬的税收成本控制	1	2	3	4	5	
14. 您对公司薪酬支付的及时性	1	2	3	4	5	
15. 您对公司薪酬支付的准确性	1	2	3	4	5	
16. 您对公司整体薪酬管理	1	2	3	4	5	
17. 您对公司薪酬的激励性	1	2	3	4	5	

第三部分:个人建议(如有建议,请在相应横线上填写)

1. 对基本薪酬决定依据的建议:_____。

2. 对薪酬构成的建议:_____。

3. 对薪酬水平的建议:_____。

4. 对薪酬结构的建议(不同岗位/技能/能力的工资率安排):_____。

5. 对可变薪酬的建议:_____。

6. 对员工福利的建议:_____。

7. 对薪酬成本控制的建议：_____
_____。

8. 其他建议：_____
_____。

调查到此结束，再次感谢您的积极参与和大力支持！

(二) 薪酬满意度调查面谈提纲示例

某公司薪酬满意度调查面谈提纲

尊敬的员工：

您好！为了解您对本公司薪酬管理的看法，提升本公司薪酬管理的激励性、公平性、竞争性，我们诚邀您参加本次薪酬满意度调查。

此次面谈大约需要20分钟时间。公司对面谈结果严格保密，在薪酬满意度调查报告中不呈现任何单个员工的面谈结果，请您放心！您的意见对本公司未来发展至关重要，非常感谢您的积极参与和大力支持！

访谈时间：_____ 访谈地点：_____ 访谈员：_____

第一部分：个人基本信息（已知基本信息直接填写，只询问未知基本信息）

1. 年龄：_____ 2. 性别：_____ 3. 学历：_____

4. 所在部门：_____ 5. 职位：_____ 6. 入职年限：_____

第二部分：薪酬满意度与薪酬建议

薪酬满意度从低到高分为非常不满意、不满意、一般、满意与很满意5个等级。

1. 基本薪酬决定依据

1-1. 您对本公司基本薪酬决定依据的满意程度属于哪个等级？

1-2. 您对基本薪酬决定依据有哪些建议？

2. 基本薪酬加薪幅度

2-1. 您对本公司上一年度基本薪酬加薪幅度的满意程度属于哪个等级？

2-2. 您对基本薪酬加薪幅度有哪些建议？

3. 薪酬构成

3-1. 您对本岗位薪酬构成（基本薪酬、可变薪酬与福利的比例）的满意程度属于哪个等级？

3-2. 您对薪酬构成有哪些建议？

4. 薪酬水平

4-1. 与外部相似岗位相比，您对薪酬水平的满意程度属于哪个等级？

4-2. 您对薪酬水平的外部竞争性有哪些建议？

5. 薪酬结构

5-1. 和内部相似岗位相比，您对薪酬水平的满意程度属于哪个等级？

5-2. 和内部更高等级岗位相比，您对薪酬水平的满意程度属于哪个等级？

5-3. 您对薪酬结构有哪些建议？

6. 奖金

6-1. 您对奖金发放依据的满意程度属于哪个等级？

6-2. 您对奖金水平的满意程度属于哪个等级？

6-3. 您对奖金支付时间的满意度属于哪个等级？

6-4. 您对奖金有哪些建议？

7. 员工福利

7-1. 您对公司"五险一金"的满意程度属于哪个等级？

7-2. 您对公司法定休假执行的满意程度属于哪个等级？

7-3. 您对公司补充福利的满意程度属于哪个等级？

7-4. 您对员工福利有哪些建议？

8. 薪酬成本控制与薪酬支付

8-1. 您对公司薪酬税收成本控制的满意程度属于哪个等级？

8-2. 您对公司薪酬支付及时性的满意程度属于哪个等级？

8-3. 您对公司薪酬支付准确性的满意程度属于哪个等级？

8-4. 您对薪酬成本控制有哪些建议？

8-5. 您对公司薪酬支付有哪些建议？

9. 薪酬管理总体满意度与其他建议

9-1. 您对公司整体薪酬管理的满意程度属于哪个等级？

9-2. 您对公司薪酬管理还有哪些建议？

………… （根据需要增减）

请问您还有补充事项吗？

访谈到此结束，非常感谢您的积极参与和大力支持！

(三) 薪酬满意度调查报告大纲示例

A公司薪酬满意度调查报告大纲

激励，一直以来都是人力资源管理的重点和难点。薪酬，作为激励中不可或缺的手段，是任何一个组织激励体系中都不可缺少的重要部分。因此，明晰本公司员工的薪酬满意度，有助于完善组织薪酬管理制度，提高薪酬管理的激励性和有效性。

一、调查目的

了解本公司员工对现行薪酬管理的满意程度与建议,提高本公司薪酬管理的激励性与有效性。

二、调查方法

本次调查采用问卷调查法,调查对象为公司全体员工,数据分析方法采用分布分析、趋中趋势分析与离散趋势分析等。

三、调查结果分析

(一)样本基本情况(略)

汇总被调查者的个人信息。

(二)员工薪酬满意度的水平(略)

可分为3个部分:总体水平、不同维度的水平、不同群体薪酬满意度的比较。

(三)员工建议分析(略)

可以按照部门、职级、薪酬管理维度等标准,归纳、总结不同类别员工的建议。

四、员工薪酬满意度的结论与提升建议(略)

(一)员工薪酬满意度的结论(略)

归纳、总结薪酬满意度的整体水平、不同维度的水平,以及不同群体的水平。

(二)员工薪酬满意度的提升建议(略)

结合员工满意度水平、员工建议及公司实际情况,提出提升员工薪酬满意度的建议。

第四节　市场薪酬调查

一、实验目的

(1)掌握市场薪酬调查的实施步骤。
(2)设计市场薪酬调查问卷。
(3)知晓市场薪酬调查的种类与市场薪酬调查报告的结构。

二、知识要点

（一）市场薪酬调查的含义与种类

1. 市场薪酬调查的含义

市场薪酬调查是采集、分析竞争对手所支付薪酬水平的系统过程。

2. 市场薪酬调查的种类

第一，根据调查的方式，市场薪酬调查可分为正式薪酬调查和非正式薪酬调查。前者可通过正式的问卷或访谈得到，后者则可能在私人会谈中取得。第二，从组织者来看，正式调查可分为商业性薪酬调查、专业性薪酬调查和政府薪酬调查。商业性薪酬调查一般由咨询公司完成；专业性薪酬调查由专业协会完成，如美国管理会、美国行政管理协会等进行的薪酬调查；政府薪酬调查则由国家有关部门完成。

（二）市场薪酬调查的实施步骤

市场薪酬调查的实施分为准备、实施、结果分析与市场薪酬调查报告的撰写等4个步骤。

1. 市场薪酬调查的准备

（1）根据需要审查已有薪酬调查数据，确定调查的必要性及其实施方式。

（2）选择准备调查的职位及其层次，即选择典型职位。

（3）界定劳动力市场范围即调查范围，明确作为调查对象的目标企业及其数量。

（4）选择所要收集的薪酬信息内容，如基本薪酬、年度奖金和其他年度现金支付、股票期权或虚拟股票计划等长期激励计划、各种补充福利计划、薪酬政策与职位概览等信息。

（5）设计市场薪酬调查问卷或面谈提纲。

2. 市场薪酬调查的实施

调查者通过邮寄、电子邮件、电话访问或面谈等方式，从准备步骤抽取的被调查者处获得数据。采用问卷调查时，可以预留2~4周填写时间，并在2~4周的中间时间点、结束时间点前联系被调查者，以提高回收率。

3. 市场薪酬调查的结果分析

收回数据后，首先，核查数据，找出明显不合理之处并进行核查和修正。其次，数据分析，主要进行以下4种分析。

（1）频度分析。将薪酬数据从低到高分组排列，然后计算每一组薪酬数据涉及的组织数量。

（2）趋中趋势分析。趋中趋势分析主要分析数据的平均水平，包括简单平均数分析、加权平均数与中位数。

（3）离散分析。离散分析旨在明晰数据的离散程度或差异程度，主要包括标准差分析、百分位分析与四分位分析。其中，百分位分析是将薪酬调查数据的顺序划分为100等分，然后得出某一薪酬水平所处的位置。它所代表的是有百分之多少的公司的薪酬水平低于该百分位上的公司的薪酬水平，如第75个百分位（75P）是指75%的公司都低于该公司的薪酬水平。

（4）回归分析。回归分析是用来测量两个或多个变量之间因果关系的方法。

4. 市场薪酬调查报告的撰写

将结果分析按照薪酬调查报告的结构呈现出来。

（三）市场薪酬调查问卷的设计

市场薪酬调查问卷与薪酬满意度调查问卷的结构相同，均包括封面信、主体与其他信息。市场薪酬调查问卷主体一般包括以下内容。

（1）被调查企业的信息，如企业规模、所在行业、销售收入等。

（2）被调查职位的信息，如职位名称、报告对象、下属人数等。

（3）被调查职位薪酬管理信息，如薪酬体系、薪酬水平、薪酬结构、薪酬政策等。根据调查目的确定重点。

大型市场薪酬调查如美世中国整体薪酬调研，还对设计调查手册、市场薪酬调查问卷的问题及备选项等进行说明。

（四）市场薪酬调查报告的结构

首先是概述，说明调查背景与调查目的。其次，详尽描述调查方法，包括问卷设计思路、抽样方法与程序、调查实施时间、数据分析方法。再次，分行业、地区、企业、职位等进行市场薪酬数据分析。最后，根据调查结果，针对调查目的提出建议。

三、实验内容与实验要求

（一）实验内容

根据案例6-4，编写一份人力资源管理部市场薪酬调查问卷。

（二）实验要求

内容完整，与背景、本节知识点匹配。

案例6-4　A公司的市场薪酬调查

A公司为生产型企业，现有员工100人。针对近一年来日益加剧的员工流失现象，A公司通过分析离职员工面谈材料，发现薪酬管理中存在的问题是导致员工流失的重要原因。在薪酬管理存在的问题中，其中一项是部分岗位的薪酬水平偏低。为清晰认识自身的薪酬管理与当地同行业其他公司的差距，A 公司拟展开市场薪酬调查。

四、实验步骤

（一）准备阶段

老师讲解实验内容、实验要求与实验报告考核方法。

（二）实验阶段

学生阅读实验内容，结合相关知识点与问题，根据实验要求撰写实验报告初稿。

（三）归纳总结阶段

学生陈述实验报告，其他学生与老师点评，老师总结。

（四）修改完善阶段

学生根据归纳总结阶段的意见修改和完善实验报告。

五、实验课时

1~2 课时，根据课程总体课时确定具体课时。

六、实验报告考核方法

实验报告成绩分为 5 个等级：优秀、良好、中等、及格与不及格。不同等级的评价标准如下。

（一）优秀的评价标准

第一，在规定时间内完成实验内容。第二，逻辑非常清晰，实验报告内容与案例 6-4 的内容和要求及市场薪酬调查知识点高度一致。第三，内容非常完整，实验报告包括了市场薪酬调查问卷的所有内容。第四，语言表达非常准确、专业。第五，排版非常规范、简洁、美观。

（二）良好的评价标准

第一，在规定时间内完成实验内容。第二，逻辑清晰，实验报告内容与案例 6-4 的内容和要求及市场薪酬调查知识点高度匹配。第三，内容完整，实验报告包括了市场薪酬调查问卷的全部内容。第四，语言表达准确、专业。第五，排版规范、简洁、美观。

（三）中等的评价标准

第一，在规定时间内完成实验内容。第二，逻辑比较清晰，实验报告内容与案例 6-4 的内容和要求及市场薪酬调查知识点较为匹配。第三，内容比较完整，实验报告包括了市场薪酬调查问卷的主要内容。第四，语言表达比较准确、专业。

第五，排版比较规范、简洁、美观。

（四）及格的评价标准

第一，在规定时间内完成实验内容的主体。第二，逻辑比较清晰，但局部存在瑕疵，报告内容与案例6-4的内容和要求及市场薪酬调查知识点的匹配度尚可。第三，内容基本完整，实验报告包括了市场薪酬调查问卷的大部分内容。第四，部分语言表达不够准确、专业。第五，排版的规范度和美观度尚可。

（五）不及格的评价标准

第一，未能在规定时间内完成实验内容的主体部分。第二，从整体来看，逻辑不清晰，实验报告内容与案例6-4的内容和要求及市场薪酬调查知识点不匹配。第三，从内容来看，实验报告未能包括本实验内容的主体。第四，从整体来看，语言表达不够准确和专业。第五，排版较为凌乱。

七、习题

比较薪酬满意度调查与市场薪酬调查的区别。

八、常用工具

（一）市场薪酬调查问卷示例

人力资源管理类岗位薪酬调查问卷

尊敬的女士/先生：

您好！我是ABC人力资源咨询公司的员工。为了解人力资源管理类岗位的薪酬情况，并为企业人力资源管理部门类岗位的薪酬调整提供事实依据，特进行此次市场薪酬调查。

调查结果将严格保密，请在相应位置放心填写或选择。非常感谢您的积极参与和大力支持！

回收说明：请在收到本问卷起2周内回复，回复到发送邮件的地址。

一、企业信息

1. 企业名称：＿＿＿＿＿＿＿＿＿＿

2. 企业所在行业：＿＿＿＿＿＿＿＿

3. 企业性质：＿＿＿＿＿＿＿＿＿＿

4. 企业规模：＿＿＿＿＿＿＿＿＿＿

5. 联系方式（1）姓名：＿＿＿＿＿＿（2）职位：＿＿＿＿＿＿（3）电话：＿＿＿＿＿＿（4）传真：＿＿＿＿＿＿（5）电子邮件：＿＿＿＿＿＿

（6）通信地址：＿＿＿＿＿＿＿＿＿＿＿＿＿＿

…………（根据需要增减）

二、被调查职位信息

1. 职位名称：_____

2. 职位报告对象：_____

3. 下属人数：_____

…………（根据需要增减）

三、被调查职位薪酬信息

1. 该职位年薪约为_____万元，其中，基本薪酬占比约为_____%，可变薪酬占比约为_____%，福利薪酬占比约为_____%。

2. 该职位基本薪酬的第一决定依据是_____，第二决定依据是_____，第三决定依据是_____。

…………（根据需要增减）

调查到此结束，再次感谢您的积极参与和大力配合！

（二）市场薪酬调查报告示例

某地小型生产类企业薪酬调查报告

一、调查背景与调查目的

A 公司作为某地的一家小型生产类企业，员工流失现象日益突出。离职员工面谈显示：薪酬水平偏低是导致员工流失的重要原因。为此，特开展当地小型生产企业的薪酬调查，以期调整 A 公司的薪酬水平，降低员工流失率。

二、调查方法（略）

说明问卷设计思路、抽样方法与抽样程序、调查实施时间以及数据分析方法。

三、调查结果分析

（一）某地小型生产类企业主要岗位的整体薪资情况分析

某地小型生产类企业主要岗位整体薪资的高位数（75P）、中位数、低位数（25P）、平均数及本公司的薪资情况如表 6-2 所示。

表 6-2 某地小型生产类企业主要岗位的整体薪资情况

岗位/职务	高位数	中位数	低位数	平均数	A公司现行工资	A公司现行工资占中位数的比例
生产工人						
部门经理						
总经理						

(二) 某地小型生产类企业主要岗位的具体薪资情况分析（每一部分均可以根据需要增减）

1、某地小型生产类企业生产工人的具体薪资情况分析

(1) 不同行业生产工人的薪酬水平与构成。（略）

(2) 不同性质企业生产工人的薪酬水平与构成。（略）

根据需要展示其他岗位的具体薪资情况。

(三) A公司薪酬调整建议（略）

第五节 基本薪酬设计

一、实验目的

(1) 掌握基本薪酬设计的一般流程。
(2) 掌握职位评价方法。
(3) 理解薪酬结构的相关概念。
(4) 掌握薪酬结构建立的步骤。
(5) 明确基本薪酬制度的内容。

二、知识要点

(一) 基本薪酬与薪酬结构的含义

1. 基本薪酬的含义

基本薪酬是一个组织根据员工承担的职位及其相应的工作职责，或者员工所具备的完成工作的技能或能力等，向员工支付的相对稳定的经济性报酬。

2. 薪酬结构的含义

薪酬结构是对同一组织内部不同职位或者不同技能之间的工资率所做的安排。

由薪酬结构与基本薪酬的定义可知，虽然二者分属薪酬管理的不同维度，但它们之间存在紧密联系，基本薪酬体现在薪酬结构之中，薪酬结构是组织内部所有岗位基本薪酬的集合。

(二) 基本薪酬设计的一般流程

由基本薪酬的定义可知，在通过薪酬预算确定基本薪酬总额后，基本薪酬设计的一般流程如图6-2所示。

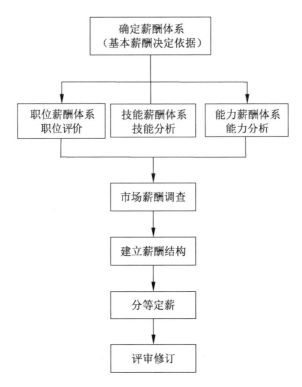

图 6-2 基本薪酬设计的一般流程

在基本薪酬设计的流程中,市场薪酬调查已在本章上一节讲解,剩余的重点和难点是职位评价、技能分析、能力分析及薪酬结构的建立。在薪酬体系的三大决定依据中,最常用的是职位薪酬体系。因此,职位薪酬体系中的职位评价十分重要。

(三) 职位评价的方法

职位评价是系统地确定职位之间的相对价值从而为组织建立一个职位结构的过程。常用的职位评价方法有以下 4 种。

1. 排序法

(1) 排序法的含义。排序法是根据总体上界定的职位的相对价值或职位对组织成功所做出的贡献而对职位进行从高到低的排列,并据此确定职位相对价值的一种职位评价方法。

(2) 排序法的步骤。排序法的步骤见图 6-3。

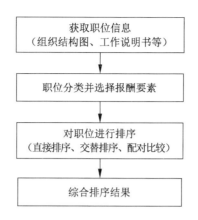

图 6-3 排序法的步骤

资料来源：刘昕．薪酬管理［M］．5版．北京：中国人民大学出版社，2017：91-92.

（3）排序法的优缺点。优点是快速、简单、成本低并容易与员工沟通。缺点主要有4个：首先，难以达成共识，尤其是职位差异不大的员工；其次，易受评价者的职业生涯影响，一般而言，评价者都认为自己的工作很重要；再次，不能得到不同职位之间的具体价值差距及其解释；最后，职位数量过多会使排序法的操作更困难，较为适宜的数量是15个。

2. 分类法

（1）分类法的含义。分类法是将各种职位放入事先确定好的不同职位等级的一种职位评价方法。

（2）分类法的步骤。第一步，确定合适的职位等级数量。一般而言，企业中的职位类型越多，职位差异越大，等级数量越多；反之，则职位等级数量越少。第二步，编写每一职位等级的定义。即对职位内涵进行较为宽泛的描述，通常需要阐述相应等级职位的特征，一般包括职位内容概要、职位所承担的责任、职位所需要具备的知识水平与技能水平、职位所接受的指导与监督。第三步，根据职位等级定义对职位进行等级分类。比较每个被评价职位的完整工作说明书与上一步编写的职位等级定义，将其归入相应的等级。

（3）分类法的优缺点。优点是容易解释、执行速度快、对评价者的培训少、易对大量的职位进行评价。缺点主要体现在以下4个方面：首先，职位等级定义很容易出现过宽或过窄的情形，影响分类结果；其次，对等级的描述易受人为主观影响；再次，分类法对外界的反应迟钝；最后，与排序法一样，分类法无法对职位之间的价值差距进行定量分析。

3. 要素计点法

（1）要素计点法的含义。要素计点法是通过选择报酬要素、分配报酬要素权重，建立职位等级评价尺度，评价被评价职位在报酬要素中的等级以最终确定职位之间相对价值的方法。

(2) 要素计点法的步骤。完整的要素计点法包括以下 7 个步骤。

步骤 1，选择典型职位。典型职位是对内能很好地代表组织内部职种和职级，对外又广泛存在的岗位。从内部来看，可以借助职位矩阵筛选典型职位，最好包括所有职种和所有职级。

步骤 2，选择并界定报酬要素。报酬要素是指被评价职位中包含的、有价值并且组织愿意付出报酬的特征。一般而言，报酬要素主要有责任、技能、努力及工作条件；合益集团采用的报酬要素是知识（投入）、解决问题（过程）与应负责任（产出）。

步骤 3，确定报酬要素等级数量并给出各个等级的定义。等级数量的多少取决于被评价职位在该报酬要素上的差异程度，一般而言，差异越大，等级数量越多。各个等级的定义要求必须具体明确。

步骤 4，确定不同报酬要素在职位评价体系中的权重或相对价值。主要有两种方法：经验法与统计法。其中，经验法包括个人主观确定、头脑风暴法、德尔菲法等，统计法主要包括层次分析法和多元回归统计分析方法。

步骤 5，确定总点值并进行点值分配，建立职位等级评价尺度。首先，确定总点值。总点值由评价者主观确定，一般而言，组织规模越大、职位数量越多，总点值越大。其次，将总点值按照权重分配到各个报酬要素。计算方法是总点值乘以报酬要素权重，总点值与报酬要素权重的乘积亦是每个报酬要素的最高点值。最后，在报酬要素内部不同等级之间分配点值，分配完成后形成职位等级评价尺度。报酬要素内部点值分配可采用几何法或算术法。运用几何法时，评价者在主观决定比率差的基础上计算其他等级的点值。比率差由评价者主观确定，比率差越大，不同等级之间的薪酬水平差异越大；其他等级点值是相邻上一等级的点值除以 1 加比率差，最高等级点值是总点值与该报酬要素权重的乘积，最高等级点值除以 1 加比率差即为次高等级的点值。依次类推，可以得到所有等级的点值。运用算术法时，在确定级差的基础上，计算每一等级的点值；级差是最高等级点值与等级数量的商，最高等级点值仍然是总点值与该报酬要素权重的乘积；每个等级的点值等于相邻上一等级的点值减去级差。点值分配完成后，不同报酬要素的不同等级数量点值即为职位等级评价尺度。

步骤 6，运用职位等级评价尺度评价被评价职位。找出被评价职位在每一报酬要素上所处的等级，将对应等级的点值加总即该职位的点值。

步骤 7，将所有被评价职位根据点数排序，建立职位等级结构。职位等级数量主要由组织职位差异的大小决定。一个职位等级对应一个点值区间，最高等级点值区间的最大值是总点值，最低等级的最低点值比被评价职位中的最低点值略低。

等级之间最大值的差距有 4 种确定办法：绝对值恒定的级差、绝对值逐级增加的级差、差异比率恒定的级差、差异比率变动的级差。其中，绝对值恒定的级差是指各个职位等级的最大点值形成一个等差数列，公差等于最高等级的最大点值减去最低等级的最低点值，再除以等级数量；绝对值逐级增加的级差是指随着职位等级的走高，各个职位等级最大点值的级差不断增大；差异比率恒定的级差是指各个职位等级的最大点值形成一个等比数列，差异比率由主观确定；差异比率变动的级差是指随着职位等级的变动，各个职位等级最大点值的差异比率也发生变动，一般而言，差异比率可随职位等级的走高不断增加。由于一个点值区间对应一个等级，因此，一个等级可能包括多个职位。

（3）要素计点法的优缺点。优点是结果更为精确；可以运用可比性的点数对不相似的职位进行比较；运用较为广泛；由于报酬要素的选择与企业战略挂钩，所以有利于企业战略的实现。缺点是费时费力，仍有可能受到主观因素的影响。

（4）标准化的要素计点法。标准化的要素计点法是已经建立了职位评价尺度的要素计点法，主要包括合益职位评价体系、国际职位评价系统（美世公司）、因素评价系统（美国联邦政府职位评价系统）与职位分析问卷法。

4. 要素比较法

（1）要素比较法的含义。要素比较法是根据多个报酬要素多次排序（重要性排序、价值排序）从而确定职位价值的方法。

（2）要素比较法的步骤。完整的要素比较法包括以下 8 个步骤。

步骤 1，获取职位信息，确定报酬要素。组织不同、职位不同，选择的报酬要素亦存在差异。部分组织选择心理要求、生理要求、技术要求、承担责任与工作条件作为报酬要素。

步骤 2，选择典型职位，并确定典型职位的薪酬水平。典型职位是可比性较强的职位，一般为 15~20 个。此外，还应确定典型职位的薪酬水平。

步骤 3，根据典型职位内部相同报酬要素的重要性对职位进行排序。排序的主要依据是典型职位的工作描述与工作规范。

步骤 4，将典型职位的薪酬水平分配到每个报酬要素中。首先，确定每个报酬要素的权重；其次，确定典型职位每个报酬要素的价值，报酬要素价值等于报酬要素权重与该典型职位薪酬水平的乘积；最后，为降低主观影响，可将多个评价者的评价结果进行平均。采用上述步骤评价所有典型职位。

步骤 5，根据典型职位内部报酬要素的价值对职位进行排序。即根据报酬要素的货币价值排序。

步骤 6，根据两种排序结果选出不便于利用的典型职位。不便于利用的典型职位是指两种排序结果不一致的职位。一般而言，要素比较法的前提是报酬要素的重要性与职位的货币价值相统一,如果不统一,则表明这一职位的货币价值与其重要性不匹配,不满足该方法的前提,应从典型职位中删除该职位。

步骤7,建立典型职位报酬要素等级基准表。根据典型职位的薪酬水平和每一典型职位内部每种报酬要素的薪酬水平确定典型职位报酬要素基准表。

步骤8,使用典型职位报酬要素等级基准表确定其他职位的薪酬。在确定非典型职位的薪酬水平时,采用内插法确定其他职位每个报酬要素在典型职位报酬要素等级基准表中的位置,再将各个报酬要素的薪酬水平加总,加总结果即该职位的薪酬水平。

(3)要素比较法的优缺点。优点是精确、系统且易于对员工做出解释。缺点是评价过程较为复杂,并且对其他职位的价值的确定带有模糊性。

(四) 技能分析的步骤

在基本薪酬设计中,如果采用技能薪酬体系,则需要展开技能分析。技能薪酬体系的重点和关键是把工作任务转换成可以评价的员工技能。因此,从操作流程来看,技能分析主要有下面5个步骤。

1. 成立技能薪酬计划设计小组

主要包括从事指导与管理的指导委员会成员,如高层管理人员与主题专家。

2. 进行工作任务分析

以拟实行技能薪酬体系的岗位为对象,分析被评价岗位所承担的工作任务,采用标准化的形式描述工作任务,包括6个方面:做什么(what)、如何做(how)、为什么做(why)、对谁做(who)、在哪里做(where)、什么时候做(when)。

3. 评价工作任务,创建新的工作任务清单

主要从任务的重要性(对组织目标实现的贡献大小和任务的难度)、完成该任务的难易程度及所需技能的高低两方面分别进行评价,并组合形成统一的结果,即任务清单。组合的方法主要有统计法和观察法。

4. 技能等级的确定与定价

将难度或重要性相似的任务集合在一起,形成技能等级模块,按照以下5个维度确定技能等级模块的价格:失误的后果、工作相关度、基本的能力水平、工作或操作的水平、监督责任。其中,失误的后果是指该技能等级发挥失误可能造成的结果,工作相关度是指该技能等级对完成任务的贡献度,基本的能力水平是指学习该等级技能所需要具备的数学、语言及推理等方面的能力水平,工作或操作的水平是指该技能等级的深度与广度,监督责任是指该等级技能所涉及的领导能力、问题解决能力等。

5. 员工技能的分析、培训与认证

员工技能分析主要是分析员工已有的技能水平和技能内容。根据组织的目标和

技能分析的结果制订培训计划,培训结束后,对员工的技能学习进行认证和再认证。

(五)能力分析的步骤

职位薪酬体系围绕职位的分析和评价展开,技能薪酬体系围绕技能的分析和认证展开。同样,能力薪酬体系围绕评价工作所需要的能力和员工所拥有的能力展开。具体步骤如下。

1. 确定能力范围

根据组织战略、业务等确定组织所需要的核心能力和其他能力。

2. 能力转换与等级划分

将能力转换为可观察的行为,形成能力模块,并对其进行等级划分。

3. 能力检验与确定

检验核心能力、能力模块与绩效的相关性,并最终确定组织所需要的能力。

4. 评价员工能力

以能力模块为标准,通过观察、绩效考核、测试等途径,确定员工能力构成与等级。职位评价、技能分析、能力分析更多地体现薪酬管理的内部公平性和内部相对价值,结合市场薪酬调查,形成薪酬结构,不仅可以体现外部竞争性,还可将相对价值转换为员工的基本薪酬水平。

(六)薪酬结构的相关概念

薪酬结构是组织对内部不同职位或不同技能/能力之间的工资率所做的安排,包括薪酬等级数量、薪酬等级内部的薪酬变动范围,以及相邻两个薪酬等级之间的交叉与重叠关系。因为技能评价与能力评价的标准化程度低于职位评价,因此,在薪酬结构的相关概念与设计步骤中,以职位薪酬体系为例,主要涉及以下7个概念。

1. 薪酬等级数量

薪酬等级数量既与职位评价结果相关,也与组织职位数量、职位差异程度相关。一般而言,薪酬等级数量大于或等于职位评价中的等级数量。

2. 薪酬变动范围

薪酬变动范围是同一薪酬等级中最高值与最低值之间的绝对差距,计算方法为同一薪酬等级的最高值减去最低值。

3. 薪酬变动比率

薪酬变动比率是薪酬变动范围与该等级中最低值的比率。不同等级的薪酬变动比率不同,一般而言,等级越低,薪酬变动比率越小,反之则越大。薪酬变动比率一般主观确定。

一般而言,同一薪酬等级中的最高值、最低值、中值——最大值与最小值的算术平均数、薪酬变动比率的确定顺序如下:首先,根据市场薪酬调查和内部职位评价点值的回归取得薪酬等级的初步中值;其次,根据比较比率,调整初步中值;最后，根据调整后的初步中值与主观确定的外部薪酬变动比率，确定最高值和最低值。

4. 薪酬区间的比较比率

薪酬区间的比较比率分为内部薪酬比较比率与外部薪酬比较比率。内部薪酬比较比率是员工实际的基本薪酬与相应等级中值的比率，反映了某一员工薪酬与该薪酬等级平均值之间的关系。外部薪酬比较比率是某一薪酬等级中值与市场平均薪酬水平的比率，反映了企业平均薪酬水平与市场水平之间的关系。二者均在100%左右浮动。

5. 薪酬区间渗透度

薪酬区间渗透度是员工实际基本薪酬减去该薪酬等级最低值的差值与该薪酬区间变动范围之间的比率，反映了员工基本薪酬水平在其所在薪酬区间所处的相对地位。

6. 中值级差比率

中值级差比率是薪酬等级中值的变动百分比。

7. 相邻薪酬等级之间的区间叠幅

叠幅等于低一等级的最高值减去高一等级的最高值。

在薪酬结构建立中，先确定中值与变动比率，再根据中值、变动比率的计算公式计算其他相关指标。相关公式总结如下：

最小值=2×中值÷（2+变动比率）

最大值=(1+变动比率)×最小值 或 2×中值×(1+变动比率)÷(2+变动比率)

区间变动范围=最大值−最小值 或 2×中值×变动比率÷(2+变动比率)

比较比率=实际薪酬÷区间中值（或者区间中值÷市场中值）

区间渗透度=（实际薪酬−区间最小值）÷区间变动范围

相邻等级中值级差比率=（高一等级中值÷低一级中值）−1

相邻等级叠幅=低一等级最高值−高一等级最低值

（七）薪酬结构设计步骤

薪酬结构设计步骤如图6-4所示。

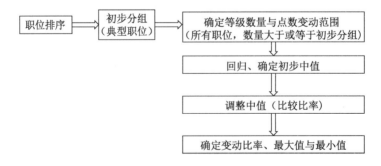

图6-4 薪酬结构设计步骤

具体步骤如下。

1. 根据点值对被评价职位进行排序

纵观被评价职位的点值状况，根据职位评价点数对职位进行排序调整，调整点数明显不合理的职位。

2. 按照职位点数对职位进行初步分组

分组的依据是所得点值十分接近。

3. 根据职位评价点数确定职位等级数量与点数变动范围

因为步骤 1 与步骤 2 中的职位为典型职位，但在划分职位等级的时候，还应考虑未被评价的非典型职位，因此，步骤 3 的等级数量较步骤 2 有所增加，等级之间与等级内部的变动比率有所减小。点数变动范围的确定方法与要素计点法步骤 7——职位等级结构建立中的点数变动范围的确定方法相同。

4. 将职位等级划分、职位评价点数与市场薪酬调查数据结合起来

从理论上来看，职位评价点数决定了职位薪酬水平。因此，可通过回归分析得出市场薪酬水平（Y）与职位评价点数（X）的关系，二者关系如下：

$$Y = a + bX$$

结合已经收集到的市场薪酬水平与已经给出评价结果的职位评价点数，借助统计学相关知识，可求出系数 a、b 的值，系数 a、b 的计算公式如下：

$$b = \frac{n\sum XY - \sum X \sum Y}{n\sum X^2 - (\sum X)^2} \qquad a = \overline{Y} - b\overline{X}$$

在系数计算公式里，"X""Y""$\overline{X}$""$\overline{Y}$"分别代表典型职位的职位评价点数、市场薪酬水平、职位评价点数的平均值和市场薪酬水平的平均值。

求出系数 a、b 后，再将每一职位等级的中间点值代入方程，即可得到每个职位等级的区间中值。

5. 考察薪酬区间中值与市场薪酬水平的比较比率，对问题职位的区间中值进行调整

这里的调整主要是要考虑不同薪酬等级之间的内部一致性和外部竞争性。如果比较比率过大，则根据企业的战略需要、支付能力、市场供给与内部一致性决定是否调小；若过小，则根据职位价值、支付能力、市场供给与内部一致性决定是否调大。

6. 根据区间中值与变动比率，建立薪酬结构

根据区间中值与变动比率确定每个等级的最低值和最高值，建立薪酬结构。

(八) 分等定薪与评审修订

分等定薪是将所有岗位放入不同的薪酬结构级别中，并根据其相对价值如点值，为每个岗位确定基本薪酬水平。岗位基本薪酬水平可以是一个具体数值，也

可以是一个范围。当基本薪酬水平是一个范围时，可细分薪档，并确定薪档的区分依据，如员工的工龄、绩效、技能与能力等。

评审修订是对设计基本薪酬的实施过程和设计出的基本薪酬结果进行评价审核，如有争议，再协商调整，最终形成组织基本薪酬制度。

（九）基本薪酬制度的内容

基本薪酬制度一般包括总则、基本薪酬构成与基本薪酬制定依据、职位及其所属薪等与薪档、初次定档、基本薪酬调整、基本薪酬支付与沟通、附则等内容。其中，总则主要包括基本薪酬制度的目的、适用范围、制定原则等内容，附则主要说明基本薪酬制度的实施日期与解释权。

三、实验内容与实验要求

（一）实验内容

根据案例6-5，完成以下实验内容：

(1) 采用要素计点法进行职位评价，并建立职位薪酬等级结构。

(2) 建立该企业的薪酬结构。

（二）实验要求

给出建立步骤与最终结果。

案例6-5　A公司的基本薪酬设计

A公司为生产型企业，现有员工100人。公司主要设立了生产部、营销部、财务部与人力资源部，公司设总经理岗位1个，每个部门又分为两个职级：员工级和主管级。市场薪酬调查数据显示：规模、业务相似公司总经理的平均月薪为30000元，营销主管与财务主管的平均月薪为15000元，人力资源主管的平均月薪为12000元，营销员的平均月薪为8000元，财务员、人力资源专员及生产工人的平均月薪为7000元。

四、实验步骤

（一）准备阶段

老师讲解实验内容、实验要求与实验报告考核方法。

（二）实验阶段

学生阅读实验内容，结合相关知识点与问题，根据实验要求撰写实验报告初稿。

（三）归纳总结阶段

学生陈述实验报告，其他学生与老师点评，老师总结。

(四) 修改完善阶段

学生根据归纳总结阶段的意见修改和完善实验报告。

五、实验课时

3~4课时，根据课程总体课时确定具体课时。

六、实验报告考核方法

实验报告成绩分为5个等级：优秀、良好、中等、及格与不及格。各个等级的标准如下。

(一) 优秀的评价标准

第一，在规定时间内完成实验内容。第二，逻辑非常清晰，实验报告内容与案例6-5的内容和要求及基本薪酬设计知识点高度一致。第三，内容非常完整，实验报告包括了职位薪酬等级结构与薪酬结构建立的所有步骤，且每个步骤都非常具体。第四，语言表达非常准确、专业。第五，排版非常规范、简洁、美观。

(二) 良好的评价标准

第一，在规定时间内完成实验内容。第二，逻辑清晰，实验报告内容与案例6-5的内容和要求及基本薪酬设计知识点高度匹配。第三，内容完整，实验报告包括了职位薪酬等级结构与薪酬结构的所有步骤，且每个步骤都具体。第四，语言表达准确、专业。第五，排版规范、简洁、美观。

(三) 中等的评价标准

第一，在规定时间内完成实验内容。第二，逻辑比较清晰，实验报告内容与案例6-5的内容和要求及基本薪酬设计知识点较为匹配。第三，内容比较完整，实验报告包括了职位薪酬等级结构与薪酬结构的主要步骤，且每个步骤都比较具体。第四，语言表达比较准确、专业。第五，排版比较规范、简洁、美观。

(四) 及格的评价标准

第一，在规定时间内完成实验内容的主体。第二，逻辑比较清晰，但局部存在瑕疵，报告内容与案例6-5的内容和要求及基本薪酬设计知识点的匹配度尚可。第三，内容基本完整，实验报告包括了职位薪酬等级结构与薪酬结构的大部分步骤，且每个步骤都较为具体。第四，部分语言表达不够准确、专业。第五，排版的规范度和美观度尚可。

(五) 不及格的评价标准

第一，未能在规定时间内完成实验内容的主体部分。第二，从整体来看，逻辑不清晰，实验报告内容与案例6-5的内容和要求及基本薪酬设计知识点不匹配。第三，从内容来看，实验报告未能包括本实验内容的主体。第四，从整体来看，语言表达不够准确和专业。第五，排版较为凌乱。

七、习题

1. 比较不同职位评价方法的差异。
2. 将职位评价与建立薪酬结构的步骤结合起来，梳理采用职位评价法建立薪酬结构的完整步骤。

八、常用工具

（一）采用要素计点法设计基本薪酬的步骤示例

对一小型研发公司（B公司）采用要素计点法建立薪酬结构，并确立不同岗位的基本薪酬。该公司主要设立了研发部、销售部、财务部、人力资源部与行政管理部，设立总经理岗位，每个部门设立主管级与员工级两个职级。

步骤：

（1）选择典型职位与被评价职位的报酬要素并进行界定。根据组织规模、组织结构、主营业务等，典型职位选择办公室文员、人力资源管理专员、销售人员、产品研发员、人力资源管理主管、财务主管、研发主管、总经理；报酬要素选择知识、技能、沟通协调、决策、努力。在这里，知识是指完成工作所需要的学历，技能是指完成工作所需要的工作经验或职称，沟通协调是指工作中沟通的频率、方法及渠道，决策是指工作中决策涉及的范围、层级，努力是指工作所需要的体力和脑力的付出。

（2）对每一报酬要素的各种程度或水平加以界定并确定要素等级（表6-3—表6-7）。

表6-3 报酬要素——知识的等级界定

等级	界定
1级	专科及以下
2级	本科
3级	硕士
4级	博士

表6-4 报酬要素——技能的等级界定

等级	界定
1级	无工作经验
2级	1~2年的工作经验

续表

等级	界定
3级	初级职称或3~6年的工作经验
4级	中级职称
5级	高级职称

表6-5 报酬要素——沟通协调的等级界定

等级	界定
1级	较多地接受信息输入
2级	经常协调与同事的关系
3级	经常协调基层管理人员之间的关系
4级	较多地协调中高层管理者之间的关系
5级	就企业战略进行内外部的交流

表6-6 报酬要素——决策的等级界定

等级	界定
1级	接受决策
2级	就本职工作做一定的决策
3级	协助制定公司整体决策或承担部门决策
4级	承担公司整体决策

表6-7 报酬要素——努力的等级界定

等级	界定
1级	以体力付出为主
2级	以脑力付出为主
3级	脑力与体力付出并重

（3）确定不同报酬要素在职位评价体系中所占的权重或相对价值。采用经验法，根据公司主营业务，知识、技能、沟通协调、决策与努力的权重分别为30%、30%、20%、10%、10%。

（4）确定总点值，建立等级评价尺度表。总点值1 000，报酬要素内部采用算术法分配点值（表6-8）。

表 6-8　等级评价尺度表

报酬要素	等级	点值
知识（30%）	1	75
	2	150
	3	225
	4	300
技能（30%）	1	60
	2	120
	3	180
	4	240
	5	300
沟通协调（20%）	1	40
	2	80
	3	120
	4	160
	5	200
决策（10%）	1	25
	2	50
	3	75
	4	100
努力（10%）	1	33
	2	66
	3	100

（5）运用等级评价尺度表评价典型职位（表 6-9）。

表 6-9　典型职位的评价结果

		知识	技能	沟通协调	决策	努力	点值总计
办公室文员	等级	2	2	2	2	2	466
	点值	150	120	80	50	66	
人力资源管理专员	等级	2	2	3	2	2	506
	点值	150	120	120	50	66	
销售人员	等级	2	2	2	3	3	525
	点值	150	120	80	75	100	

续表

		知识	技能	沟通协调	决策	努力	点值总计
产品研发员	等级	3	3	2	2	2	601
	点值	225	180	80	50	66	
人力资源管理主管	等级	2	3	4	3	2	631
	点值	150	180	160	75	66	
财务主管	等级	3	4	4	3	2	766
	点值	225	240	160	75	66	
研发主管	等级	3	5	4	3	2	826
	点值	225	300	160	75	66	
总经理	等级	4	5	5	4	2	966
	点值	300	300	200	100	66	

（6）将所有被评价职位按照点数高低排序，建立职位等级结构（表6-10）。

表6-10 职位等级结构

职级	点值范围	包括的被评价职位
1	401—600	办公室文员、人力资源管理专员、销售人员
2	601—800	产品研发员、人力资源管理主管、财务主管
3	801—1000	研发主管、总经理

（7）纵观被评价职位的点值状况，根据职位评价点数对职位进行排序（表6-11）。

表6-11 被评价职位排序

顺序（从低到高）	职位名称	点值
1	办公室文员	466
2	人力资源管理专员	506
3	销售人员	525
4	产品研发员	601
5	人力资源管理主管	631
6	财务主管	766
7	研发主管	826
8	总经理	966

(8) 根据职位的评价点数确定职位等级的数量及其点数变动范围（表6-12）。

表6-12 正式职位等级划分及其点值变动区间

职级	点值范围
1	400—500
2	501—600
3	601—700
4	701—800
5	801—900
6	901—1000

(9) 将职位等级划分、职位评价点数与市场薪酬调查数据结合起来，并求出回归拟合线（表6-13）。

表6-13 职位评价点数与市场薪酬水平

顺序	职位名称	点值	市场薪酬水平/元
1	办公室文员	466	4 500
2	人力资源管理专员	506	5 500
3	销售人员	525	6 000
4	产品研发员	601	8 000
5	人力资源管理主管	631	9 500
6	财务主管	766	10 000
7	研发主管	826	12 000
8	总经理	966	15 000

注：市场薪酬水平数据来源于网络与非正式调查。

$Y = 19.90X - 4333 \quad R = 0.984 \quad R^2 = 0.967$

(10) 计算区间中值。将每一区间的中间点值代入上式即可（表6-14）。

表6-14 区间中值

职级	点值范围	区间中值
1	400—500	4 622
2	501—600	6 612
3	601—700	8 602
4	701—800	10 592
5	801—900	12 582
6	901—1000	14 572

(11) 考察薪酬区间中值与市场水平的比较比率，对问题职位的区间中值进行调整。第三等级、第六等级略低，而第二等级的中值过高（表6-15）。

表6-15 经调整后的区间中值

等级	点值范围	职位	点值	市场薪酬/元	区间中值	比较比率/%	调整后的中值
1	400—500	办公室文员	466	4 500	4 622	102.71	4 600
2	501—600	人力资源管理专员	506	5 500	6 612	120.22	6 200
		销售人员	525	6 000		143.37	
3	601—700	产品研发员	601	8 000	8 602	107.53	8 700
		人力资源管理主管	631	9 500		90.55	
4	701—800	财务主管	766	10 000	10 592	105.92	10 600
5	801—900	研发主管	826	12 000	12 582	104.85	12 600
6	901—1000	总经理	966	15 000	14 572	97.15	15 000

（12）根据确定的各职位等级或薪酬等级的区间中值与区间变动比率建立薪酬结构（表6-16）。

表6-16 各等级的区间中值、变动比率、最小值与最大值

等级	中值	变动比率	最小值	最大值
1	4 600	0.5	3 680	5 520
2	6 200	0.8	4 428	7 970
3	8 700	0.8	6 214	11 185
4	10 600	0.9	7 310	13 889
5	12 600	1	8 400	16 800
6	15 000	1	10 000	20 000

最小值＝2×中值÷（2+变动比率）

最大值＝（1+变动比率）×最小值

（13）分等定薪、评审修订。不同岗位的薪酬等级与薪档见表6-17。所有新进员工，根据其拥有的知识和技能与岗位要求的比较，在所属薪等的第一到第四薪档间选择。当新进员工所拥有的知识、技能与该岗位的要求一致时，从第一档起薪；当新进员工的知识或技能高于岗位要求一个等级时，从第二档起薪；当新进员工的知识、技能同时高于岗位要求一个等级时，从第三档起薪；当新进员工的知识或技能单项高于岗位要求两个等级时，或同时高于岗位要求两个等级时，从第四档起薪。工作每满3年，或者学历提升一个等级，或者技能提升一个等级，或者连续两年绩效考核为优秀，基本薪酬均提高一个薪档。上述加薪条件不叠加

使用，最高不超过本薪级的最高值。薪级2包括两个岗位，根据岗位评价点值，人力资源管理专员从第一档起薪，销售人员从第二档起薪；薪级3包括两个岗位，根据岗位评价点值，产品研发员从第一档起薪，人力资源管理主管从第二档起薪。

表6-17 B公司基本薪酬薪级与薪档表

薪级	包含职位	薪档/元				
		1	2	3	4	5
1	办公室文员	3 680	4 140	4 600	5 060	5 520
2	人力资源管理专员、销售人员	4 428	5 314	6 200	7 085	7 970
3	产品研发员、人力资源管理主管	6 214	7 457	8 700	9 943	11 185
4	财务主管	7 310	8 955	10 600	12 245	13 889
5	研发主管	8 400	10 500	12 600	14 700	16 800
6	总经理	10 000	12 500	15 000	17 500	20 000

（二）基本薪酬制度示例

A公司基本薪酬制度

第一章 总 则

第一条 目的

为有效发挥薪酬在人力资源吸引、保留和激励中的重要作用，公司与员工双方在和谐双赢的基础上实现公司的可持续发展，根据组织战略与薪酬战略，特制定本制度。

第二条 适用范围

本制度适用于公司全体员工。

第三条 基本薪酬设计原则

一、战略性原则

基本薪酬制度体现公司战略且支持公司战略的实现。

二、内部公平性原则

以科学的职位评价结果作为基本薪酬的主要依据，保证公司内部基本薪酬差距的合理性和公平性。

三、外部公平性原则

根据市场薪酬调查结果调整公司薪酬水平，使公司薪酬水平与外部市场的薪酬水平具有可比性。

第二章 基本薪酬的依据

第四条 基本薪酬采用职位薪酬体系，根据岗位评价价值与市场薪酬水平确定基本薪酬。

第三章 基本薪酬的薪等与薪档

第五条 基本薪酬的薪等数量

薪等的决定依据来自职位评价，公司薪等分为6个等级。薪等越高，基本薪酬水平越高。

第六条 每一薪等的薪档数量

每一薪等从低到高分为4个薪档。

表6-19 A公司月基本薪酬薪等与薪档表

职位等级	所含职位	一档	二档	三档	四档
6	总经理	29000	30000	31000	32000
……	……	……	……	……	……

第七条 定级定档管理

根据员工所在岗位确定薪级；根据员工的社会工龄、最终学历和技能等级及其年限进行综合评估，确定薪档。根据定档参考模型与员工实际情况，计算员工定档分数，分值在1~3（包括3，下同）之间、3~5、5~6、6~7时，其对应的薪档分别是第一档、第二档、第三档与第四档。

表6-20 定档参考模型

评价要素	权重	对应分值						
		1	2	3	4	5	6	7
社会工龄	0.20	0~1	1~3	3~6	6~10	10~15	15~20	20+
最终学历	0.30	初中	高中/中专	大专	本科	双学士	硕士	博士
技能等级及其年限	0.50	初级4年以下	初级4年以上	中级3年以下	中级3年以上	高级2年以下	高级2-5年	高级5年以上

注：交叉点采用低一等级的分值。

第四章 基本薪酬调整

第八条 职位变动时的基本薪酬调整

一、员工职位晋升时，薪等上调至新职位所在等级，档位上调至与当前档位薪酬水平持平或最少高一档的档位。

二、员工在公司内部不同单位平调时，薪等薪档维持原有水平。

三、员工降职时，职等下调至新职位等级，档位下调至与当前档位薪酬水平持平或最少低一档的档位。

第九条　职位不变时的基本薪酬调整

职位不变时，根据上述定档参考模型调整员工的薪档。

第十条　基本薪酬普调

公司将根据行业市场薪酬变化情况，结合战略定位，定期动态对全体员工的基本薪酬水平进行普遍调整。调整的参考因素包括上年度公司经营绩效表现、本年度公司经营绩效预期、企业利润增长情况及市场薪酬水平的变化情况等。

第五章　基本薪酬的支付与沟通

第十一条　薪酬支付时间

基本薪酬每月 16 日发放到员工入职时提交的银行卡上，如遇节假日，提前到最近的工作日发放。

第十二条　离职员工的薪酬支付

离职人员在办妥离职及工作移交手续后，方可结算离职薪酬。

第十三条　公司调薪，以书面形式告知员工

第六章　附　则

第十四条　解释权

本制度由本公司人力资源管理部负责解释。

第十五条　本制度的生效

本制度经职代会讨论，与工会平等协商确定后，自 202×年×月×日起开始实施。自本制度实施之日起，原有相关制度失效。

第十六条　制度冲突的处理

如有其他办法或规定与本制度相抵触，以总经理办公室裁定结果为准。

第六节　可变薪酬设计

一、实验目的

（1）掌握可变薪酬设计的一般流程。
（2）掌握可变薪酬的类型及其适用条件。
（3）明确可变薪酬制度的内容。

二、知识要点

（一）可变薪酬的内涵

可变薪酬是与绩效直接挂钩的经济性报酬，又称绩效薪酬。

(二) 可变薪酬的类型及其适用条件

从时间来看，可变薪酬分为短期可变薪酬和长期可变薪酬。从对象来看，可变薪酬分为个体可变薪酬与群体可变薪酬。

1. 短期可变薪酬

短期可变薪酬建立在一个年度内或一个生产周期内的绩效管理目标基础之上。短期可变薪酬主要包括一次性奖金和个人现场奖励。业绩工资或绩效加薪虽然也与绩效挂钩，但绩效加薪在本质上属于基本薪酬的调整。因此，在可变薪酬范畴内，短期可变薪酬的主要类型是一次性奖金和个人现场奖励。

(1) 一次性奖金及其设计。一次性奖金是组织在不超过一个年度内或一个生产周期内，根据员工的绩效考核结果，一次性发放的可变薪酬。根据绩效考核周期，一次性奖金可细分为月度奖金、季度奖金与年终奖金。员工的一次性奖金一般还与组织绩效和部门绩效关联，在计算一次性奖金时，组织通常采用以下公式：

员工应得奖金＝员工个人奖金基准额×个人绩效评价系数×部门内奖金平均单价

$$部门内奖金平均单价 = \frac{本部门应得奖金总额}{\sum（员工个人奖金基准额 \times 个人绩效评价系数）}$$

部门应得奖金总额＝部门奖金基准额×本部门绩效评价系数×部门间奖金平均单价

$$部门间奖金平均单价 = \frac{公司奖金总额}{\sum（部门奖金基准额 \times 部门绩效评价系数）}$$

在上述公式中，公司奖金总额根据可变薪酬计划与绩效考核结果确定，如可在可变薪酬计划中规定，组织绩效为优秀时，计提利润的5%作为年终奖。部门奖金基准额可根据部门价值系数、部门基本工资总额、部门基本工资总额与公司基本工资总额占比等事先确定；员工个人奖金基准额可根据员工岗位价值系数、员工基本工资绝对量或相对量等确定；不同部门或同一部门不同员工的确定标准保持统一。部门绩效评价系数和个人绩效评价系数根据绩效评价结果确定。

一次性奖金既适用于短期绩效较易衡量的岗位，如生产岗位、销售岗位，也适用于全年仅考核一次的岗位，如职能部门的岗位。

(2) 个人现场奖励及其设计。个人现场奖励又被称为特殊绩效认可计划，是在员工工作特别努力、取得优秀业绩或重大贡献的情况下，组织在一般绩效奖励计划之外给予员工的表扬、赞赏等非物质激励与小额一次性奖励。个人现场奖励主要有货币薪酬与非货币薪酬两种形式，具体包括货币奖励、口头与书面表扬、与工作相关的奖励、社交活动奖励与其他物质性奖励。

个人现场奖励的设计一般包括以下9个步骤：第一，确定特殊绩效认可计划的目标；第二，决定绩效认可计划的种类和数量；第三，确定需要激励的活动的类型和性质；第四，决定参加资格；第五，决定绩效奖励的类型（手段）和水平；第六，确定奖励的频率；第七，决定激励的成本和资金来源；第八，确定提名和评选获奖者的过程；第九，确定如何授予奖励品。

适用对象是在某些特殊项目上表现突出的员工，或者那些绩效超过预期，理应在奖金之外再给予奖励的员工。

2. 长期可变薪酬

长期可变薪酬一般建立在多年度或超过一个生产周期的绩效管理目标上。长期可变薪酬最常见的形式是股票所有权计划。股票所有权计划的3种主要类型是现股计划、期股计划和期权计划。

现股计划是指通过公司奖励的方式直接赠予员工股票，或者参照股权的当前市场价值向员工出售股票，同时规定员工在一定时期内必须持有股票。期股计划则规定，公司和员工约定在未来某一时期，员工以一定价格购买一定数量的公司股权，购股价格一般参照股权的当前价格确定，期股计划同样会对员工在购股后出售股票的期限做出规定。期权计划是公司给予员工在将来某一时期内以一定价格购买一定数量公司股权的权利，员工到期可以行使该权利，也可以放弃该权利，购股价格一般参照股权的当前市场价格确定，该计划同样需要对员工购股之后出售股票的期限做出规定。

传统的长期可变薪酬计划主要面向高层管理者。近年来，长期可变薪酬计划逐渐向组织内的中低职级员工开放。

3. 个体可变薪酬

个体可变薪酬以个体绩效管理目标为基础。个体可变薪酬可细分为以下5种。

（1）直接计件工资计划。首先，确定单位时间的标准产量；其次，确定单位时间工资率；再次，确定计件单价，计件单价是单位时间工资率与单位时间标准产量的商；最后，根据实际产量决定应得报酬，应得报酬是计件单价与实际产量的乘积。

（2）标准工时计划。首先，确定任务的标准工时；其次，确定任务的标准工资率；再次，确定单位时间工资率，单位时间工资率是任务标准工资率与任务标准工时的商；最后，根据理论工作时间计算应得薪酬，计算公式是实际产量除以标准工时再乘以单位时间工资率。

（3）差额计件工资计划。对相同时间内产出不同的员工采用不同的单件工资率，高于标准产出员工的单件工资率更高。

（4）与标准工时联系的可变计件工资计划。将因为工时节约而产生的收益在企业与员工之间进行分配，工时节约得越多，员工分配比例越高。直接计件工资计划与差额计件工资计划强调产量的多少，标准工时计划、与标准工时计划相联系的可变计件工资计划强调工时节约的多少。

（5）提案建议奖励计划。如果员工的某项建议在组织中得到成功应用，员工将得到一定的报酬。

个体可变薪酬适用条件如下：在工作方面，一名员工的绩效达成不受其他人绩效的影响，工作标准可以清晰明确地对其加以界定；在组织方面，要求环境、方法和资本劳动要素的组合相对稳定；在管理方面，要求鼓励专业性人才，有单一的职业发展通道。

4. 群体可变薪酬

群体可变薪酬以群体绩效管理目标为基础。根据奖励时依据的标准，群体可变薪酬包括以下4种。

（1）利润分享计划。利润分享计划是根据组织财务绩效指标变动向员工支付现金、股票等的群体可变薪酬类型，有时还与退休计划联系在一起。

（2）收益分计划。收益分享计划是组织与员工分享因生产率提高、成本节约和质量提高而带来的收益的绩效奖励模式。收益分享计划与利润分享计划的本质区别体现在3个方面。第一，员工分享的基础不同。利润分享计划分享的是利润；而收益分享计划分享的是因生产效率提高、成本节约和质量提高带来的收益。第二，支付周期不同。收益分享计划的周期更短、更频繁，一般为月度或季度；而利润分享计划的周期一般为一年。第三，收益分享计划具有真正的自筹资金的性质，因为分享的源泉直接来自员工的创造；而利润分享计划直接来自企业收益存量，间接源于员工的创造。

收益分享计划有三代：第一代是斯坎伦计划和卢卡尔计划，强调成本控制；第二代收益分析计划强调时间的节约；第三代收益分享计划将更为广泛的经营目标作为分享基础。

（3）成功分享计划。成功分享计划又称目标分享计划，该计划运用平衡记分卡制定全面目标，根据目标实现程度对经营单位给予奖励。

成功分享计划的关键决策包括6个方面：第一，参与资格。可根据目标涉及群体确定参与资格。第二，支付形式。常见的支付方式是按照员工劳动报酬的一定百分比确定分享基金的额度。第三，支付频率。与经营周期、绩效考核周期一致。第四，支付数量和支付等级。取决于目标达成度与成功分享计划的相关规定。第五，资金来源。来源于该计划所创造的价值。第六，实施成功分享计划的经营单位范围选择。可根据不同经营单位的业务关联紧密程度，确定成功分享计划覆盖的范围。

成功分享计划的实施步骤一般如下：第一步，建立成功分享计划委员会，该委员会包括不同职级、不同部门的员工。第二步，制定绩效指标、标准并确定不同指标的权重。第三步，为绩效管理指标与标准确定公平合理的进展目标并确定奖励办法。

关于群体可变薪酬的适用条件，从工作产出来看，工作产出是集体而非纯个人的结果；在管理方面，存在良好的团队文化和绩效文化。

（4）小群体奖励计划。小群体奖励计划又称团队奖励计划，该计划是针对更小群体实施的绩效奖励计划。

（三）可变薪酬设计及其一般流程

1. 可变薪酬设计的内涵

可变薪酬设计的本质是制订绩效奖励计划，是员工个人的可变薪酬随个人、团队或者部门、组织绩效的变化而变化的一种薪酬设计。

2. 可变薪酬设计的一般流程

根据可变薪酬设计的内涵，可变薪酬设计主要包括以下步骤。

步骤1，根据组织战略、岗位特性、组织薪酬成本约束、市场薪酬调查确定不同岗位的可变薪酬构成。

步骤2，确定不同岗位不同可变薪酬类型的考核指标与标准，并确定计算公式或水平。

步骤3，将步骤1、步骤2的内容形成可变薪酬制度并实施。

步骤4，根据实施结果与组织面临环境的变化，调整可变薪酬的类型、考核指标与标准，以及不同类型可变薪酬的计算公式或水平，据此修订可变薪酬制度。

（四）可变薪酬制度的内容

可变薪酬制度一般包括总则、可变薪酬的类型及其计算公式、可变薪酬的支付与沟通、附则等内容。其中，总则主要包括制度目的、适用范围、制定原则等内容，附则主要说明制度的实施日期与解释权。

三、实验内容与实验要求

（一）实验内容

根据案例6-6，完成以下实验内容：

1. A公司针对不同类型的员工，分别选择了哪些类型的可变薪酬？

2. 根据案例，为A公司拟定可变薪酬制度。

（二）实验要求

1. 可变薪酬类型完整。

2. 可变薪酬制度内容完整，不同可变薪酬的具体计算公式或条件可根据案例与本节知识点自拟。

案例 6-6　A 公司的激励体系

A 公司为生产型企业，现有员工 100 人。公司主要设立了生产部、营销部、财务部与人力资源部，公司设总经理岗位 1 个，每个部门又分为两个职级：员工级和主管级。

A 公司对待不同的员工采取不同的激励方法。对基层工作人员，A 更多采用物质激励；而对部门主管和总经理，则采用物质激励和精神激励相结合的激励方式。

生产一线工人的薪酬水平与自己的劳动成果、所在班组的考核结果挂钩，既激励个人努力，又激励他们形成团队力量。对基层人员考核的规则、过程和结果均公开，在每个车间都有大型的公告牌，清楚记录各生产班组与每位工人的工作完成情况和考核结果。根据这些考核结果，每位员工都能清楚地计算自己的绩效奖金，知晓自身绩效改进方向。

中高层管理者关系到企业战略执行的效率和效果，因而往往是公司在激励中予以重视的对象。A 公司对部门主管与总经理的物质激励以年度奖励和股权激励为主，所有考核合格的管理者都会有数量不等的年终奖；另外，公开评选优秀的管理者，参与公司预留的奖励基金分配，奖励基金按公司的赢利状况提取；最优秀的几名管理者则配送次年的干股，参与公司次年分红；连续 4 年考核为优秀的部门主管，则可以购买公司股权，成为公司正式的股东。此外，公司还强调用工作本身的意义和挑战、未来发展空间来激励部门主管和总经理。A 公司的岗位设置相当精简，每个工作岗位的职责范围很宽。这既给相关人员提供了一个大的施展才能的舞台，也给了他们压力与责任。

四、实验步骤

（一）准备阶段

老师讲解实验内容、实验要求与实验报告考核方法。

（二）实验阶段

学生阅读实验内容，结合相关知识点与问题，根据实验要求撰写实验报告初稿。

（三）归纳总结阶段

学生陈述实验报告，其他学生与老师点评，老师总结。

（四）修改完善阶段

学生根据归纳总结阶段的意见修改和完善实验报告。

五、实验课时

2~3 课时，根据课程总体课时确定具体课时。

六、实验报告考核方法

实验报告成绩分为 5 个等级：优秀、良好、中等、及格与不及格，各个等级的标准如下。

（一）优秀的评价标准

第一，在规定时间内完成实验内容。第二，逻辑非常清晰，实验报告内容与案例 6-6 的内容和要求及可变薪酬设计知识点高度一致。第三，内容非常完整，可变薪酬类型无遗漏，可变薪酬制度内容非常完整和合理。第四，语言表达非常准确、专业。第五，排版非常规范、简洁、美观。

（二）良好的评价标准

第一，在规定时间内完成实验内容。第二，逻辑清晰，实验报告内容与案例 6-6 的内容和要求及可变薪酬设计知识点高度匹配。第三，内容完整，可变薪酬类型无遗漏，可变薪酬制度内容完整和合理。第四，语言表达准确、专业。第五，排版规范、简洁、美观。

（三）中等的评价标准

第一，在规定时间内完成实验内容。第二，逻辑比较清晰，实验报告内容与案例 6-6 的内容和要求及可变薪酬设计知识点较为匹配。第三，内容比较完整，可变薪酬类型无遗漏，可变薪酬制度内容比较完整和合理。第四，语言表达比较准确、专业。第五，排版比较规范、简洁、美观。

（四）及格的评价标准

第一，在规定时间内完成实验内容的主体。第二，逻辑比较清晰，但局部存在瑕疵，报告内容与案例 6-6 的内容和要求及可变薪酬设计知识点的匹配度尚可。第三，内容基本完整，可变薪酬类型基本无遗漏，可变薪酬制度内容基本完整和合理。第四，部分语言表达不够准确、专业。第五，排版的规范度和美观度尚可。

（五）不及格的评价标准

第一，未能在规定时间内完成实验内容的主体部分。第二，从整体来看，逻辑不清晰，实验报告内容与案例 6-6 的内容和要求及可变薪酬设计知识点不匹配。第三，从内容来看，实验报告未能包括本实验内容的主体。第四，从整体来看，语言表达不够准确和专业。第五，排版较为凌乱。

七、习题

（1）比较不同个体可变薪酬类型的差异。

（2）比较不同群体可变薪酬类型的差异。

八、常用工具——可变薪酬制度示例

AX 公司可变薪酬制度

第一章　总则

第一条　目的

为有效激发员工的工作积极性，根据组织战略与薪酬战略，特制定本制度。

第二条　适用范围

本制度适用于公司全体员工。

第三条　可变薪酬设计原则

可变薪酬设计坚持绩效优先原则，在可变薪酬的管理中，秉承公开公平公正的原则。

第二章　可变薪酬的种类、适用范围与水平确定

第四条　可变薪酬的种类

可变薪酬包括生产奖金、销售奖金、绩效奖金和年度效益奖金。

第五条　生产奖金的适用范围和水平确定

生产奖金的适用范围为公司全体生产工人。每月根据生产工人绩效考核指标体系对生产工人进行考核，根据考核结果计发生产奖金。在员工没有安全生产事故（安全生产事故的认定见公司《员工手册》相关内容）、员工绩效考核结果不能为"差"、公司生产销售正常的前提下，绩效考核等级为"优秀"时，月生产奖金为4000元；绩效考核等级为"良好"时，月生产奖金为3000元；绩效考核等级为"一般"时，月生产奖金为2000元。一旦出现安全生产事故，当月奖金取消。

第六条　销售奖金的适用范围和水平确定

销售奖金的适用范围为公司全体销售员。每月根据销售员绩效考核指标体系对销售员进行考核，根据考核结果计发销售奖金。在员工没有工作事故（工作事故的认定见公司《员工手册》相关内容）、员工绩效考核结果不能为"差"、公司生产销售正常的情况下，绩效考核等级为"优秀"时，月销售奖金为6000元；绩效考核等级为"良好"时，月销售奖金为5000元；绩效考核等级为"一般"时，月销售奖金为3000元。一旦出现工作事故，当月奖金取消。

第七条　绩效奖金的适用范围和水平确定

绩效奖金适用于人力资源部、财务部的员工及公司全体部门主管和总经理。前提是公司利润为正，公司提取利润的10%作为绩效奖金；同时，员工绩效考核

结果不能为"差"。公司将利润的10%在人力资源部、财务部、部门主管和总经理之间按照贡献系数进行分配，前述4者的贡献系数分别为0.2、0.2、0.4与0.2；在人力资源部、财务部、部门主管内部，将本部门或主管群体应得的绩效奖金按照0.3、0.4、0.3的比例在绩效"优秀""良好"和"一般"之间进行分配；按照某员工基本薪酬与该员工所在绩效考核等级所有员工基本薪酬总和的比例计算其应得绩效奖金。

第八条　年度效益奖金的适用范围和水平确定

年度效益奖金的适用范围为全体员工。前提是公司利润为正，公司提取利润的10%作为年度效益奖金；同时，员工绩效考核结果不能为"差"。年度效益奖在"优秀""良好""一般"之间的比例分别是0.3、0.4与0.3；每位员工应得年度效益奖金为该员工的基本薪酬与该员工所在绩效考核等级所有员工基本薪酬总和的比例乘以公司利润的10%。

第三章　可变薪酬的支付与调整

第九条　可变薪酬的支付

各种类型的可变薪酬在完成相应绩效考核后的次月发放。

第十条　可变薪酬的调整

公司根据经营状况调整各类奖金计提比例；根据岗位相对价值调整各岗位的基本薪酬，进而影响各类奖金系数。

第十一条　调整审批与新制度启用

可变薪酬制度的修订及薪酬标准的调整由总经理办公会审批；可变薪酬相关制度修订生效后，从修订调整后的下一个绩效考核周期起，按照新制度执行。

第四章　附　则

第十二条　解释权

本制度由本公司人力资源管理部负责解释。

第十三条　本制度的生效

本制度经职代会讨论，与工会平等协商确定后，自202×年×月×日起开始实施。自本制度实施之日起，原有相关制度失效。

第十四条　制度冲突的处理

如有其他办法或规定与本制度相抵触，以总经理办公室裁定结果为准。

第七节 员工福利设计

一、实验目的

(1) 掌握员工福利的类别。
(2) 理解员工福利设计及其流程。
(3) 知晓弹性福利计划。
(4) 熟悉员工福利制度的内容。

二、知识要点

(一) 员工福利的类别

员工福利是总报酬的重要组成部分,大多表现为非现金收入,通常采用间接支付的发放形式,几乎所有正式员工都可享受,且常为非劳动收入,即与员工的劳动贡献关联不紧密。员工福利的种类繁多,从表现形式来看,可将员工福利分为法定福利、企业补充保险、员工服务与节假日现金福利。

1. 法定福利

法定福利主要包括法定社会保险、住房公积金和法定假期。其中,法定社会保险包括养老保险、医疗保险、失业保险、生育保险和工伤保险;法定假期包括公休假日、法定休假日、带薪年休假与其他假期,如探亲假、婚丧假、产假、护理假、育儿假等。与社会保险相关的法律法规有《中华人民共和国社会保险法》《失业保险条例》《工伤保险条例》,以及地方养老保险条例、地方医疗保险条例等;法定假期的相关法律法规有《国务院关于职工工作时间的规定》《全国年节及纪念日放假办法》《职工带薪年休假条例》《企业职工带薪年休假实施办法》等。

2. 企业补充保险

企业补充保险主要有以下3种:(1) 补充养老金计划,如职业年金或企业年金。(2) 团体人寿保险计划。(3) 健康医疗保险计划。

3. 员工服务福利

常见的员工服务福利包括员工援助计划、咨询服务、教育援助计划、儿童看护服务、老人护理服务、饮食服务、健康服务、金融服务、文体旅游福利、交通福利、培训福利等。

4. 节假日现金福利

节假日现金福利是在传统节日、员工生日、员工经历重大人生事件时，组织给予员工的现金。

（二）员工福利设计的内涵及其流程

1. 员工福利设计的内涵

员工福利设计是根据组织战略、组织支付实力、员工需求及外部竞争对手的员工福利供给情况，确定本组织员工福利种类、水平并进行动态调整的过程。

2. 员工福利设计的流程

员工福利设计的流程一般如下：第一步，明确与法定福利相关的法律规定，据此提供法定福利项目；第二步，根据员工薪酬满意度调查结果，明确员工福利需求；第三步，根据组织战略、组织支付实力核算福利成本；第四步，在相关法律、员工需求、组织成本约束及薪酬市场调查的基础上，确定员工福利项目的类型、水平与适用对象；第五步，制定员工福利制度并实施；第六步，根据实施结果、组织内外部环境的变化调整员工福利项目类型、水平与适用对象，同时修订员工福利制度。

（三）弹性福利计划及其实施方式

弹性福利计划是指根据员工需要、法律要求和企业成本控制，由员工自由选择个性化的福利计划。弹性福利计划的实施方式主要有以下 4 种。

1. 附加福利计划

给员工提供一张只能用而不能提取现金的信用卡，不改变基本薪酬。

2. 混合匹配福利计划

确定福利的总量，然后由员工在总量控制中进行选择，有可能改变基本薪酬。

3. 核心福利项目计划

为员工提供包括健康保险、人寿保险及企业认为所有员工都必须拥有的其他一系列福利项目的福利组合，然后员工再做出自由选择，即部分自选。

4. 标准福利计划

先由企业做好各种各样的福利组合，员工再根据个人需要和金额做出选择。

（四）员工福利制度的内容

员工福利制度一般包括总则、福利项目的类型及其水平、福利支付、调整与沟通、附则等内容。其中，总则主要包括制度目的、适用范围、制定原则等内容，附则主要说明制度实施日期与解释权。

三、实验内容与实验要求

(一)实验内容

根据案例6-7,完成以下实验内容:

(1) BK公司为员工提供了哪些种类的福利?
(2) 根据案例,为BK公司拟定员工福利制度。

(二)实验要求

(1) 员工福利制度内容完整。
(2) 不同员工福利项目的水平可自拟,但法定福利需要符合相关法律法规的规定。

案例6-7 BK公司的员工福利管理

BK公司是一家电信技术领先厂商。BK公司的员工福利管理包括以下内容。第一,BK公司为员工提供了国家规定的各类福利,如养老金、公积金、医疗保险、失业保险和各类法定有薪假期。第二,BK公司每年发服装费,免费提供工作餐,免费提供上下班交通工具,还为管理骨干提供商务专车。第三,BK公司提供完备的培训内容,包括入职培训、上岗培训、在职培训、各类技术培训、管理技能培训、工作态度培训、海外培训、由公司支付费用的学历教育。公司每年用于培训的现金支出在千万元以上。第四,为员工提供购房贷款和购车贷款。第五,为员工购买商业补充养老保险,员工按照在公司工作的年限,在退休时可一次性领取相当于数年工资额的商业养老金。第六,除法定有薪假外,员工还可享受每年长达14天的休假。第七,对有专长的人才,公司提供住房,为员工配偶在公司所在地落实工作,解决员工子女就学问题。第八,为员工提供丰富的业余活动。BK公司有30多个员工俱乐部,如棋牌俱乐部、网球俱乐部、登山俱乐部、旅游俱乐部等。

四、实验步骤

(一)准备阶段

老师讲解实验内容、实验要求与实验报告考核方法。

(二)实验阶段

学生阅读实验内容,结合相关知识点与问题,根据实验要求撰写实验报告初稿。

(三)归纳总结阶段

学生陈述实验报告,其他学生与老师点评,老师总结。

（四）修改完善阶段

学生根据归纳总结阶段的意见修改和完善实验报告。

五、实验课时

1~2 课时，根据课程总体课时确定具体课时。

六、实验报告考核方法

实验报告成绩分为 5 个等级：优秀、良好、中等、及格与不及格，各个等级的标准如下。

（一）优秀的评价标准

第一，在规定时间内完成实验内容。第二，逻辑非常清晰，实验报告内容与案例 6-7 的内容和要求及员工福利设计知识点高度一致。第三，内容非常完整，福利类型无遗漏，员工福利制度内容非常完整和合理。第四，语言表达非常准确、专业。第五，排版非常规范、简洁、美观。

（二）良好的评价标准

第一，在规定时间内完成实验内容。第二，逻辑清晰，实验报告内容与案例 6-7 的内容和要求及员工福利设计知识点高度匹配。第三，内容完整，福利类型无遗漏，员工福利制度内容完整和合理。第四，语言表达准确、专业。第五，排版规范、简洁、美观。

（三）中等的评价标准

第一，在规定时间内完成实验内容。第二，逻辑比较清晰，实验报告内容与案例 6-7 的内容和要求及员工福利设计知识点较为匹配。第三，内容比较完整，福利类型无遗漏，员工福利制度内容比较完整和合理。第四，语言表达比较准确、专业。第五，排版比较规范、简洁、美观。

（四）及格的评价标准

第一，在规定时间内完成实验内容的主体。第二，逻辑比较清晰，但局部存在瑕疵，实验报告内容与案例 6-7 的内容和要求及员工福利设计知识点的匹配度尚可。第三，内容基本完整，福利类型基本无遗漏，员工福利制度内容基本完整和合理。第四，部分语言表达不够准确、专业。第五，排版的规范度和美观度尚可。

（五）不及格的评价标准

第一，未能在规定时间内完成实验内容的主体部分。第二，从整体来看，逻辑不清晰，实验报告内容与案例 6-7 的内容和要求及员工福利设计知识点不匹配。第三，从内容来看，实验报告未能包括本实验内容的主体。第四，从整体来看，语言表达不够准确和专业。第五，排版较为凌乱。

七、习题

举例说明员工福利设计流程。

八、常用工具——员工福利制度示例

S 公司员工福利制度

第一章 总 则

第一条 为保障员工利益，加强员工对公司的归属感，提高公司凝聚力，根据《中华人民共和国劳动法》《中华人民共和国劳动合同法》等法律法规，以及公司实际情况，特制定本制度。

第二条 本制度所称福利，是公司在基本工资和各种可变薪酬之外给予员工的报酬，是公司整体薪酬体系的重要组成部分。

第三条 本制度适用于 S 公司所有部门及全体员工，部分福利项目仅涉及部分员工，将在相应福利项目规定中具体阐明。

第二章 员工福利的种类

第四条 本公司为员工提供以下三类福利：法定福利、企业补充保险与服务福利。

第五条 本公司的法定福利包括以下 4 种：

（一）法定社会保险

公司按照国家和地方相关规定，为全体员工缴纳城镇职工养老保险、城镇职工医疗保险、失业保险、工伤保险与生育保险。其中，工伤保险与生育保险仅由公司缴纳；城镇职工养老保险、城镇职工医疗保险与失业保险由公司与员工共同缴纳保险费，个人缴纳部分由公司在个人应发工资里代扣代缴，企业缴纳部分按照相关规定执行。缴费基数、缴存比例均按照相关规定执行。

（二）住房公积金

公司为全体员工缴纳住房公积金。住房公积金由公司和个人共同缴费，缴纳基数均为职工上年度月平均工资，缴存比例均为 12%。个人缴存部分由公司在个人应发工资里代扣代缴，计入职工公积金账户；企业缴纳部分汇缴到住房公积金专户内，由受委托银行计入职工住房公积金账户。

（三）法定休假

公司提供的休假福利包括公休假日、法定假日、带薪年休假、婚假、丧假、产假、探亲假、护理假、育儿假等。除公休假日和法定假日外，其他休假的条件和时长由国家、地方相关规定确定。

第五条　本公司的企业补充保险包括2种：

（一）企业年金

企业年金是企业及其职工在依法参加基本养老保险的基础上，自主建立的补充养老保险制度。根据人力资源和社会保障部2018年2月1日施行的《企业年金办法》，企业年金适用于试用期满的员工，由公司和员工共同缴费，公司缴费为本企业职工工资总额的8%，按照职工工资占公司工资总额的比例，计入职工企业年金个人账户；个人缴费为其工资总额的4%，计入职工企业年金个人账户。个人缴费部分由公司代扣代缴。

（二）商业医疗保险

公司为中高层管理者和高级专业技术人员购买商业医疗保险。其中，为中层管理者购买保险金额为30万元的商业医疗保险，为高级专业技术人员购买保险金额为40万元的商业医疗保险，为高层管理者购买金额为50万元的商业医疗保险。商业医疗保险由公司缴费。

第六条　本公司为员工提供如下服务福利：

（一）培训福利

公司根据公司发展需要、员工自身能力现状及员工自身成长需要，提供培训福利。培训福利包括3个月内的脱产免费培训、公费进修等。具体规定见公司《员工培训管理制度》。

（二）儿童看护服务

公司向距离公司最近的托育机构购买2~3岁幼儿托育服务，员工符合计划生育规定的2~3岁子女均可在该托育机构免费入托。

（三）饮食服务

公司为每位员工每月提供中餐补助500元，中餐补助直接计入员工个人餐卡。同时，在公司内部设立食堂，为员工提供中餐服务，中餐消费从员工个人餐卡中扣除。

（四）文娱福利

公司每年春季举行1次市内为期1天的团建活动，秋季举行1次趣味运动会，年终举行1次新年茶话会。文娱福利鼓励全体员工参加。

第七条　本公司为员工提供如下节日现金福利：

（一）传统节日现金福利

公司在端午节、中秋节和春节为每位员工提供节日现金福利，金额分别为400元、400元、600元。

（二）员工生日祝贺金

员工生日祝贺金包括生日蛋糕券和生日红包。公司在员工生日前一天，为员工发放面值200元的生日蛋糕券1张;在员工生日当天,发放生日红包200元。

(三)员工大事现金福利

在员工结婚、生育、直系亲属去世、员工生病事件发生时,每一事件,公司发放现金500元。其中,结婚仅限初婚,生育要求符合计划生育规定,员工生病仅限住院7天以上(含7天)的情形。

第三章 员工福利的支付、调整与沟通

第八条 各种保险和住房公积金的支付由人力资源部薪酬福利科负责申报,财务部相关科室统一支付和代扣代缴。

第九条 各种现金福利、中餐补助由行政办公室负责申报,财务部门相关科室统一支付;员工生日蛋糕券由行政办公室负责购买和发放。

第十条 培训福利的相关支付由人力资源部培训科根据财务报销流程和凭证完成;儿童看护服务和文娱福利的支付由行政办公室根据财务报销流程和凭证完成。

第十一条 法定福利的调整根据国家和地方相关法律法规处理;其他福利项目根据公司经营状况和市场状况调整,调整后的次年按照新标准执行。

第十二条 员工关于福利的相关疑惑,可向人力资源部薪酬福利科咨询。

第四章 附 则

第十三条 本制度由本公司人力资源管理部负责解释。

第十四条 本制度经职代会讨论,与工会平等协商确定后,自202×年×月×日起开始实施。自本制度实施之日起,原有相关制度失效。

第十五条 如有其他办法或规定与本制度相抵触,以总经理办公室裁定结果为准。

第七章 员工关系管理

本章学习目标

1. 了解员工关系管理的内容。
2. 掌握员工满意度调查的基本流程与方法。
3. 掌握劳动合同管理的基本方法。
4. 了解集体合同管理的注意事项。
5. 掌握劳动争议处理的方法。

第一节 员工满意度调查

一、实验目的

（1）了解员工满意度的内涵。
（2）了解开展员工满意度调查对提高劳动关系和谐程度的意义。
（3）掌握员工满意度调查的过程、内容、方法和步骤。

二、知识要点

1. 员工满意度的内涵

20世纪30年代，人力资源管理研究者认为提升员工满意度能提高员工的生产效率，增加企业的效益，因此，将员工满意度作为企业管理的重点来研究。一般而言，员工满意度是员工心理与生理两方面对工作环境和工作本身的满意感受。也就是员工从工作中得到某种程度的满足或是产生某种满意的感受，是员工在工作中感知所得与其期望所得之间的比较结果。可见，员工满意度是员工的一种主观价值判断，是员工的一种心理感知活动。

2. 开展员工满意度调查的作用

（1）诊断企业潜在的问题。通过员工满意度调查，企业可以发现员工对哪些管理问题的满意度有下降趋势，及时检查管理中存在的问题，找出员工不满增加的原因并采取措施予以纠正。

（2）找出本阶段出现问题的原因。如果企业在本阶段出现产品高损耗率、高丢失率等情况，并且收益率下降，通过员工满意度调查可以找到导致问题发生的原因，确认是否是员工工资过低、管理不善、晋升渠道不畅等造成的，否则只能靠主观臆测。

（3）评估组织变化和企业政策对员工的影响。员工满意度调查能用来有效地评价组织政策和规划中的各种变化，通过组织政策变化前后的对比，公司管理层可以了解到企业决策对员工满意度的影响。

（4）促进公司与员工之间的交流和沟通。员工满意度调查有助于保障员工的自主权，员工能畅所欲言地反映管理层在平时了解不到的问题，起到上下沟通信息的作用。

（5）增强企业凝聚力。员工满意度调查活动有助于使员工在民主管理的基础上树立以企业为中心的群体意识，培养员工对企业的认同感、归属感，不断增强企业的向心力、凝聚力。

3. 员工满意度调查

企业开展员工满意度调查，有助于对企业的管理进行全面审核，帮助企业提高工作效率与经济效益，化解高损耗率、低效率和高员工流动率等问题。员工满意度调查一般从以下 5 个方面展开。

（1）薪酬。薪酬是决定员工工作满意度高低的重要因素，它不仅能满足员工生活和工作的基本需求，也是企业对员工所做贡献的尊重。

（2）工作。工作内容本身对员工的满意度也起着很重要的作用，其中，影响员工满意度最重要的两个方面是工作的多样化和职业培训。

（3）晋升。工作中的晋升机会会带来管理权力、工作内容和薪酬方面的变化，也是影响员工满意度的重要方面。

（4）管理。这主要考察企业是否做到了以员工为中心，管理者与员工的关系是否和谐；考察企业的民主管理机制，也就是员工参与并影响企业决策的程度如何。

（5）环境。工作环境和工作条件如温度、湿度、通风、光线、噪声、清洁程度，以及员工使用的工具和设备等也在很大程度上影响员工的满意度。

三、实验内容与实验要求

（一）实验内容
设计一份高校教师工作满意度调查问卷。

（二）实验要求
问卷结构完整、内容全面。

四、实验步骤

（一）准备阶段
老师讲解实验内容、实验要求与实验报告考核方法。

（二）实验阶段
学生阅读实验内容，结合相关知识点与问题，根据实验要求撰写实验报告初稿。

（三）归纳总结阶段
学生陈述实验报告，其他学生与老师点评，老师总结。

（四）修改完善阶段
学生根据归纳总结阶段的意见修改和完善实验报告。

五、实验课时

1~2课时，根据课程总体课时确定具体课时。

六、实验报告考核方法

实验报告成绩分为5个等级：优秀、良好、中等、及格与不及格，各个等级的标准如下。

（一）优秀的评价标准
第一，在规定时间内完成实验内容。第二，逻辑非常清晰，实验报告内容与实验内容和要求及员工满意度调查知识点高度一致。第三，问卷内容非常完整、合理。第四，语言表达非常准确、专业。第五，排版非常规范、简洁、美观。

（二）良好的评价标准
第一，在规定时间内完成实验内容。第二，逻辑清晰，实验报告内容与实验内容和要求及员工满意度调查知识点高度匹配。第三，问卷内容完整、合理。第四，语言表达准确、专业。第五，排版规范、简洁、美观。

（三）中等的评价标准
第一，在规定时间内完成实验内容。第二，逻辑比较清晰，实验报告内容与实验内容和要求及员工满意度调查知识点较为匹配。第三，问卷内容比较完整和合理。第四，语言表达比较准确、专业。第五，排版比较规范、简洁、美观。

（四）及格的评价标准

第一，在规定时间内完成实验内容的主体。第二，逻辑比较清晰，但局部存在瑕疵，实验报告内容与实验内容、要求及员工满意度调查知识点的匹配度尚可。第三，问卷内容基本完整、合理。第四，部分语言表达不够准确、专业。第五，排版的规范度和美观度尚可。

（五）不及格的评价标准

第一，未能在规定时间内完成实验内容的主体部分。第二，从整体来看，逻辑不清晰，实验报告内容与实验内容和要求及员工满意度知识点不匹配。第三，从内容来看，实验报告未能包括本实验内容的主体。第四，从整体来看，语言表达不够准确和专业。第五，排版较为凌乱。

七、习题

归纳总结员工满意度调查的主要内容。

八、常用工具——员工满意度调查问卷示例

某公司员工满意度调查问卷

您好！我们在进行目的在于提高公司管理水平、更好适应未来发展的研究项目，需要了解公司的客观情况和员工的诉求。您的意见对于公司的发展至关重要。问卷匿名填写，公司将以严谨的职业态度对您的情况保密。请您认真填写问卷，感谢您的参与！

请根据您的实际情况进行回答，不必受他人影响。答案没有正确与错误之分。请选出最能代表您看法的选项或数字。(本问卷全部为单选，复选无效！)

关于您：

1. 在本公司的年资：

（　　）A. 未满 1 年；B. 1~2 年；C. 2~4 年；D. 4 年以上。

2. 在本公司的任职：

（　　）A. 经理；B. 中层管理人员；C. 销售人员；D. 普通员工。

3. 担任现职务的时间：

（　　）A. 3 个月以内；B. 3 个月至 1 年；C. 1~2 年；D. 2 年以上。

请您指出对下列陈述同意或不同意的程度：非常同意（5）；同意（4）；没意见（3）；不同意（2）；非常不同意（1）。请就您个人的看法，选择合适的分数。

对工作本身的满意度：

(　　) 1. 公司目前提供给我的工作符合我的期望。
(　　) 2. 在工作过程中我经常感到很紧迫。
(　　) 3. 我的能力得到了充分的发挥。
(　　) 4. 我很喜欢公司提供给我的工作。
(　　) 5. 公司提供给我很多的学习机会。

对工作环境的满意度：
(　　) 1. 距离上一次受表扬已经过很久了。
(　　) 2. 过去半年里，有人关注过我的进步。
(　　) 3. 当我做出成绩时，上级通常会给予我表扬。
(　　) 4. 在工作中，我的意见经常得到上级的重视。
(　　) 5. 我能够在自己的工作中得到一种成就感。

对工作群体的满意度：
(　　) 1. 通常情况下，我的同事都表现出积极的工作态度。
(　　) 2. 为实现同一个工作目标，我的同事能紧密合作。
(　　) 3. 我很清楚我的工作该如何与本组织的其他员工保持协调。
(　　) 4. 我的同事能够尊重我的意见与想法。
(　　) 5. 公司的各部门和各岗位分工非常明确，职责清晰。

对企业的满意度：
(　　) 1. 总体而言，我对公司非常满意。
(　　) 2. 公司是同行业中的佼佼者，我为自己能在此工作而感到自豪。
(　　) 3. 公司的文化和目标给我提供了非常清晰的发展方向。
(　　) 4. 本公司是同行业中发展最快的公司。
(　　) 5. 我对公司内部各项管理制度非常了解。

资料来源：畅铁民. 人力资源管理实验教程［M］. 北京：北京大学出版社，2013：313. 有改动。

第二节　劳动合同管理

一、实验目的

（1）掌握劳动合同的内容。

（2）熟悉劳动合同制定的程序，掌握劳动合同的签订、变更、续订和解除等。

二、知识要点

表 7-1 罗列的是国家颁布的关于员工关系的法律法规。

表 7-1 关于员工关系的法律法规汇总

法律法规的名称	发布部门	发文或实施日期
《中华人民共和国劳动法（2018 年修正）》	全国人大常委会	2018 年 12 月 29 日
《中华人民共和国劳动合同法实施条例》	国务院	2008 年 9 月 18 日
《中华人民共和国劳动合同法（2012 年修正）》	全国人大常委会	2012 年 12 月 28 日
《集体合同规定》	劳动和社会保障部	2004 年 5 月 1 日
《中华人民共和国劳动争议调解仲裁法》	全国人大常委会	2008 年 5 月 1 日

1. 劳动合同的定义

劳动合同是用人单位与劳动者确定劳动关系、明确双方权利与义务关系的协议。

2. 劳动合同的法定条款

法定条款是依据劳动合同双方当事人必须遵守的条款，不具备法定条款的劳动合同不成立。《中华人民共和国劳动法》规定，劳动合同必须具备以下条款：劳动合同期限、工作内容、劳动保护与劳动条件、劳动报酬、社会保险、劳动纪律、劳动合同终止的条件、违反劳动合同的责任。

3. 劳动合同的约定条款

除了以上法定条款外，劳动合同双方当事人还可以根据实际需要在协商一致的前提下规定其他补充条款，常见的内容有试用期限、培训、补充保险与福利待遇、当事人协商约定的其他事项。

4. 草拟劳动合同的注意事项

（1）依据当地劳动合同的示范文本。

（2）劳动合同的法定条款不可或缺。

（3）劳动合同的条款必须统一，不存在内在的矛盾，否则该条款极有可能成为无效条款而失去法律效力。

5. 劳动合同的订立、续订和变更的原则

（1）平等自愿原则。平等自愿原则是指签订和变更劳动合同的双方在法律上是平等的，并能自由表达各自在主张自身权益方面的意愿。

（2）协商一致原则。双方能就合同所有条款进行充分协商，达成一致意见。

（3）合法原则。即遵守国家法律、行政法规的原则。

6. 劳动合同的缔结程序

（1）要约与承诺。

要约：一方向另一方提出订立劳动合同的建议。

承诺：被要约方接受要约方的建议并表示完全同意。

（2）相互协商。各自向对方如实介绍自己的情况，明确表示各自的要求，以及责、权、利。

（3）双方签字（确定身份、生效日期）。

7. 劳动合同的续订

劳动合同的续订是指固定期限的劳动合同到期，双方当事人就劳动合同的有效期限进行商谈，经过平等协商达成一致而续延劳动合同期限的法律行为。

（1）提出续延劳动合同的一方应在合同期限到期前30天书面通知对方。

（2）在续订的劳动合同中不得约定试用期。

（3）在同一单位工作满10年，双方同意续延劳动合同的，用人单位可以根据劳动者提出的要求，签订无固定期限劳动合同。

8. 劳动合同变更的条件

（1）如果订立劳动合同所依据的法律、行政法规、规章制度发生了变化，应变更相应的内容。

（2）如果订立劳动合同所依据的客观情况发生了变化，致使劳动合同无法履行，应变更相应的内容。

（3）提出劳动合同变更的一方应向对方提出书面通知，并要平等协商一致，方能变更合同。

9. 劳动合同的解除

劳动合同的解除是指劳动合同签订以后，尚未全部履行之前，由于一定事由的出现，提前终止劳动合同的法律行为。其中有两种情况：一是劳动合同双方约定解除劳动关系；二是劳动合同中的一方依法解除劳动关系。

（1）用人单位单方面解除合同。

第一，劳动者在试用期间被证明不符合录用条件的，此种情形在试用期满后不再适用；劳动者严重违反劳动纪律或用人单位规章制度的；劳动者严重失职、营私舞弊，给用人单位的利益造成重大损失，劳动者被追究刑事责任的。上述情况下用人单位单方解除合同的，用人单位不承担经济补偿。

第二，劳动者患病或非因工负伤，医疗期满后，不能从事原来工作，也不能从事用人单位另行安排的工作的，用人单位应提前30天通知，解除劳动合同，但应给予一定的经济补偿。劳动者不能胜任工作，经过培训或者调整工作岗位，仍不能胜任工作的，由于劳动合同订立时所依据的客观情况发生重大变化，原劳动合同无法履行，经当事人双方协商一致，用人单位可单方面解除合同。

第三，经济性裁员。经济性裁员通常有两种情况：用人单位濒临破产进行法定整顿；用人单位生产经营发生严重困难。当上述条件出现时，如果用人单位需要裁员，应向工会及全体员工说明，听取工会意见，并向劳动管理部门报告。

（2）劳动者单方解除劳动合同。

第一，符合以下情形，劳动者随时可以向用人单位提出解除劳动合同：在试用期内，劳动者可以解除劳动合同，并且无须说明理由或承担赔偿责任；用人单位未按劳动合同的约定支付劳动报酬或提供劳动条件；用人单位以暴力、威胁、非法限制人身自由等手段强迫劳动。

第二，劳动者应提前 30 天通知用人单位解除劳动合同。劳动者如果有违反劳动合同约定的情形，应赔偿用人单位下列损失：用人单位招收录用所支付的费用；对生产经营和工作造成的直接经济损失；用人单位支付的培训费用；劳动合同约定的其他赔偿费用。

10. 不得解除劳动合同的条件

如果出现以下情形，不得解除劳动合同：劳动者患有职业病、工伤并丧失劳动力；劳动者患病或者负伤，并在规定的医疗期间内；女性劳动者在孕期、产假和哺乳期内；法律规定的其他情形。

注意事项：从劳动者违纪开始到做出处理的时间间隔不能超过处理时效；以开除的形式解除劳动合同，应征得工会的意见；在劳动者被限制人身自由且法院未做出终审判决期间不得解除劳动合同；违反约定造成损失的依据可以是国家的法律法规，也可以是用人单位公示过的规章制度。

11. 劳动合同的终止

劳动合同的终止是指劳动合同关系的消失，即劳动关系与双方权利义务关系的失效。劳动关系终止分自然终止与因故终止。

（1）自然终止。定期劳动合同到期、劳动者退休、以完成一定工作为期限的劳动合同规定的工作任务完成，合同即终止。

（2）因故终止。劳动合同约定的终止条件出现，劳动合同终止。因故终止的情形主要有：劳动合同双方约定解除劳动关系；一方依法解除劳动关系；劳动主体一方消灭（企业破产、劳动者死亡）；不可抗力导致劳动合同无法履行（战争、自然灾害等）；劳动仲裁机构的仲裁裁决和人民法院的判决也可导致劳动合同终止。

12. 关于补偿金的核算

在解除劳动合同时，符合下列条件的，企业应根据《违反和解除劳动合同的经济补偿办法》向劳动者支付补偿金。

（1）当事人协商一致，由用人单位解除劳动合同的，应根据劳动者在企业内的工作年限，依照"就高不就低"的原则，每满 1 年发给相当于 1 个月工资的经济补偿金。

（2）劳动者不能胜任工作、经培训或调整工作后仍不能胜任工作的补偿同前。

（3）经济性裁员，由于客观条件发生变化，双方意见无法达成一致，由用人单位提出解除劳动合同，或者劳动者患病或非因工负伤，不能从事原工作也不能从事用人单位另行安排的工作，按照劳动者在本单位工作年限，每满1年发给相当于1个月工资的经济补偿金。

（4）因劳动者患病或非因工伤解除劳动合同时，用人单位除了支付经济补偿金外，还应发给劳动者不少于6个月的工资作为医疗补助金。如果劳动者患重病或绝症，用人单位还应增加医疗补助金。如果劳动者患重病，用人单位应支付不低于医疗费50%的医疗补助费。如果劳动者患绝症，用人单位应支付不低于医疗费100%的医疗补助费。

三、实验内容与实验要求

（一）实验内容

根据案例7-1，回答下列问题：

案例中的王女士能否与B公司继续履行劳动合同？为什么？

（二）实验要求

结论明确，依据充分。

案例7-1　王女士要求B公司继续履行劳动合同

王女士于2016年2月18日入职B广告有限责任公司（以下简称"B公司"），双方签订期限自当日起至2018年2月17日止的劳动合同。

2016年6月10日，B公司向王女士出具了一份辞退函，通知并要求王女士离职。辞退函中写道："公司发现您在应聘、入职期间隐瞒了个人已婚已孕的事实，严重违反了签署的员工基本资料真实性承诺，严重违反了公司既有规定（《员工手册》第××条），并多次申请产检影响了公司工作进程。故特此通知，我公司决定与您终止劳动关系，解除劳动合同。"王女士表示，其入职时在员工信息登记表中填写"未婚"的原因是为了购买房屋，也是因为担心单位会介意自己的婚姻状况。王女士自认于2015年结婚。2016年4月经医院确认怀孕。2016年5月20日、6月18日，王女士因身体不适分别向B公司请假3天及10天，获得过B公司的批准。

2016年7月3日，王女士向所在区劳动人事争议仲裁委员会提出申请，要求B公司继续履行劳动合同。

四、实验步骤

（一）准备阶段
老师讲解实验内容、实验要求与实验报告考核方法。
（二）实验阶段
学生阅读实验内容，结合相关知识点与问题，根据实验要求撰写实验报告初稿。
（三）归纳总结阶段
学生陈述实验报告，其他学生与老师点评，老师总结。
（四）修改完善阶段
学生根据归纳总结阶段的意见修改和完善实验报告。

五、实验课时

1~2课时，根据课程总体课时确定具体课时。

六、实验报告考核方法

实验报告成绩分为5个等级：优秀、良好、中等、及格与不及格。各个等级的标准如下。

（一）优秀的评价标准
第一，在规定时间内完成实验内容。第二，逻辑非常清晰，实验报告内容与案例7-1的内容和要求及劳动合同管理相关知识点高度一致。第三，结论非常明确，依据非常充分，有机结合案例内容与相关法律条文。第四，语言表达非常准确、专业。第五，排版非常规范、简洁、美观。

（二）良好的评价标准
第一，在规定时间内完成实验内容。第二，逻辑清晰，实验报告内容与案例7-1的内容和要求及劳动合同管理相关知识点高度匹配。第三，结论明确，依据充分，很好地结合了案例内容与相关法律条文。第四，语言表达准确、专业。第五，排版规范、简洁、美观。

（三）中等的评价标准
第一，在规定时间内完成实验内容。第二，逻辑比较清晰，实验报告内容与案例7-1的内容和要求及劳动合同管理相关知识点较为匹配。第三，结论比较明确，较好地结合了案例内容与相关法律条文。第四，语言表达比较准确、专业。第五，排版比较规范、简洁、美观。

（四）及格的评价标准
第一，在规定时间内完成实验内容的主体。第二，逻辑比较清晰，但局部存在瑕疵，实验报告内容与案例7-1的内容和要求及劳动合同管理相关知识点的匹配度尚可。第三，结论基本明确，结合了案例内容与相关法律条文。第四，部分语言表达不够准确、专业。第五，排版的规范度和美观度尚可。

（五）不及格的评价标准

第一，未能在规定时间内完成实验内容的主体部分。第二，从整体来看，逻辑不清晰，实验报告内容与案例7-1的内容和要求及劳动合同管理相关知识点不匹配。第三，结论不明确，依法不充分。第四，从整体来看，语言表达不够准确和专业。第五，排版较为凌乱。

七、习题

归纳总结劳动合同管理的主要内容。

八、常用工具——劳动合同书示例

劳动合同书

劳动合同编号：_____

甲方：_____（以下称"甲方"）

法定代表人或委托代理人_____

乙方：（以下称"乙方"）

身份证号：_____

家庭地址：_____

联系方式：_____（移动电话）

紧急联系人：_____ 联系电话：_____

甲乙双方根据《中华人民共和国劳动合同法》及有关劳动法规、集体合同，遵循自愿、平等、协商一致的原则，一致同意订立本劳动合同，共同信守合同所列各条款，并确认合同为解决争议的依据。

第一章　合同的类型与期限

第一条　甲乙双方选择的合同类型为_____。

A. 固定期限，自_____年____月____日起至_____年____月____日止，共____个月，合同期满后，双方同意继续履行的，合同自动顺延____年；达到无固定期限合同条件的，自动转为无固定期限劳动合同；双方如需要重新约定劳动合同期限的，在合同到期前的30天内订定

B. 无固定期限，自_____年____月____日起至合同第三十五条约定的终止情形出现时即行终止

C. 以完成一定工作任务为期限，自_____年____月____日起至工作任务完成时即终止

第二条 若乙方开始工作时间与合同订立时间不一致，以实际到岗之日为合同起始时间，建立劳动关系。

第二章 试用期

第三条 甲乙双方约定试用期自_____年____月____日起至_____年____月____日止，共____个月，试用期工资为：____元。若到岗之日与试用期约定上岗之日不符的，试用期同时提前或顺延。

第四条 录用条件

1. 学历文化：_____
2. 身体状况：_____
3. 工作技能：_____
4. 团队精神：_____
5. 其他：_____

第三章 工作内容与工作地点

第五条 甲方聘用乙方从事_____工作。

第六条 乙方工作地点为：_____。

第七条 乙方应认真履行甲方制定的岗位职责，按时、按质、按量完成本职工作；未经甲方允许，乙方不得在其他单位兼职。

第八条 甲方因生产与工作需要，依据乙方的专业特长、工作能力与表现，需调整乙方工作岗位及其工作报酬的，原则上应协商一致，但以下情况除外：

A. 甲方因生产经营服务需要，产业、产品结构调整及工艺流程组织机构设置等情况发生变化须调整乙方工作岗位时，乙方应予接受。

B. 甲方确因生产经营服务需要，可以临时安排乙方从事其他岗位工作，工作期限由双方协商。

C. 乙方因技能、身体等因素达不到生产服务、工作质量、产量等指标，不能胜任工作的。

第四章 工作时间与休息时间

第九条 乙方所在岗位执行下述工时制度_____。

A. 标准工时制
B. 不定时工时制
C. 综合计算工时制

第十条 甲方在下列节日安排职工休息：元旦、春节、国际劳动节、国庆节、法律法规规定的其他节假日及婚假、丧假、产假等。

第十一条　甲方因工作需要安排乙方延长工作时间或节假日加班加点的，乙方应服从统一安排，甲方应按规定支付加班加点报酬，以保证乙方的合法权益。

第十二条　乙方加班须征得甲方确认同意，否则不能视为加班。

第五章　规章制度与劳动纪律

第十三条　乙方应自觉遵守国家法律法规、规章与社会公德、职业道德，维护甲方的声誉与利益。

第十四条　甲方应依法建立和完善各项规章制度，甲方应将制定、变更的规章制度及时进行公示或者告知员工，乙方应严格遵守。

第十五条　乙方不得从事其他与甲方利益冲突的第二职业或活动，并保守甲方的商业机密和知识产权。

第十六条　乙方违反劳动纪律与规章制度的，甲方有权按国家和本单位的规定，对乙方给予纪律处分或经济处罚，直至通知解除本合同。

第六章　劳动报酬

第十七条　乙方在正常出勤并付出正常劳动后，有权获得相应的劳动报酬，乙方所在岗位执行下述工资计发形式＿＿＿＿＿＿＿＿＿＿。

　A. 计时工资形式：乙方的月基本工资为＿＿＿元，岗位工资为＿＿＿元，绩效工资随用工单位效益情况及薪酬计发标准进行调整。其中，加班加点计发工资基数为＿＿＿元/时，事假扣除标准为＿＿＿元/时，病假扣除标准为＿＿＿元/时。

　B. 计件工资形式：乙方的劳动定额为＿＿＿＿＿，计件单价为＿＿＿＿＿。

　C. 其他工资形式：＿＿＿＿＿。

第十八条　甲方于每月＿＿＿日以人民币形式支付乙方上月工资。

第十九条　甲方有权根据生产经营状况、乙方工作岗位的变更和依法制定的劳动报酬分配办法调整乙方的工资待遇。

第二十条　甲方安排乙方延长工作时间或休息日、法定假日工作的，应依法安排乙方补休或支付相应的劳动报酬。

第七章　社会保险和福利待遇

第二十一条　甲方根据国家和地方政府有关规定为乙方参加购买下述社会保险＿＿＿＿，乙方个人缴纳部分由乙方自行承担并由甲方在工资发放时代扣代缴。

　A. 城镇社会保险

　B. 小城镇社会保险

　C. 外来从业人员综合保险

　D. 其他

第二十二条　乙方患病或非因工负伤，其病假工资、疾病救济费和医疗待遇按照国家和地方有关规定执行。

第二十三条 乙方患职业病或因工负伤的工资待遇和医疗保险待遇按国家和地方有关规定执行。

第二十四条 甲方为乙方提供以下福利待遇：

A. ＿＿＿＿＿＿＿＿＿＿；
B. ＿＿＿＿＿＿＿＿＿＿；
C. ＿＿＿＿＿＿＿＿＿＿。

第八章 劳动保护、劳动条件和职业危害防护

第二十五条 甲方建立健全生产工艺流程、操作规程、工作规范和劳动安全卫生制度及其标准。甲方对可能产生职业病危害的生产岗位，对乙方履行告知义务，并做好劳动过程中职业危害的预防工作，乙方应严格遵守相关操作流程与安全制度。

第二十六条 甲方为乙方提供符合国家规定的劳动条件及安全卫生标准的工作环境，并依照企业生产经营特点及有关规定，为乙方提供劳动防护用品，乙方应严格按照要求穿戴劳动防护用品。

第二十七条 甲方对乙方进行职业技术、安全卫生、规章制度等必要的教育与培训，乙方应认真参加甲方组织的各项教育培训活动。

第九章 劳动合同的变更、解除和终止

第二十八条 订立合同所依据的法律、行政法规、规章发生变化，合同应变更相应内容。

第二十九条 订立合同所依据的客观情况发生重大变化，致使合同无法履行的，经协商同意，可以变更合同相关的内容或解除合同。

第三十条 乙方在试用期内被证明不符合甲方用人标准或录用条件的，甲方提前3日通知乙方解除合同。

第三十一条 乙方有下列情形之一的，甲方可立即解除合同，辞退乙方：

A. 如无特殊约定，合同签约后15天内员工未能到岗的。

B. 乙方未能在30天内提供其被录用的相关资料，致使甲方无法办理录用及社会保险缴纳手续的。

C. 乙方被查实在应聘时向甲方提供的其个人资料是虚假的，包括但不限于：离职证明、身份证明、户籍证明、学历证明、体检证明等是虚假或伪造的；应聘者患有精神病、传染性疾病及其他严重影响工作的疾病而在应聘时未声明的；应聘前曾受到其他单位记过、留厂察看、开除或除名等严重处分，或者有吸毒等劣迹而在应聘时未声明的；应聘前被劳动教养、拘役或者依法追究刑事责任而在应聘时未声明的；等等。

D. 乙方严重违反甲方劳动纪律、员工手册或规章制度。

E. 乙方严重失职、营私舞弊给甲方利益造成5 000元（含）以上重大损害的。

F. 乙方是驾驶员的，因其自身原因，其营运服务的证、照被吊扣或失效15日（含）以上的或乙方发生同等以上行车（客伤）死亡事故或次责（含次责）特大行车（客伤）事故或物质损失3万元以上的，甲方可以随时解除合同。

G. 乙方系特种作业人员的，因其自身原因违章作业或者造成物损5 000元以上事故的，除给予经济处罚或处分外，甲方还可以随时解除合同。

H. 乙方同时与其他用人单位建立劳动关系，对完成甲方工作造成严重损失达5 000元以上的，或者经甲方提出，拒不改正的。

I. 乙方被追究刑事责任、劳动教养、公安机关收容教育的。

J. 乙方向甲方辞职或者经协商被甲方解除聘用的。

K. 乙方以欺诈、胁迫的手段或者乘人之危，使甲方在违背真实意思的情况下订立或者变更劳动合同的。

L. 法律法规规定的其他情形。

第三十二条　乙方有下列情形之一的，甲方可以解除合同，辞退乙方，但应提前30天以书面形式通知乙方：

A. 乙方患病或非因工负伤，医疗期满后不能从事原工作，也不能从事甲方另行安排的其他工作的。

B. 乙方不能胜任本职工作，经过培训或者调整工作岗位后，仍不能胜任工作的，并拒不服从甲方的工作安排和劳动管理的。

C. 甲方因兼并、分立、合资、转改制、企业转产、技术革新、经营方式调整、防治污染搬迁等客观情况发生重大变化或乙方的生产、工作岗位消失，致使合同无法履行的。

D. 甲方的生产经营发生严重困难的。

E. 依据本合同第二十九条规定不能就变更合同达成协议的。

第三十三条　凡有下列情形之一的，乙方可以解除合同：

A. 在试用期内提前3天向甲方提出辞职的。

B. 甲方违反合同规定，未足额及时支付乙方劳动报酬的。

C. 甲方违反合同规定，未依法缴纳社会保险的。

D. 甲方违反合同规定，未提供相应劳动保护和劳动条件的。

E. 甲方的规章制度违反法律、法规的规定，损害劳动者权益的。

F. 甲方强令冒险作业、违章指挥、强迫乙方劳动的。

G. 乙方提前30天向甲方提出辞职的。

第三十四条　乙方有下列情形之一的，甲方不得依照本合同第二十九条的规定解除合同：

A. 从事接触职业病危害作业未进行离岗前职业健康检查，或者疑似职业疾病人在诊断或者医学观察期间的。

B. 在本单位患职业病或者因工负伤并被确认丧失劳动能力的。

C. 患病或者非因工受伤，在规定的医疗期内的。

D. 女职工在孕期、产期、哺乳期内的。

E. 在本单位连续工作满15年，且距法定退休年龄不足5年的。

F. 法律法规规定的其他情形。

第三十五条　有下列情形之一的，合同自行终止：

A. 合同期满且双方不能就相同劳动条件的续签达成一致的。

B. 当事人约定的终止条件出现，如已确认乙方完成了某一项工作任务的。

C. 甲方破产、解散、被吊销营业执照、被责令关闭或者撤销的。

D. 乙方享受基本养老待遇、退休、宣告失踪、宣告死亡的。

E. 乙方暂时无法履行合同规定的义务，但仍有继续履行条件和可能的，包括但不限于乙方涉嫌违法犯罪被公安、国家安全或者司法机关限制人身自由的，乙方因脱产学习与进修、执行有关部门的公益性任务等原因而不能正常履行本合同超过15天的。

F. 乙方应征入伍或者履行国家规定的其他法定义务的。

G. 法律法规规定的其他情形。

第三十六条　合同期满或者当事人约定的合同终止条件出现，乙方有本合同第三十四条所规定情形之一，同时不属于第三十一条约定情形的，合同顺延至相应情形消失。

第十章　后合同义务

第三十七条　本合同解除或终止时，乙方应履行下列义务：

A. 向甲方指定的人交接工作。

B. 完好归还其占有甲方的办公用品、文件、设备等有形或无形资产。

C. 向甲方完整移交载有甲方重要信息的任何载体。

D. 协助甲方清理双方之间的债权与债务。

E. 完成甲方规定的离职流转程序，办理有关离职手续。

F. 处理其他未了的事务。

第三十八条　本合同解除或终止时，甲方应履行下列义务：

A. 为乙方办理终止劳动关系手续。

B. 自劳动关系终止之日起15天内为乙方办理社会保险与住房公积金账户转移或封存手续。

C. 应乙方要求，及时、如实地出具乙方的工作履历或绩效证明。

第三十九条 乙方不辞而别，或者下落不明，或者未履行本合同第三十七条、第四十三条及第四十六条规定的义务，致使甲方无法办理或延迟办理与乙方离职相关手续的，因乙方发生上述情形导致甲方损失的，乙方应承担相应的责任。

第十一章 经济补偿与赔偿

第四十条 乙方未提前30天向甲方提出辞职或有其他擅自离职情形的，甲方将在乙方办结工作交接后支付乙方当月工资。

第四十一条 除按本合同第三十一条规定解除合同之外，凡属《中华人民共和国劳动合同法》规定应给予经济补偿金的，甲方应该按法律规定的标准支付经济补偿金给乙方。

第四十二条 乙方欠付甲方任何款项，或者因乙方违反合同约定的条款而解除劳动合同，给甲方造成经济损失的，依照法律法规约定和合同约定应承担的赔偿责任，甲方有权从乙方的工资、奖金及津贴、补贴等中做相应的扣除，但该扣除不得违反法律法规的规定，不够扣除的，甲方仍然有权就剩余部分向乙方追偿。

第十二章 培训服务期与竞业限制

第四十三条 乙方在合同期间接受甲方出资提供的专项技术培训，约定为甲方的服务期自_____年___月___日起至_____年___月___日止。乙方若违反本条约定，提前解除合同的，应赔偿甲方培训费用_____元，对已履行部分服务期的，按照服务期尚未履行部分所应分摊的培训费用偿付。

第四十四条 双方可另行签订培训协议，约定服务期、赔偿标准并执行。

第四十五条 乙方应当保守甲方的商业机密。商业机密系指不为公众所知悉，能为甲方带来经济利益、具有实用性并经甲方采取保密措施的技术秘密和经营信息，包括但不限于下述内容：

A. 技术信息。一般包括技术方案、工程设计、电路设计、制造方法、配方、工艺流程、技术指标、计算机软件、数据库、图纸、样品样机、模型模具、操作手册、技术文档、涉及商业秘密的业务函电等。

B. 经营信息。一般包括客户名单、营销计划、采购资料、定价政策、不公开的财务资料、劳动报酬、进货渠道、产销策略、招投标中的标的及标书内容等。

C. 公司依照法律规定或者有关协议约定对外承担保密义务的事项等。

第四十六条 乙方的竞业限制自_____年___月___日起至_____年___月___日止。竞业限制的范围为_____，地域为_____。在竞业限制期间甲方给乙方一定的经济补偿，具体标准为_____，支付方式为_____。若乙方违反本合同第四十二条规定，应支付违约金_____元。如果违约金不足以弥补甲方所受的实际损失，甲方保留向乙方追偿实际损失的权利。

第十三章 劳动争议处理

第四十七条 甲乙双方因合同而发生争议,可以向甲方所在地劳动仲裁委员会申请仲裁或向甲方所在地人民法院提起诉讼。

第四十八条 合同一式三份,甲方执二份,乙方执一份,经双方签字(或盖章)后生效。

甲方:(签字盖章)   乙方(签字或盖章)

签订日期: 签订日期:

签订地点: 签订地点:

资料来源:萧鸣政.人力资源管理实验[M].北京:北京大学出版社,2012:262-271. 有改动。

第三节 劳动纪律管理

劳动纪律又称职业纪律,指劳动者在劳动中所应遵守的劳动规则和劳动秩序。劳动纪律是用人单位制定的约束劳动者劳动及相关行为的规范,包括上下班纪律、工作时间纪律、安全技术、生产卫生规程、设备保养纪律、保密纪律、防火和防止其他事故的日常纪律等。

一、实验目的

(1) 了解劳动纪律的概念。
(2) 掌握劳动纪律的内容。
(3) 把握用人单位制定劳动纪律应注意的要点。
(4) 了解劳动者违反劳动纪律的危害。

二、知识要点

1. 劳动纪律的内涵

劳动纪律是用人单位为规范和维持生产经营秩序,保证劳动合同得以履行,要求全体员工在集体劳动、工作、生活过程中,以及与劳动、工作紧密相关的其他过程中必须共同遵守的规则。

2. 劳动纪律的目的与作用

从劳动纪律的内涵可知,劳动纪律的目的是保证生产、工作的正常运行;劳动纪律的本质是全体劳动者共同遵守的规则;劳动纪律适用于集体生产、工作、生活的过程。

3. 劳动纪律与劳动者的关系

在奴隶社会，奴隶主不但占有生产资料，而且占有奴隶人身。奴隶没有人身自由，被认为是会说话的工具。奴隶主可以任意买卖、打骂和处死奴隶。在这种条件下，奴隶厌恶劳动，劳动时消极怠工便是很自然的事，他们甚至用破坏生产工具的方式来表达自己与工具的区别。奴隶主为了从奴隶身上榨取尽可能多的剩余生产物，便用各种极其残酷野蛮的手段来驱使奴隶劳动。在封建制度下，农民的地位比起奴隶来虽然有了某些改善，但他们仍处于被地主奴役与剥削的地位。在资本主义社会，劳动者与资本家的关系是建立在雇佣劳动基础上的。工人虽然有了人身自由，并不专属于哪一个资本家，但由于他们被剥夺了生产资料，除了自己的双手之外一无所有，因此，为了生活，他们不得不把自己的劳动力作为商品出卖给资产阶级，并遭受资本家的驱使和残酷剥削。工人所得的工资是劳动力的价格，一般说来，它只够维持劳动力的再生产，即只够维持工人及其家属最低的生活水平，在很多情况下，远远不够维持生活。工人的这种经济地位，决定了他们必须不断地向资本家出卖劳动力，否则就要挨饿受冻。工人在劳动时不得不遵守资本家的种种规定，不然便会立即受到资本家的处罚，如扣工资、罚款甚至被解雇。所以，在以私有制为基础的阶级社会中，劳动纪律是剥削阶级强迫劳动者为其创造财富的一种手段。它和劳动者的利益是矛盾的，对劳动者来说，它是一种异己的力量。

在社会主义制度下，由于建立了生产资料公有制，消灭了人剥削人的现象，因此，从根本上改变了劳动者在生产过程中的地位。在这里，劳动者是生产过程的主人，他们是为自己和自己的国家进行劳动的。与此相适应，劳动纪律的性质也发生了根本性的变化。社会主义的劳动纪律体现着劳动者的共同利益，它再也不是来自外部的一种强制力量，而是劳动者为了把企业生产搞好而自觉建立的。所以这种劳动纪律便自然地为劳动者所遵守和认真执行。社会主义的劳动纪律是人类历史上新型的劳动纪律。但社会主义条件下的劳动纪律仍然带有一定的强制性，对于违反劳动纪律的行为必须进行教育，直至给予相应处罚；如果允许不遵守或任意违反，就等于没有任何纪律，结果就必然会从根本上损害劳动者的共同利益。

4. 劳动纪律的内容

劳动纪律一般包括以下内容。

（1）严格履行劳动合同及违约应承担的责任（履约纪律）。

（2）按规定的时间、地点到达工作岗位，按用人单位的规定履行事假、休假、病假、探亲假手续等（考勤纪律）。

（3）根据生产、工作岗位职责及规则，保质保量完成工作任务（生产、工作纪律)。

(4) 严格遵守技术操作规程和安全卫生规程(安全卫生纪律)。

(5) 节约原材料,爱护用人单位的财产和物品(日常工作生活纪律)。

(6) 保守用人单位的商业秘密和技术秘密(保密纪律)。

(7) 遵纪奖励与违纪惩罚规则(奖惩制度)。

(8) 与劳动、工作紧密相关的规章制度及其他规则(其他纪律)。

根据上述劳动纪律的内容,用人单位可从5个方面来制定规章制度,即劳动合同管理、考勤与休假、生产与工作、奖励与惩罚、其他。

5. 制定劳动纪律应注意的事项

《最高人民法院关于审理劳动争议案件适用法律若干问题的解释》对劳动纪律生效做了十分明确的规定:一是内容合法,二是程序合法。因此,用人单位制定劳动纪律时必须注意以下事项:劳动纪律不得与法律相抵触。用人单位有用工自主权,制定劳动纪律是用工自主权的集中体现,因此,法律承认合法制定的劳动纪律具有法律效力,可以作为法院审判的依据。但《中华人民共和国劳动法》本身是对劳动关系过程做控制的法律规范,这反映在对劳动纪律的制定上,法律有相当明确的要件要求。制定劳动纪律的首要条件就是不得与《中华人民共和国劳动法》的有关规定相抵触。因此,在具体制定劳动纪律时也要注意以下几点。

(1) 劳动纪律的制定应当合理。合理性是合法性的基础,因此,对一些明显不合理的内容,法官也可依据自由裁量权裁定无效。例如,某企业规定:员工见到上级不主动打招呼的,可处以警告甚至扣奖金的处罚。这一劳动纪律已明显违反了合理性原则,应属无效。

(2) 劳动纪律必须表述清楚,不能留有漏洞。劳动纪律具有准劳动法规的效力,因此,在制定时应特别注意其严密性,防止不同条款之间的冲突。

(3) 劳动纪律应当适用于实际工作。劳动纪律应主要针对生产管理中的具体行为,不应过于宽泛。

(4) 劳动纪律应当经过民主程序制定。劳动纪律应当根据企业实际情况制定,不能套用。在制定劳动纪律的过程中,应当将制度草案报送实际操作部门审核。在起草劳动纪律的过程中,应当征求工会、员工代表的意见。

(5) 劳动纪律应当公示。常见的公示方法包括公布、培训、员工签字、企业发文、办公会议讨论、职代会通过、内部局域网发布、刊登于企业的厂刊或厂报等。

6. 劳动纪律适用边界的界定

有些学者认为,劳动者的义务是履行劳动合同,即按照劳动合同的约定提供劳动。劳动纪律为劳动者提供劳动过程中应当遵守的劳动规则和劳动秩序,而劳动者仅于劳动时间与劳动地点向用人单位提供劳动。因此，劳动纪律仅适用于劳动时间、劳动场所，劳动者在劳动时间、劳动场所之外的任何行为均不受劳动纪律的约束，否则，用人单位有干涉劳动者私生活之嫌。

另有一些学者认为，劳动者作为公民，应当遵守各项法律与道德，劳动者的任何行为都不应违反法律或违背公序良俗。用人单位作为管理者，有权利也有义务制止劳动者的任何违法、违背公序良俗的行为。对于具有违法、违背公序良俗行为的劳动者，用人单位甚至可以根据规章制度给予纪律处分，以警示其他劳动者遵纪守法、遵守道德规范，提高整体社会道德水平。其实，上述学者的观点均有失偏颇。

首先，将劳动纪律的适用范围限制于劳动场所与劳动时间显然过于狭隘。劳动合同的权利与义务不仅限于劳动场所、劳动时间。如接触用人单位商业秘密的劳动者，保守商业秘密为其劳动义务之一，无论劳动者是否处于劳动场所、劳动时间，均应履行义务，保守商业秘密，否则用人单位有权利给予劳动者纪律处分。

其次，第二种观点过分扩大了劳动纪律的适用范围。譬如，劳动者下班后在外随地乱扔烟头或者驾车超速行驶被罚款等，这些行为虽违反公序良俗或行政法规，但与履行劳动义务无任何关联，因此，企业无权干涉，且上述行为属于《中华人民共和国民法典》《中华人民共和国行政法》的管理范畴，不应通过劳动权利与义务进行约束。另外，《中华人民共和国劳动法》也规定，用人单位应当依法建立和完善劳动规章制度，保障劳动者享有劳动权利、履行劳动义务。因此，将与履行劳动权利、劳动义务无关的遵守公序良俗、遵纪守法等要求纳入劳动纪律也违背了《中华人民共和国劳动法》的立法目的。

总之，确认劳动纪律的适用界限，应从劳动纪律所保护的客体入手。劳动纪律的作用在于保障用人单位内部管理秩序，实现用人单位的自主经营权，使用人单位得以存续。因此，除《中华人民共和国劳动法》规定的劳动者被依法追究刑事责任的情形外，劳动者的任何不影响用人单位内部管理秩序、不违反职业道德的行为，均不受劳动纪律的约束。也就是说，在企业劳动纪律管理实践中，如果企业规章制度中对严重违反劳动纪律有明确界定的，一般应根据规章制度来判定。在规章制度未对此进行明确列举的情况下，对于违纪行为是否严重，在实务操作和司法审查时应根据不同行业、不同工作特点及违纪行为对工作管理、社会生活可能产生的危害程度做出综合判断。既要避免用人单位滥用处罚权，也要尊重用人单位为加强企业管理和维护劳资双方利益而对严重程度做出的认定。

在企业规章制度中具体明确何为"严重违反劳动纪律"，一方面能够有效警示问题员工，提高用人单位的用工管理水平，另一方面也能使用人单位在与违纪员工解除劳动合同时解除的依据充分、有效。用人单位的规章制度客观上无法穷尽一切严重违纪行为。因此，不能简单以用人单位的规章制度没有规定而直接认定用人单位解除劳动合同违法，应在个案中具体分析员工的违纪行为是否违反劳动纪律且程度或情节是否严重，进而认定用人单位解除劳动合同是否合法。

三、实验内容与实验要求

（一）实验内容

根据案例7-2，回答以下问题：

(1) 张大明的行为是否构成严重违反劳动纪律？

(2) 当地人民法院的判决是否合法？为什么？

案例7-2　张大明严重违反劳动纪律的行为判定

张大明是大型连锁超市A集团销售组营业员，其与A集团分别于2013年7月16日、2015年7月15日、2017年7月15日续订了劳动合同，其中，2017年7月15日续订的劳动合同为无固定期限劳动合同。2018年5月22日15时许（工作时间），张大明等5人在吸食毒品时被当地派出所民警查获。第二天，派出所决定对张大明处以行政拘留15日的处罚。同日，拘留所以张大明"因病出所治疗，短期内无法治愈"为由，建议派出所停止对张大明执行拘留。2019年2月末，缉毒大队通知张大明工作单位A集团，要求张大明协助调查相关案件。A集团据此得知张大明吸毒一事，经征求工会意见，做出对张大明违规行为的处理决定：以"工作时间擅离工作岗位，因吸毒违反《中华人民共和国治安管理处罚法》的违法行为属实，情节恶劣，严重违反了公司奖惩办法的相关规定，属于严重违纪行为"为由，给予张大明解除劳动关系的处理。

2019年4月20日，张大明以A集团违法解除劳动关系为由，向当地劳动仲裁机构申请劳动仲裁，请求被驳回后，又向当地区人民法院提起诉讼并提出以下诉求：（1）A集团违法解除劳动关系，向其支付赔偿金368 440元；（2）A集团支付张大明2018年度补发奖金43 876元。

在当地区人民法院一审过程中，A集团出具证据，证明该公司于2009年12月9日召开第十八届一次职工代表大会，审议通过《A集团员工奖惩办法》《A集团职工代表大会条例》等5个管理制度。《A集团员工奖惩办法》第三章第十五条规定，员工未经主管部门批准，工作时间擅离工作岗位，情节严重的，属于违反规章制度；第十八条规定，员工被依法追究刑事责任或国家法律规定的其他情形的，属于较严重违规行为。张大明参加了上述规章制度的学习培训，对上述规定了解、知悉。然而一审法院认为，A集团提供的《A集团员工奖惩办法》虽经民主程序制定，内容也不违反法律、行政法规的规定，且张大明通过参加学习培训也知晓其内容，但《A集团员工奖惩办法》规定"未经主管部门批准，工作时间擅离工作岗位，情节严重的"属于"较严重违规行为"，并未明确规定"员工因吸毒被公安机关治安处罚"属于"严重违纪行为"，因此，A集团以张大明"工作时间擅离工作岗位，因吸毒违反《中华人民共和国治安管理处罚法》的违法行为属实，情节恶劣，严重违反了公司奖惩办法的相关规定，属于严重违纪行为"为由，解除与张大明的劳动合同法律依据不足，属违法解除劳动合同。遂判决A集团支付张大明违法解除劳动合同赔偿金342 840.15元，驳回张大明的其他诉讼请求。

资料来源：何咪咪."严重违反劳动纪律"，认定有讲究[J]. 人力资源，2020（21）：60-63. 有改动。

四、实验步骤

（一）准备阶段
老师讲解实验内容、实验要求与实验报告考核方法。

（二）实验阶段
学生阅读实验内容，结合相关知识点与问题，根据实验要求撰写实验报告初稿。

（三）归纳总结阶段
学生陈述实验报告，其他学生与老师点评，老师总结。

（四）修改完善阶段
学生根据归纳总结阶段的意见修改和完善实验报告。

五、实验课时

1~2课时，根据课程总体课时确定具体课时。

六、实验报告考核方法

实验报告成绩分为5个等级：优秀、良好、中等、及格与不及格，各个等级的标准如下。

（一）优秀的评价标准
第一，在规定时间内完成实验内容。第二，逻辑非常清晰，实验报告内容与案例7-2的内容和要求及劳动纪律管理知识点高度一致。第三，结论非常明确，依据非常充分，有机结合案例内容与相关法律条文。第四，语言表达非常准确、专业。第五，排版非常规范、简洁、美观。

(二）良好的评价标准

第一，在规定时间内完成实验内容。第二，逻辑清晰，实验报告内容与案例7-2的内容和要求及劳动纪律管理知识点高度匹配。第三，结论明确，依据充分，很好地结合案例内容与相关法律条文。第四，语言表达准确、专业。第五，排版规范、简洁、美观。

（三）中等的评价标准

第一，在规定时间内完成实验内容。第二，逻辑比较清晰，实验报告内容与案例7-2的内容和要求及劳动纪律管理知识点较为匹配。第三，结论比较明确，依据比较充分，较好地结合案例内容与相关法律条文。第四，语言表达比较准确、专业。第五，排版比较规范、简洁、美观。

（四）及格的评价标准

第一，在规定时间内完成实验内容的主体。第二，逻辑比较清晰，但局部存在瑕疵，实验报告内容与案例7-2的内容和要求及劳动纪律管理知识点的匹配度尚可。第三，结论基本明确，结合了案例内容与相关法律条文。第四，部分语言表达不够准确、专业。第五，排版的规范度和美观度尚可。

（五）不及格的评价标准

第一，未能在规定时间内完成实验内容的主体部分。第二，从整体来看，逻辑不清晰，实验报告内容与案例7-2的内容和要求及劳动纪律管理知识点不匹配。第三，从内容来看，结论不明确，依据不充分。第四，从整体来看，语言表达不够准确和专业。第五，排版较为凌乱。

第四节 集体合同管理

一、实验目的

（1）了解集体合同的基本知识。
（2）明确集体合同与劳动合同的区别和联系。
（3）掌握集体合同的基本要素和构成。
（4）学会订立集体合同。

二、知识要点

1. 集体合同

集体合同是指用人单位与本单位职工根据法律法规和有关规章的规定，就劳动报酬、工作时间、休息休假、劳动卫生安全、职业培训、保险福利等事项，通过集体协商签订的书面协议。《中华人民共和国劳动法》规定："依法签订的集体合同对企业和企业全体职工具有约束力。"集体合同所规定的劳动标准为劳动合同的签订提供了一个基本标准。集体合同由工会代表职工与企业签订，没有成立工会组织的，由职工代表与企业签订。集体合同可以分为基层集体合同、行业集体合同、地区集体合同等。我国集体合同体制以基层集体合同为主，即由基层工会与企业签订。

2. 集体合同的特点

集体合同除了具有一般协议的主体平等性、意思表示一致性、合法性和法律约束性外，还具有自身的特点。

（1）集体合同是规定劳动关系的协议。集体合同反映的是以劳动条件为实质内容的关系，它整体性地规定劳动者与企业之间的劳动权利和义务。现实劳动关系的存在是集体合同存在的基础。

（2）集体合同由工会或劳动者代表职工一方与企业签订。集体合同的当事人一方是企业，另一方只能是工会组织，没有工会组织的，则由劳动者按照一定的程序推举职工代表。

（3）集体合同是定期的书面合同，其生效需要经过特定的程序。根据《中华人民共和国劳动法》的有关规定，集体合同文本须提交政府劳动行政部门审核，只有经过审核通过的集体合同才具有法律效力。

3. 集体合同与劳动合同的区别

（1）主体不同。协商、谈判、签订集体合同的当事人一方是企业，另一方是工会组织或劳动者按照合法程序推举的代表；劳动合同的当事人则是企业与劳动者个人。

（2）内容不同。集体合同的内容是关于企业的一般劳动条件标准的约定。

（3）功能不同。协商订立集体合同的目的是规定企业的一般劳动条件，为劳动关系的各个方面设定具体标准，并作为单个劳动合同的基础和指导原则；订立劳动合同的目的是确定劳动者与企业的劳动关系。

（4）法律效力不同。集体合同规定的是企业的最低劳动标准。《中华人民共和国劳动法》规定："职工个人与企业订立的劳动合同中劳动条件和劳动报酬等标准不得低于集体合同的规定。"凡劳动合同的标准低于集体合同的一律无效，所以，集体合同的法律效力高于劳动合同。

4. 集体合同的订立

（1）确定集体协商双方代表。集体协商各方代表为3~5人，双方人数对等，并各确定1名首席代表。职工一方由工会作为代表，工会主席可为首席代表。没有建立工会的企事业单位由职工民主推举代表,并且要得到半数以上职工的同意。企业或事业单位代表由其法定代表人担任。

(2) 拟定集体合同草案,进行集体协商。集体协商是工会或职工代表与相应的企事业单位代表就签订集体合同进行商谈的行为,协商未达成一致或出现事先未料到的问题时,经双方同意,可以暂时中止协商。协商中止期限最长不超过两个月。

(3) 审议通过,双方签字。工会或职工代表将集体合同草案提交职工代表大会或全体职工讨论通过,企业代表将集体合同草案提交董事会或企业主要负责人确认,然后由双方首席代表在集体合同文本上签字。

(4) 报送登记、审查、备案。集体合同经签字后,应当在7日内由企事业单位一方将集体合同一式三份及说明书报送劳动保障行政部门登记、审查、备案。劳动保障行政部门自收到集体合同文本之日起15日内未提出异议的,集体合同即行生效。

(5) 公布。经劳动保障行政部门审查的集体合同,双方应及时以适当的形式向各自代表的全体成员公布。

5. 集体合同的履行

集体合同的履行,是指集体合同双方按照集体合同的规定履行自己应承担的义务。集体合同的履行应遵循全面履行、协作履行、相互监督履行的原则。

6. 集体合同的变更与解除

集体合同的变更是指集体合同双方对依法成立、尚未履行或尚未完全履行的集体合同条款所做的修改与增删。集体合同的解除是指提前终止集体合同的法律效力。在集体合同有效期内,有下列情形之一的,允许变更或解除集体合同:第一,经双方当事人协商同意;第二,订立集体合同依据的法律法规已经修改或废止;第三,因不可抗的原因致使集体合同部分或全部不能履行;第四,企业转产、停产、破产或被兼并,致使集体合同无法履行;第五,工会组织被依法撤销;第六,双方约定的变更或解除集体合同的情况出现;第七,其他需要解除集体合同的情况出现。变更或解除集体合同的程序如下。

(1) 提出变更或解除集体合同的要求。

(2) 双方达成书面协议。签订集体合同的一方就集体合同的变更或解除提出商谈时,另一方应给予答复,并在7日内由双方协商。经协商一致,达成变更或解除集体合同的书面协议。

(3) 审议通过变更或解除集体合同的书面协议,由职工代表大会或职工大会审议,通过变更或解除集体合同的书面协议。

(4) 提交劳动保障行政部门审核。对原集体合同做出变更或解除后,应在7日内向审查原集体合同的劳动保障行政部门提交变更或解除集体合同的书面协议及说明书，履行登记、审查和备案手续。

7. 集体合同的终止

集体合同的终止是指因某种法律事实的发生而导致集体合同法律关系消灭。集体合同期限届满或双方约定的终止条件出现时，集体合同即行终止。

三、实验内容与实验要求

（一）实验内容

根据下列内容，模拟某电缆制造公司与工会代表进行集体协商，并订立一份集体合同。

2022年，某电缆制造公司与工会推选出的代表拟就员工薪酬上调通过集体协商，签订一份集体合同。

（二）实验要求

集体协商程序、集体协商参与者、集体合同内容应符合相关法律规定。

四、实验步骤

（一）准备阶段

老师讲解实验内容、实验要求与实验报告考核方法。

（二）实验阶段

学生阅读实验内容，结合相关知识点与问题，根据实验要求撰写实验报告初稿。

（三）归纳总结阶段

学生陈述实验报告，其他学生与老师点评，老师总结。

（四）修改完善阶段

学生根据归纳总结阶段的意见修改和完善实验报告。

五、实验课时

1~2课时，根据课程总体课时确定具体课时。

六、实验报告考核方法

实验报告成绩分为5个等级：优秀、良好、中等、及格与不及格。各个等级的标准如下。

（一）优秀的评价标准

第一，在规定时间内完成实验内容。第二，逻辑非常清晰，实验报告内容与实验内容和要求及集体合同管理知识点高度一致。第三，集体协商程序、集体协商参与者、集体合同内容均合法，且集体协商流程与集体合同内容非常完整。第四，语言表达非常准确、专业。第五，排版非常规范、简洁、美观。

（二）良好的评价标准

第一，在规定时间内完成实验内容。第二，逻辑清晰，实验报告内容与实验内容和要求及集体合同管理知识点高度匹配。第三，集体协商程序、集体协商参与者、集体合同内容均合法，且集体协商流程与集体合同内容完整。第四，语言表达准确、专业。第五，排版规范、简洁、美观。

（三）中等的评价标准

第一，在规定时间内完成实验内容。第二，逻辑比较清晰，实验报告内容与实验内容和要求及员工满意度调查知识点较为匹配。第三，集体协商程序、集体协商参与者、集体合同内容均合法，且集体协商流程与集体合同内容比较完整。第五，排版比较规范、简洁、美观。

（四）及格的评价标准

第一，在规定时间内完成实验内容的主体。第二，逻辑比较清晰，但局部存在瑕疵，实验报告内容与实验内容和要求及集体合同管理知识点的匹配度尚可。第三，集体协商程序、集体协商参与者、集体合同内容均合法，且集体协商流程与集体合同内容基本完整。第四，部分语言表达不够准确、专业。第五，排版的规范度和美观度尚可。

（五）不及格的评价标准

第一，未能在规定时间内完成实验内容的主体部分。第二，从整体来看，逻辑不清晰，实验报告内容与实验内容和要求及集体合同管理知识点不匹配。第三，从内容来看，实验报告未能包括本实验内容的主体。第四，从整体来看，语言表达不够准确和专业。第五，排版较为凌乱。

七、习题

（1）集体合同与劳动合同的联系和区别有哪些？

（2）集体合同订立的程序是什么？

第五节　劳动争议处理

劳动争议又称劳动纠纷或劳资纠纷，是指劳动关系双方当事人在实现劳动权利和履行义务过程中发生的纠纷。由于劳动关系双方主体有各自的利益目标和诉求,在劳动过程中必然会出现利益分配不均衡或利益受到侵犯的情形,这就决定了劳动争议的不可避免性。

一、实验目的

(1) 了解劳动争议的内涵。
(2) 掌握劳动争议的分类。
(3) 把握劳动争议处理的程序。
(4) 学会劳动争议处理相关文本的起草。

二、知识要点

1. 劳动争议的概念

劳动争议是指劳动关系当事人对工资、工时、福利、解雇及待遇等工作条件因意见不一致而发生的纷争。劳动关系的当事人是指劳动关系双方,即职工与用人单位,也即劳动关系中权利的享有者和义务的承担者。

2. 劳动争议的范围

根据《中华人民共和国企业劳动争议处理条例》第二条的规定,劳动争议的范围有:

(1) 因企业开除、除名、辞退职工和职工辞职、自动离职发生的争议。
(2) 因执行国家有关工资、保险、福利、劳动保护的规定而发生的争议。
(3) 因履行劳动合同而发生的争议。
(4) 法律法规规定的应当依照本条例处理的其他劳动争议。

一般地,判断是否属于劳动争议,有两个衡量标准:一是看是否是《中华人民共和国劳动法》意义上的主体;二是看是否属于关于劳动权利与义务的争议。

3. 劳动争议的分类

根据发生劳动争议的人数与组织形式,劳动争议可以划分为两类。

(1) 个别劳动争议。个别劳动争议是指职工一方为单个劳动者时与用人单位因具体权利与义务而发生的争议。

(2) 集体劳动争议。集体劳动争议是指因集体合同的谈判与履行而发生的争议。发生集体争议时,劳动者一方通常由工会作为代表,如果没有工会,则由职工推举代表。

4. 劳动争议处理的原则

《中华人民共和国劳动法》第七十八条规定:"解决劳动争议,应当根据合法、公正、及时处理的原则,依法维护劳动争议当事人的合法权益。"在处理劳动争议时,人力资源管理部门应遵循以下原则。

(1) 在查清事实的基础上，依法处理劳动争议的原则。
(2) 当事人在法律面前一律平等的原则。
(3) 着重调解劳动争议的原则。
(4) 及时处理劳动争议的原则。

5. 劳动争议处理的机构

目前我国处理劳动争议的机构为劳动争议调解委员会、劳动争议仲裁委员会和地方人民法院。

(1) 劳动争议调解委员会。企业可以设立劳动争议调解委员会，委员会由下列人员组成：职工代表、企业代表、企业工会代表。企业劳动争议调解委员会是负责调解本企业内部劳动争议的群众性组织。

(2) 劳动争议仲裁委员会。劳动争议仲裁委员会是劳动行政部门设立的，它的主要职责是处理劳动争议和办理仲裁委员会日常事务。仲裁委员会调解、裁决劳动争议，实行仲裁员和仲裁庭制度。仲裁委员会的组成人员必须是单数，由劳动行政部门的代表、同级工会和企业代表组成，主任由劳动行政主管部门的负责人担任。

(3) 地方人民法院。人民法院是国家的审判机关，同时担任着处理劳动争议的职责。劳动争议当事人对仲裁委员会的裁决不服、进行起诉的案件，人民法院应予以受理。

6. 劳动争议处理的程序

处理劳动争议的程序一般是：当劳动者与用人单位发生劳动争议时，当事人应当协商解决。不愿协商或者协商不成的，可以向本企业劳动争议调解委员会申请调解；调解不成的，可以向劳动争议仲裁委员会提出仲裁申请。当事人也可以不经过劳动争议调解委员会调解，直接向劳动争议仲裁委员会申请仲裁，但不能向人民法院起诉。只有对劳动争议仲裁委员会的仲裁结果不服的，才能向人民法院起诉。

(1) 劳动争议协商。劳动争议协商是指由劳动关系双方采取自治的方式解决纠纷，由职工代表和雇主代表出面，根据双方间的集体协议，组成一个争议处理委员会，双方就工资、工时、劳动条件等争议内容相互协商，达成协议，以和平手段解决争议。争议发生时，由劳动关系当事人进行协商，是妥善解决劳动争议的最直接、最有效方法，因为劳动争议问题正是发生在他们之间。这些问题如果能得到解决，所得到的都是双方基本满意或者可以接受的结果。总之，当事人协商的做法可以把矛盾化解在萌芽状态，是企业解决劳动争议的最普遍方法。

(2) 劳动争议调解。劳动争议调解是指第三方介入劳动争议，促使当事人达成和解协议。当劳动关系双方对争议无法达成一致意见时，就需要由企业劳动争议调解委员会扮演中立角色进行调解。当然，争议发生时，员工有可能直接要求调解委员会进行调解，这时，就要进入调解程序。

劳动争议调解所进行的调解活动是群众自我管理、自我教育的活动，具有群众性和非诉讼性的特点。劳动争议调解委员会调解劳动争议的步骤如下。

步骤1，申请。申请是指劳动争议当事人以口头或书面方式向本单位劳动争议调解委员会提出调解请求。申请是自愿的。

步骤2，受理。受理是指劳动争议调解委员会接到当事人的调解申请后，经过审查，决定接受申请。受理包括3个环节：首先审查发生的事项是否属于劳动争议；其次通知并询问另一方当事人是否愿意接受调解，只有双方当事人都愿意接受调解，调解委员会才能受理。再次，决定受理后及时通知当事人做好准备，并告知调解时间和地点。

步骤3，调查。经过深入调查，了解情况，掌握事实证据，弄清争议的原委和调解争议的法律依据。

步骤4，调解。调解委员会召开准备会，统一认识，提出调解意见，并找双方当事人谈话，展开调解。调解的期限是30日，即调解劳动争议应从当事人提出申请之日起30日内结束，到期未结束的，应视为调解失败。

步骤5，制作调解协议书。经过调解，双方达成协议，即由调解委员会撰写调解协议书。

（3）劳动争议仲裁。仲裁也称公断，即由公正的第三方对当事人之间的争议做出评判。当企业调解委员会对劳动争议调解不成时，可以由争议当事人中的一方或双方在其权利被侵害之日起60日内，以书面方式向当地劳动行政部门的劳动争议仲裁委员会提出申请，仲裁委员会应当自收到申诉书之日起7日内做出是否受理的决定。在仲裁委员会处理劳动争议时，当事人可以委托1~2名律师或者其他代理人参加仲裁活动。

仲裁庭审理劳动争议案件时应当先进行调解，在查明事实的基础上促使当事人双方自愿达成协议。对于调解达成协议的，仲裁庭根据协议内容制作调解协议书，调解协议书自送达之日起具有法律效力。调解未达成协议或者调解协议书送达前当事人反悔的，仲裁庭应当及时裁决。仲裁庭处理劳动争议，应当自组成仲裁庭之日起60日内结束。仲裁庭做出裁决后，应当制作裁决书；当庭裁决的，应当在7日内发送裁决书。

（4）劳动争议诉讼。劳动争议诉讼是人民法院按照民事诉讼法规的程序，以劳动法规为依据，按照劳动争议案件进行审理的活动。当事人如果对仲裁裁决不服，自收到裁决书之日起15日内向人民法院起诉。劳动争议当事人必须经过劳动仲裁委员会才能向地方人民法院提起上诉，人民法院受理程序按照《中华人民共和国民事诉讼法》的规定进行，它包括劳动争议案件的起诉、受理、调查取证、审理和执行等一系列诉讼过程。

三、实验内容与实验要求

（一）实验内容

根据案例 7-3，回答以下问题：

(1) 张立的上诉要求是否合理合法？为什么？
(2) 法院的判决是否恰当？为什么？
(3) 现行劳动法律规范对普通劳动者与公司高管有何区分？
(4) 张立的代理律师王雨琦对于处置此类劳动争议有哪些建议？

（二）实验要求

为上述问题的回答提供法条依据。

案例 7-3 企业任性辞高管，一下赔了 40 多万

张立（化名）2010 年入职长春某技术公司做人力资源部经理，2016 年，因业务发展需要，该公司发起人成立了一家新公司，将原公司大部分业务转移过来，并陆续将包括张立在内的老职员全部转入新公司工作。当年，张立与新公司签订了劳动合同，任人力资源总监，合同期限至 2021 年。"合同期满后，公司在今年（2021 年）提出续签合同，但要把我的职务从人力资源总监调整为行政部经理，综合月工资从原来的 3 万余元降至 1 万余元，我不同意。当天，公司就把我移出工作群，并给我发电子邮件，认为我不续签就视为解除合同。"张立说。

为维护自身权益，张立向长春市某区劳动人事争议仲裁委员会提起仲裁，要求公司向其支付经济补偿金、拖欠工资、竞业限制期内的经济补偿等款项。在收到不予受理通知书后，张立又上诉至长春市某区人民法院。

"公司高管兼具管理者与劳动者双重属性，能收集和掌握关键证据，应诉能力强，维权也更加理性，与他们有关的劳动争议案件往往具有诉讼请求复合化、涉诉标的额较高等特点。"张立的代理律师王琦（化名）说，此案几乎涵盖了劳动争议案件的大部分争议内容，包括解除劳动合同是否合法、经济补偿金如何正确计算，以及竞业限制期的经济补偿等，具有典型性，可为用人单位及高管群体提供参考和借鉴。"此案的争议焦点在于身为高管和股东，张立是否能按照《中华人民共和国劳动合同法》的规定索要经济补偿金。"王琦说。

对此，公司认为，张立身为高管和股东，享受分红，和其他普通劳动者不同，不适用《中华人民共和国劳动合同法》，公司无须向其支付经济补偿金。

"张立虽为高管和股东，但同时也按照与公司签订的劳动合同内容履行相关权

利和义务，应当视为构成劳动关系，所以发生争议应当按照《中华人民共和国劳动合同法》相关规定进行调整。"王琦说。

复杂的薪酬结构该如何计算？确认双方适用《中华人民共和国劳动合同法》后，公司又在庭审中提出，张立与其签订劳动合同的起始时间是2016年，工作年限应该从当日开始计算，而非原告所主张的2011年。"经济补偿金的计算年限是该案的争议焦点，公司主张张立入职新公司时向原公司递交了辞职申请，不过梳理相关证据，我发现其医疗保险、养老保险和公积金是在3个不同时段相继转入新公司的，且不管劳动合同的签订主体是哪家公司，原公司的工作仍由张立在做，这就可以证明当时的辞职申请只是为了五险一金转续方便，而非实质性的辞职。"王琦说。

作为高管，张立的薪酬采用年薪制，构成包括基础年薪、标准奖励年薪等，简而言之，其工资收入一半是逐月发放，另一半为年底发放。在申请劳动仲裁时，张立漏算了上半年期间应在本年末发放的另一半工资，共计7万余元。对此，公司称该项请求未经仲裁前置程序，不应予以审理。此外，针对张立基于双方签订过的《保密及竞业禁止协议》而要求的竞业限制经济补偿，公司当庭提出书面竞业限制义务终止通知书，明确免除张立的竞业限制，并由此认为无须再支付经济补偿。

根据张立提供的劳动合同、企业信息、合规证明及文件、微信聊天记录等证据，法院确认被告公司和原公司是关联企业，张立的工作年限应当自2010年起计算。对于薪酬和竞业限制经济补偿部分，法院认定，本应在年末发放的另一半工资与本案之前主张拖欠的部分工资请求具有不可分性，公司应予偿还，且公司应当支付张立3个月的竞业限制经济补偿金共计6万余元。

"法院几乎支持了张立的全部诉求，案件涉及很多证据文件，能够处理得如此顺畅，跟张立提供的一些重要证据有很大关系。"王琦说。当下涉及高管的劳动争议案件不断增加，有律师专门梳理过高管和高级技术人员劳动争议案件的特点，比如，他们在管理能力、工作经验、学历水平等方面较普通劳动者突出，往往能收集和掌握核心证据，应诉能力较强，胜诉比例也明显高于普通劳动者；他们的薪酬待遇普遍较高，因此，涉诉标的额较大。来自上海第一中级人民法院的信息显示，该类案件呈现出收入构成复杂、举证能力相当、岗位恢复困难等特点。业内人士称，高管属于用人单位的核心人才资源，矛盾纠纷发生后，对企业的经营管理甚至生存发展都带来较大冲击，因此该类人员涉案比例的上升可能成为影响劳动关系稳定的突出因素。

公司高管作为兼具管理者与劳动者双重属性的特殊群体，其权利义务与普通劳动者相比存在一定的差异，由此产生的法律适用问题也是理论界和实务界关注的焦点。"我国现行劳动法律规范并未对普通劳动者与公司高管有所区分，只要公司高管与单位建立了劳动关系，若在劳动合同履行过程中发生争议，仍属于《中华人民共和国劳动法》相关规定调整的范畴。"王琦表示，公司高管应服从公司合法合规的管理制度，注重提升风险防范意识，如遭遇权益侵犯问题，应按照法律规定理性维权；用人单位也应完善各项管理制度，以防在发生劳动争议时遭受不必要的损失。

资料来源：柳珊珊. 企业任性辞高管，一下赔了40多万［N］. 工人日报，2021-09-30（7）.

四、实验步骤

（一）准备阶段

老师讲解实验内容、实验要求与实验报告考核方法。

（二）实验阶段

学生阅读实验内容，结合相关知识点与问题，根据实验要求撰写实验报告初稿。

（三）归纳总结阶段

学生陈述实验报告，其他学生与老师点评，老师总结。

（四）修改完善阶段

学生根据归纳总结阶段的意见修改和完善实验报告。

五、实验课时

1~2课时，根据课程总体课时确定具体课时。

六、实验报告考核方法

实验报告成绩分为5个等级：优秀、良好、中等、及格与不及格，各个等级的标准如下。

（一）优秀的评价标准

第一，在规定时间内完成实验内容。第二，逻辑非常清晰，实验报告内容与案例7-3的内容和要求及劳动争议处理知识点高度一致。第三，所有回答非常明确具体，回答依据非常充分。第四，语言表达非常准确、专业。第五，排版非常规范、简洁、美观。

（二）良好的评价标准

第一，在规定时间内完成实验内容。第二，逻辑清晰，实验报告内容与案例7-3的内容和要求及劳动争议处理知识点高度匹配。第三，所有回答明确具体，回答依据充分。第四，语言表达准确、专业。第五，排版规范、简洁、美观。

（三）中等的评价标准

第一，在规定时间内完成实验内容。第二，逻辑比较清晰，实验报告内容与案例7-3的内容和要求及劳动争议处理知识点较为匹配。第三，所有回答比较明确具体，回答依据比较充分。第四，语言表达比较准确、专业。第五，排版比较规范、简洁、美观。

（四）及格的评价标准

第一，在规定时间内完成实验内容的主体。第二，逻辑比较清晰，但局部存在瑕疵，实验报告内容与案例7-3的内容和要求及劳动争议处理知识点的匹配度尚可。第三，大部分回答比较明确具体，回答依据比较充分。第四，部分语言表达不够准确、专业。第五，排版的规范度和美观度尚可。

（五）不及格的评价标准

第一，未能在规定时间内完成实验内容的主体部分。第二，从整体来看，逻辑不清晰，实验报告内容与案例7-3的内容和要求及劳动争议处理知识点不匹配。第三，从内容来看，实验报告未能包括本实验内容的主体。第四，从整体来看，语言表达不够准确和专业。第五，排版较为凌乱。

七、习题

归纳总结劳动争议处理的一般程序。

主要参考文献

［1］畅铁民. 人力资源管理实验教程［M］. 北京：北京大学出版社，2013.

［2］萧鸣政. 人力资源管理实验［M］. 北京：北京大学出版社，2012.

［3］刘昕. 人力资源管理［M］. 4版. 北京：中国人民大学出版社，2020.

［4］Michael Laff. Talent Management：From Hire to Retire［J］. *Training & Development*，2006，160（11）.

［5］加里·德斯勒. 人力资源管理［M］. 刘昕，译. 12版. 北京：中国人民大学出版社，2012.

［6］加里·德斯勒. 人力资源管理［M］. 刘昕，译. 14版. 北京：中国人民大学出版社，2017.

［7］徐世勇，李英武. 人员素质测评［M］. 北京：中国人民大学出版社，2019.

［8］彭聃龄. 普通心理学［M］. 5版. 北京：北京师范大学出版社，2019.

［9］孙健敏，穆桂斌. 管理心理学［M］. 北京：中国人民大学出版社，2017.

［10］黎红艳，徐建平，陈基越，等. 大五人格问卷（BFI-44）信度元分析：基于信度概化方法［J］. 心理科学进展，2015（5）.

［11］戴晓阳. 常用心理评估量表手册［M］. 修订版. 北京：人民军医出版社，2015.

［12］方振邦. 战略性绩效管理［M］. 4版. 北京：中国人民大学出版社，2014.

［13］谭跃进. 定量分析方法［M］. 3版. 北京：中国人民大学出版社，2012.

［14］刘昕. 薪酬管理［M］. 5版. 北京：中国人民大学出版社，2017.

［15］文跃然. 薪酬管理原理［M］. 上海：复旦大学出版社，2004.

［16］程延园. 员工关系管理［M］. 2版. 上海：复旦大学出版社，2008.

［17］瞿群臻. 人力资源管理实验实训教程［M］. 北京：清华大学出版社，2019.

［18］乔治·T. 米尔科维奇，杰里·M. 纽曼. 薪酬管理［M］. 董克用，等译. 董克用，校. 6 版. 北京：中国人民大学出版社，2002.

［19］翟海燕. 人力资源管理实验教程［M］. 北京：中国财政经济出版社，2012.

［20］常凯. 劳动关系学［M］. 北京：中国劳动社会保障出版社，2005.

［21］葛正鹏. 人力资源管理［M］. 北京：科学出版社，2006.

［22］何咪咪. "严重违反劳动纪律"，认定有讲究［J］. 人力资源，2020（11）.

［23］柳姗姗. 企业任性辞高管，一下赔了40多万［N］. 工人日报，2021-09-30（7）.